D1492642

ANDREA PETKOVIĆ

ZWISCHEN RUHM
UND EHRE
LIEGT DIE NACHT

ANDREA PETKOVIĆ

ZWISCHEN RUHM
UND EHRE
LIEGT DIE NACHT

ERZÄHLUNGEN

KIEPENHEUER & WITSCH

Hajde, Bože, budi drug pa okreni jedan krug unazad planetu
Noć je kratko trajala a nama je trebala, najduža na svetu
(Bajaga)

Komm, Gott, sei ein Freund und dreh
unseren Planeten einmal rückwärts um sich selbst
Die Nacht, sie dauerte zu kurz, dabei brauchten wir
nun mal die längste aller Zeiten

Lassen Sie sich keinen Bären aufbinden

Es gibt eine Geschichte, die mein Vater jedes Mal erzählt, wenn er ein, zwei Gläser Wein zu viel getrunken hat. Sie spielt im Jahre 2011, als ich das erste Mal das Viertelfinale eines Grand-Slam-Turniers erreicht habe. Ich musste Abend für Abend in die Nachtmatches und nach Ausdehnen, Auslaufen, Pressekonferenz und Massage war es oft drei Uhr morgens, wenn wir in unser gemietetes Appartement zurückkehrten. Ich ging direkt in mein Zimmer und lag wach auf dem Rücken, starrte die Zimmerdecke an und ging alle Spielzüge im Kopf noch einmal durch, vollgepumpt mit Adrenalin und ungläubig darüber, in der Weltspitze angekommen zu sein. Meistens fiel ich erst gegen fünf Uhr morgens in unruhigen Schlaf.

Als ich nach diesen zwei Wochen bei den Australian Open nach Hause zurückkehrte, setzte ich mich in mein Auto und fuhr zu meiner Cousine, deren Eltern ihr Schlafzimmer im Keller hatten. Sie waren zu dieser Zeit nicht da. Ich kam nachmittags an und ging hinunter. Das Zimmer war so dunkel wie die Seele des Fausts. Ich legte mich schlafen und am nächsten Tag um die Mittagszeit klopfte meine Cousine vorsichtig an die Tür und weckte mich. Ich hatte fast zwanzig Stunden durchgeschlafen.

Aber zurück zu meinem Vater. Mir war lange Zeit nicht bewusst, dass natürlich auch er unter Adrenalin stand. Er durch-

lebte in abgeschwächter Form dasselbe wie ich. Und so wurde mir vieles klar, als ich ihn das erste Mal diese Geschichte erzählen hörte.

Wenn wir nachts um drei Uhr in unserer kleinen Wohnung in Melbourne ankamen, konnte auch er nicht auf Knopfdruck einschlafen. Meistens wartete er, bis es ruhig in meinem Zimmer wurde, und ging dann in die laue Nacht hinaus. Er spazierte ziellos durch die Gegend, erforschte neue Viertel und sah den Mond auf dem Yarra River glitzern. Meistens beruhigte sich sein Gemüt in den frühen Morgenstunden, wenn diese Halbkugel der Welt in festem Schlaf lag. Eines Nachts jedoch lief er ein Stück zu weit, ein Weilchen zu lang und fand sich in einem waldartigen Park wieder, der von dschungelartigen Stellen über Eukalyptusbäume bis zu europäischen Laubbäumen alles zu bieten hatte, was ein naturverliebtes Herz sich wünschen könnte.

Mein Vater blieb stehen. Er sah sich um. So weit war er noch nie zuvor gelaufen. Er fühlte sich mulmig, aber nicht unbedingt ängstlich in diesem Moment. Er versuchte sich zu orientieren, herauszufinden, aus welcher Richtung er gekommen war. Immer und immer wieder sah er sich um. Lief ein wenig vor bis zur nächsten Lichtung und wieder zurück. Versuchte Bäume und Pflanzen auseinanderzuhalten und sich zu erinnern, welche er davon schon gesehen hatte. In dieser Nacht war der Himmel dunkel, keine Sterne, kein Mond waren zu sehen. Und auf einmal: ein Rascheln. Hinter ihm? Vor ihm? Er drehte sich um seine Achse. Noch ein Rascheln, diesmal lauter. Es schien von links zu kommen. Mein Vater beschleunigte seine Schritte. Plötzlich hörte er ein Plumpsen, ein Grunzen. Etwas kam hinter ihm auf dem Boden auf und vor ihm stand: ein großes (so groß wie er mindestens) unbekanntes Tier auf zwei Hinterbeinen, mit Fell und Zähnen, so vielen Zähnen, gelb glitzernde Raubzähne, die es fletschte.

Mein Vater begann gleichzeitig zu schreien und zu rennen. Er rannte so lange, bis ihm die Lunge brannte, die Beine schwer wurden und der Schweiß von der Stirn troff. Er sagt, dass er die ersten Häuser sah, als die Sonne gerade wieder aufging. Als er zurück zu unserer Wohnung fand, war ich in meinem Zimmer gerade in unruhigen Schlaf gefallen.

Ich glaube meinem Vater, dass er sich verlaufen hat. Ich glaube ihm auch, dass er ein Tier gesehen hat. Seiner Beschreibung nach schien es ein Braunbär gewesen zu sein. Doch ich bin mir nicht ganz sicher, ob es ein Braunbär – dazu noch so ein großer wie mein Vater – geschafft hätte, durch den Indischen Ozean zu schwimmen, dann geheimniskrämerisch und unentdeckt durch halb Melbourne zu laufen, um schließlich meinen Vater in einem Park unbekannter Größe und Botanik zu erschrecken.

Ich sah ihn von der Seite an, während er die Geschichte erzählte. Sein Gesicht glühte, leicht gerötet vom Wein. Ich sah die Menschen an, die zuhörten. Sie hingen meinem Vater an den Lippen und in mindestens einem der Gesichter konnte ich wahre Todesangst um ihn erkennen – bis alle bei der Pointe angekommen in erleichtertes Gelächter ausbrachen.

Geschichtenerzählen war immer Teil unserer Familie und Teil unserer Identität. Wenn meine Mutter meinen Vater abends beim Essen nach seinem Tag fragte, hörte sich jeder einzelne an wie ein Abenteuer. Wenn meine Mutter einkaufen war und zurück nach Hause kam, schien es immer, als wäre sie in letztem Moment den Fängen eines Videospiels entwischt. Hinter jedem banalen Ereignis des Alltags steckte für unsere Familie eine größere Geschichte, eine Bedeutung, eine Symbolik.

Das war der Haushalt, in dem ich aufwuchs. Denken Sie ab und zu daran, wenn Sie meine Geschichten lesen. Alles, was ich beschreibe, ist genau so passiert. Aber manchmal braucht es einen Braunbären, um der Wahrheit näherzukommen.

ÜBER DIE KINDHEIT

Meine beste Freundin in der Grundschule war Asli. Ich erinnere mich gut an ihre blasse, weißlich schimmernde Haut und ihre blassrosafarbenen Fingernägel, die pechschwarzen Haare und ihr breites, melancholisches Lächeln mit den in perfekter Ordnung stehenden Zähnen.

Aslis Familie stammte aus der Türkei. Sie wohnte bei mir um die Ecke in einer dieser Sozialbauwohnungen, in denen viele Migrantenfamilien untergebracht waren. Familien aus Marokko, der Türkei, Italien, Griechenland und Afghanistan. Geflüchtete, Gastarbeiter und auf besseres Leben Hoffende. Meine Eltern hatten nach vielen schwierigen Jahren in kleinsten Wohnungen mit zu vielen Leuten eines der etwas neueren Reihenhäuser mit kleinem Vorgarten mieten können, die inmitten all dieser Sozialwohnungsbauten standen. Unser Nachbar zur rechten Seite war Polizist mit Familie und das Eckhaus, aus dessen Fenstern am Nachmittag Blockflöten- und Klavierklänge drangen, gehörte einem Lehrerpaar mit zwei Kindern.

Ich mochte Asli, weil sie das komplette Gegenteil von mir war. Sie war ruhig und gütig, akzeptierte Ungerechtigkeiten mit einem Lächeln und widersetzte sich nie ihrer Mutter. Ich war laut und wütend und schmiss Dinge über den Tennisplatz. Sie war aus einer anderen Welt. Nicht weil sie Türkin war, sondern weil sie auf mich wie eine Heilige wirkte. Immer besonnen, immer geduldig. Als hätte sie bereits bei Geburt ihr Schicksal gekannt und sich ihm respektvoll ergeben; als hätte sie schon immer gewusst, wer sie war. Ich hingegen wusste nicht, wer ich war – und hatte auch gar nicht vor, es herauszufinden. Mein Ziel war es, in einem ewigen Kampf mit mir selbst etwas zu kreieren, das einem Ich glich.

Asli brachte mir die türkische Nationalhymne bei, die sich wahnsinnig traurig anhört. Irgendwann konnte ich auch ein Lied von Tarkan auswendig auf Kauderwelsch-Türkisch singen. Ich lernte, dass nicht etwa sehr viele türkische Frauen den Vornamen Anne trugen, sondern »anne« auf Türkisch das Wort für Mutter war.

Ihr Vater war nie zu Hause, ihre Mutter sprach nicht gut Deutsch. Es gab immer tonnenweise Essen – wir aßen Baklava, Gurken, Tomaten und Blätterteigkuchen gefüllt mit Käse, während wir an Referaten über den Spessart und die Lahngegend arbeiteten. Asli wusste meist mehr als ich, aber ließ mich in ihrer endlosen Geduld mit dem Kopf gegen die Wand rennen, ohne mir jemals einen Vorwurf zu machen.

Der Kontakt riss ab, als ich die Schule wechselte. Aber ich denke oft an sie und frage mich, wie sie wohl ihr Leben gestaltet. Jahrelang waren wir in einer prägenden Zeit der gleichen Umgebung – Schule, Freunde, Orte – ausgesetzt gewesen, und heute weiß ich nicht einmal mehr, wo Asli ist.

Ich stand zwischen zwei Welten. Ich stammte selbst aus einer Migrantenfamilie und doch wohnte ich in einem Reihenhaus mit Garten und musste schon eine Weile nicht mehr das Zimmer mit meiner Schwester teilen.

Mein Vater war 1986 als Tennistrainer nach Deutschland gekommen, um Geld zu verdienen. Sein ursprünglicher Plan war es, bald wieder nach Bosnien zurückzukehren, wo meine Mutter und ich warteten, um sich dort mit dem in Deutschland verdienten Geld ein besseres Leben aufzubauen. Tito, der langjährige diktatorische Staatspräsident des kommunistischen Jugoslawiens, der den Staatenbund mit eiserner Hand und ausgeklügelten Methoden zusammengehalten hatte, war 1980 verstorben und der Balkan versank zusehends im Chaos. Je mehr sich die Situation zuspitzte, desto nervöser wurde mein Vater in Deutschland, bis er schließlich beschloss, meine Mutter und mich zu sich zu holen. Das war 1988 – drei Jahre bevor Slowenien und Kroatien ihre Unabhängigkeit erklären würden und es infolgedessen zu den ersten von vielen kriegerischen Handlungen auf dem Balkan kommen würde. Mein Vater entging dadurch, dass er schon vorher in Deutschland war, dem Flüchtlingsstatus und konnte uns eine unbefristete Aufenthaltsgenehmigung und sich eine Arbeitserlaubnis sichern.

»Unbefristete Aufenthaltsgenehmigung« und »Arbeitserlaubnis« waren vielleicht nicht die ersten deutschen Wörter, die ich als kleines Kind aussprechen konnte, aber es waren sicherlich die ersten deutschen Wörter, die ich klar als solche erkennen konnte. Meine Eltern sprachen zu Hause Bosnisch, ein ulkig klingender Dialekt des Serbokroatischen, der härter war in seinem Klang, aber weicher in seinen Verniedlichungsformen und seiner Erfindung neuer Wörter. Der Tonfall des Bosnischen klingt stets, als machte man sich über eine ernste Sachlage lustig, und bis heute habe ich manchmal Schwierigkeiten zu erkennen, ob Bosnier spotten oder reden (Enthüllung: Meistens spotten sie – und zwar über dich).

Ich wuchs in einem Potpourri von Farben auf. Es gab in meiner Nachbarschaft dunkelhäutige Kinder mit Krausehaaren, es gab schneeweiße Kinder mit schwarzen Haaren, rosarote mit blonden Haaren und umgekehrt, Frauen mit bunten Tüchern auf dem Kopf und langen Röcken um die Hüfte, den Nachbarn in seiner schneidigen Polizeiuniform und die Lehrerkinder in Pastellfarben und mit dem Teint des Häuslichen. Es gab ein Teenager-Mädchen, das zwei Häuser weiter wohnte und von seinem 14. bis zu seinem 16. Lebensjahr der Gothic-Szene angehörte. Sie trug im Sommer wie im Winter lange schwarze Lederstiefel, einen schwarzen knöchellangen Mantel und schwarz gefärbte Haare. Sie malte sich den Mund schwarz aus und die Augen schwarz an und guckte böse. Sie hieß Gudrun und ich hatte panische Angst vor ihr. Ihre Augen waren eisblau, fast farblos, und manchmal, wenn wir zufällig in der gleichen Straßenbahn saßen, starrte sich mich an, ohne zu blinzeln und ohne zu lächeln. Ich bin mir sicher, sie hat mehrere Nächte wach gelegen und Mordkomplotte gegen mich geschmiedet.

Unsere Grundschule lag in einem ziemlich bürgerlichen Vorort Darmstadts. Neben Asli und mir ging nur noch ein anderes Kind mit Migrationshintergrund in meine Klasse: Hakem, er war Marokkaner. Ansonsten viele Michaels, Christians, Katharinas und Hannahs.

Meine Klassenlehrerin hieß Frau Müller und hatte eine fantastisch ungezähmte Lockenpracht. Sie war sehr dünn und sehr streng und brannte für ihren Beruf, für uns. Sie schien immer an allen Orten im Klassenzimmer gleichzeitig zu sein. Mit ihren langen, feingliedrigen Fingern deutete sie abwechselnd auf uns und auf die Tafel, sie erzählte in weit ausholenden Gesten und mit wildem, intensivem Blick – und manchmal brach sie unverhofft in herzhaftes Gelächter aus. Ich hatte großartiges Glück mit der ersten amtlichen Autoritätsperson in meinem Leben.

Ich war eine Musterschülerin und benahm mich allen Regeln entsprechend – durchdrungen von der tief sitzenden

Angst, aufzufallen. Einer Angst, die ich von meinen Eltern übernommen hatte und die typisch für Migrantenfamilien war. Als ich etwas älter wurde und in Berührung mit den großbürgerlichen Kindern des Tennisklubs kam, war der größte Kulturschock für mich ihre absolute Rücksichtslosigkeit gegenüber Regeln und Formen – das wahre Privileg der Privilegierten.

Das Feuer, das, seit ich denken kann, in mir loderte, manifestierte sich in Wutausbrüchen auf dem Tennisplatz, wenn etwas nicht so lief, wie ich wollte. Ich warf dann meinen Schläger weg und heulte. Schlimm war, dass die Leute dachten, ich sei traurig, dabei trat nichts als Wut aus meinen Augen.

Eines Tages nahm Frau Müller mich in einer Pause zur Seite und fragte mich aus. Meine Eltern hatten gepetzt. Was da los sei auf dem Tennisplatz? Woher diese Wut komme? Ob sie einen tieferen Grund habe?

Ich konnte mir auf diese Schlag auf Schlag kommenden Fragen keine vornehmere Antwort ausdenken als die Wahrheit. Die war schlicht und ergreifend: Ich kam nicht klar, wenn etwas nicht so lief, wie ich es wollte. In der Schule lief alles genau so, wie ich es wollte. Auf dem Tennisplatz eben manchmal nicht. Ich erinnere mich sehr gut an Frau Müllers lange Ansprache über das Leben im Allgemeinen und darüber, dass man nicht immer in allem die Beste sein könnte. Ich war vielleicht neun Jahre alt, aber war bereits sicher, dass das nicht stimmen konnte. Nicht stimmen durfte. Man konnte schon, man musste es nur stark genug wollen. Und Frau Müller, der dieses Geheimnis nicht offenbart worden war, obwohl sie älter war als ich, tat mir leid.

Wir trugen Referate vor, schrieben Diktate und lernten rechnen. Ich musste zusätzlich zweimal in der Woche nachmittags zum Serbisch-Unterricht, der von einer Kroatin gegeben wurde. (Ja, ich weiß, es ist kompliziert, aber in Kürze: Meine beiden Eltern stammen aus Bosnien und hatten dort auch gewohnt, meine Mutter ist Bosnierin, mein Vater ist ethnischer Serbe. Bei uns im Haushalt setzte sich zum großen Teil die Kultur seiner Familie durch – und nach dem Krieg zog die Familie meines Vaters nach Novi Sad in Serbien.)

Ich kannte inzwischen viele der einfachsten Vokabeln nicht mehr. Mein Gehirn begann sich anzupassen, es wandelte slawische Satzbauten in deutsche um, es ersetzte serbisch-bosnische Wörter durch deutsche – und bald waren es nicht mehr nur die Wörter »Aufenthaltsgenehmigung« und »Arbeitserlaubnis«, die in meinem Wortschatz ausschließlich auf Deutsch existierten, sondern die meisten.

Das war meine Welt, in der ich als normales Kind funktionierte. Ein halbwegs normales Kind, wenn man ignorierte, dass ich mich immer irgendwie fremd fühlte mit Menschen, die nicht meine Eltern, meine Schwester und meine acht Cousinen waren. Die Kultur der deutschen Kinder, die Übernachtungspartys beieinander feierten, »Sissi« schauten und Pferd spielten, kannte ich nicht. Meine Eltern hätten mir niemals erlaubt, irgendwo anders zu übernachten, und so dachte ich mir Monat für Monat Ausreden aus und fürchtete die Geburtstage der anderen.

In ungefähr dieser Zeit trainierte ich mir auch mein rollendes, hartes R ab und versteckte es tief hinten in meiner Kehle, wo es kein Deutscher dieser Welt finden konnte. Es war keine subtile gesellschaftliche Ausgrenzung: Meistens waren die Nachfragen, wo ich denn herkomme, schlichte Neugier meines Gegenübers. Aber in meinen Augen bestätigten sie nur, dass ich anders war, dass ich nicht dazugehörte. Und ich wollte nichts mehr als dazugehören.

Vielleicht spaltet sich die den meisten Migranten inhärente Angst aufzufallen stets in ein doppelköpfiges Biest, das in derselben Erde gedeiht, sich aber in zwei verschiedenen Formen manifestiert: entweder in der Anpassung an alles, was man vermutet, deutsch zu sein, um nicht aufzufallen, oder im Verbarrikadieren in der eigenen Kultur, um nicht aufzufallen. Nicht aufzufallen ist jedoch in beiden Fällen der Zweck des Ganzen.

Ich habe mich dennoch wohlgefühlt in dieser Welt – nicht immer sicherlich, aber meistens. Nur an manchen Tagen, wenn ich in meinem Zimmer unterm Dach saß und auf den Parkplatz vor unserem Reihenhaus sah, fehlte mir etwas. Ich wollte mehr und wusste nicht, wo dieses »Mehr« herkommen sollte.

Ich wählte ein Gymnasium in Darmstadt, der großen Stadt außerhalb meines damaligen Radius. Fortan sollte sich mein Leben entlang der breiten Straße abspielen, die von der Innenstadt kommend am Friedhof vorbei bis hoch zum Böllenfalltor verlief. Dort lag das Gymnasium, das ich bis zu meinem Abitur besuchen sollte, 300 Meter weiter nördlich war das Lilienstadion (seit Darmstadt 98 mit einer spektakulären Geschichte, die ein eigenes Buch rechtfertigen würde, überraschend in die erste Fußball-Bundesliga aufgestiegen war, wohl deutschlandweit bekannt), direkt daneben der Tennisklub, in dem ich die Mehrheit meiner wachen Zeit verbrachte, und etwa 200 Meter weiter westlich stand das Haus meiner besten Freundin Marie. Eine deutlich größere Welt als die meines Vororts – und immer noch zu klein.

Langsam befreite ich mich aber von meinem Gefühl, nicht richtig dazuzugehören, und begann mir einen Freundeskreis aufzubauen. Neben den echten Freunden, die neben mir auf den Schulbänken saßen und mit mir in pubertäres Gelächter über sinnlose Sachen einstimmten, entdeckte ich Bücher. Ich las sie, zwischen Heften versteckt, in den Stunden, die mir unwichtig erschienen, aß zerquetschte Schokoküsse in weißen Brötchen – eine Mahlzeit, die Negativnährstoffen gleichkam – und sah meinen Freunden dabei zu, wie sie ihre ersten Zigaretten rauchten.

Nach der Schule lief ich die paar Hundert Meter hoch bis zum Tennisklub. Dort blieb ich und spielte. Spielte, bis es dunkel wurde. Bis meine weißen Tennisklamotten durchnässt waren vom Schweiß und gelegentlichem Regen, verdreckt waren vom roten Sand, nach Anstrengung stanken. Bis mir die Haare im Gesicht klebten, meine Fingernägel schwarz und meine Knie mit Schrammen und Kratzern übersät waren. Ich spielte so lange und so ausgiebig, dass ich auf dem Beifahrersitz einschlief, als mein Vater seine letzte Trainerstunde gegeben und den Ballwagen in seinen kleinen Raum gerollt hatte, der nach alten Bällen, stehender Luft und jahrelangem Staub roch, sich wie ein König, der den Tanzsaal für den heutigen Abend verlässt, frisch geduscht und mit federndem Schritt verabschiedet hatte, lächelnd in dem Wissen, dass alles am nächsten Tag von vorne losgehen würde, und sich schließlich in unseren roten VW Passat setzte und nach Hause fuhr, wo meine Mutter mit dem Abendessen auf uns wartete.

Der Sommer war meine liebste Jahreszeit. Ich mochte die Freiheit, die der Sommer mit sich brachte. Keine einengenden Hallenplätze, die man Wochen im Voraus buchen musste, keine Verabredungen zum Tennisspielen vonnöten, da im Sommer sowieso alle da waren. Ich mochte die Freiheit, in kurzen Hosen und T-Shirts aus dem Haus zu gehen, keinen Gedanken daran verschwendend, wie man aussah oder ob man warm genug angezogen war.

Nach der Schule saß ich auf den grünen Bänken des Tennisvereins, noch klein genug, um meine Beine baumeln zu lassen, und wartete. Ich wartete auf meinen Vater, meine Freunde, Fremde. Wer immer gerade Zeit und Lust hatte, mit mir zu spielen. Schlimmstenfalls stand ich an der Wand, kloppte Bälle dagegen und sah, wie sie erst grün, dann grau, dann taub wurden.

Die Sommertage in Darmstadt waren lang und zahlreich. An Spätnachmittagen gingen wir ins Schwimmbad am Hochschulstadion, den Staub des Tages abwaschend, aßen Eis am Stiel von der Tankstelle, rannten im Wald auf und ab und fuhren auf unseren Fahrrädern von einer Station zur nächsten, den Fahrtwind in den Haaren.

Ich mochte es, auf der etwas erhöhten Terrasse des Schwimmbads zu sitzen, von der aus man alles im Blick hatte. Ich beobachtete das Balzverhalten von Männern und Frauen. Wie die Männer ihre muskulösen Körper am Beckenrand entlang spazieren trugen, vielleicht den einen oder anderen Muskel etwas mehr anspannend, selbstbewusst und stolz. Wie die Frauen verunsichert an ihren Bikinis und Badeanzügen herumzupften, zaghaft, ängstlich und doch standhaft den Blicken trotzten. Ich mochte die steinalten Stammgäste, die täglich mit verrunzeltem Körper und von der Sonne gegerbter Stirn ihre Bahnen schwammen, unberührt von der Jugend um sie herum, immun gegen Begierden und Eitelkeiten.

Und das Eis von der Tankstelle war damals noch unschuldig, befreit von Stigmata wie Kalorien und Zucker. Das größte Problem war, das Geld dafür aufzutreiben. Wir sammelten, zählten, legten zusammen und oft reichte es trotzdem nicht für das damals neue Magnum-Eis, das wir alle gerne probiert hätten, uns aber nicht leisten konnten. Ich wählte immer die schokoladengetränkten, von Sahne überzogenen Kunstwerke in Waffeln; Kinder, die Fruchteis bevorzugten, waren mir suspekt. Bis heute argwöhne ich List bei jedem Erwachsenen, der Erdbeer- und Zitroneneis statt Schokolade und Vanille wählt. Es ist für mich, wie Salat bei McDonald's zu bestellen.

Meine Eltern waren einfache, hart arbeitende, intelligente Menschen, die sich von Armut und Krieg befreit hatten, die ihre Familien, ihre Vergangenheit verlassen hatten, um für ihre Kinder der Zukunft mehr abzutrotzen, als es ihren Eltern vergönnt gewesen war. Das allein hätte gereicht für mehrere Leben in Aufruhr und Aufregung, aber für mich war es plötzlich nicht mehr genug. In Berührung gekommen mit den großbürgerlichen Kindern von Anwälten, Ärzten und Architekten eröffnete sich mir eine neue Welt, die bis dahin keine Rolle gespielt hatte: eine Welt aus Kunst und Musik, aus Design und Theater, Literatur und Sprachen. Ich war jung, ich war ehrgeizig und ließ mich von diesem Strom mitreißen. In einer Welt, in der alle Existenzängste verschwunden waren, beschäftigte ich mich nicht mehr mit dem Überleben, sondern mit dem Überschuss des Lebens, dem Mehr an Leben, das den Privilegierten der Gesellschaft vorbehalten war.

Ich versank in Büchern und Musik, rannte, hetzte, hechelte einer Elite hinterher, die uneinholbar vorne lag. Ein vergeblicher Wettlauf gegen die Zeit. Die Leidenschaft, die ich von Anfang an für Tennis aufbrachte, begann sich mit dem Ehrgeiz zu vermischen, den ich bis dahin für meine Schulnoten aufgehoben hatte. Alles, was ich wollte, war, zur Elite zu gehören.

Und plötzlich tat sich eine Tür vor mir auf, die mir erlauben würde, Jahre an Schule, Studium und Karriere zu überspringen und per Tennis-Expresszug direkt an die Spitze zu gleiten. Ich musste nur hart arbeiten, diszipliniert sein, meinen Weg gehen und niemals auf die anderen hören. Das konnte ich beileibe am besten von allen.

Der Tag, an dem ich mein neues Lebensziel ausrief, war der Tag meines ersten verlorenen Matches. Denn oft sind Niederlagen der eigentliche Auslöser für Fortschritt. Ich hatte bis dahin vor allem auf Bezirksebene gespielt. Ich muss etwa zwölf Jahre alt gewesen sein und kann mich nicht erinnern, bis dahin jemals ein Spiel oder gar einen Satz verloren zu haben. Ich war einfach so viel besser als alle anderen.

Doch dann spielte ich beim Training im Hessenkader in Offenbach einen Satz gegen Christin Bork. Sie war ebenfalls zwölf und gewann regelmäßig gegen 18-Jährige. Ich wusste, dass sie den Orange Bowl in Amerika gewonnen hatte, die inoffizielle Jugendweltmeisterschaft, und vom Deutschen Tennis Bund und den Medien für die nächste Steffi Graf gehalten wurde.

Für ein Kind waren solche Dinge jedoch nur weißes Rauschen. Ich hatte noch nie verloren. Wieso sollte ich jetzt damit anfangen? Selbst wenn mein Gegenüber auf einem Turnier in Amerika eine Kiste Orangen gewonnen hatte.

Ich verlor. Haushoch. Ich war geschockt. Als Kind ist man nicht in der Lage, mehrdimensional zu denken, und schon gar nicht, etwas in Perspektive zu setzen, und so dachte ich nur: Wow, ich hab verloren, das heißt, ich bin schlecht; es gab eine Zeit, in der ich nicht schlecht war, sondern gut, und diese Zeit war deutlich erstrebenswerter; diese neuen Gefühle in meiner Brust fühlen sich nicht gut an, nein, ganz und gar nicht gut, sogar sehr schlecht.

Diese schlichten Kausalitätsketten in meinen Gedanken führten zu einem geradezu absurden Motivationsschub. Ich fing an, Konditionstraining zu machen, zu laufen, mich zu dehnen – alles, was ich mir unter einem echten Profi-Training so vorstellte. Wie in allen guten Sportfilmen war ich in diesen Momenten allein. Ich überlegte mir, welche körperlichen Funktionen mir fürs Tennis nützen würden, dachte mir Übungen aus und machte sie so lange, bis ich nicht mehr konnte. Ich trieb meinen Vater mit dem Klicken des Sprungseils auf dem Betonparkplatz neben seinem Arbeitsplatz in den Wahnsinn. Ich schmiss Medizinbälle an die Tenniswand und machte Trockenschwünge. Ich legte Bälle in verschiedene Muster, sammelte sie im Sprint nacheinander auf und legte sie im Sprint wieder dorthin zurück, wo sie gewesen waren. Die ultimative Zusammenfassung eines Sportlerlebens: Dinge im Sprint aufsammeln und im Sprint für die Generationen nach dir wieder zurücklegen. Einander aufhebende Kraftaktionen.

Immer, wenn ich trainierte, stellte ich mir vor, wie Christin auf der anderen Seite stand und ernst zu mir herüberguckte, konzentriert, bereit, mich aufs Neue zu demütigen. In meinen Träumen hatte sie sechs Arme und mehrere Zungen, die mich auslachten, und hinter ihrem Kopf wirbelte ein Kreis von Tennisbällen, die sich so schnell bewegten, dass sie nur einen verschwommenen Streifen ergaben. Ich wusste nie, welchen der Bälle sie abschlagen würde. Aber ich hielt dagegen, ließ mir den Schneid nicht abkaufen und triumphierte am Ende gegen alle Widerstände. Die Himmelstore öffneten sich, ein heiliges Licht schien auf mein Haupt herab und alles war wieder gut. Das unangenehme Ziehen in Brust- und Bauchgegend wie weggeblasen, ersetzt durch Euphorie und Zufriedenheit.

Zwei Jahre später bei den deutschen Hallenmeisterschaften in Essen bekam ich meine Chance in der Realität. Im Viertelfinale traf ich auf meine Angstgegnerin. Ich hatte erst ein halbes Jahr zuvor meinen deutschen Pass erhalten, und dies war der allererste bundesweite Wettbewerb, an dem ich teilnahm. Vor dem Match übergab ich mich auf der Spielertoilette vor Nervosität.

Ich gewann relativ glatt in zwei Sätzen und die nationale Tenniswelt war entsetzt. Christin Bork hatte bis dahin gegen niemanden verloren, der jünger war als 18, geschweige denn gegen eine Gleichaltrige. Für mich war es jedoch nichts weiter als ein natürlicher Prozess gewesen. Ich hatte beschlossen, gegen Christin Bork zu gewinnen, und mein Sieg war nur eine Folge meines Beschlusses. Ich dachte an meine alte Klassenlehrerin Frau Müller, die behauptet hatte, dass man nicht immer die Beste sein könnte, und schüttelte den Kopf. Es wunderte mich, dass Erwachsene so wenig vom Leben verstanden.

Ich gewann die deutschen Hallenmeisterschaften und ein Jahr darauf auch die deutschen Meisterschaften auf Sand. Mein Leben nahm Fahrt auf und ich saß auf der Beifahrerseite, vielleicht sogar auf der Rückbank. Ich wurde plötzlich zu Lehrgängen eingeladen und auf Turniere in fernen Ländern geschickt. Manchmal weinte ich heimlich in die Ärmel meiner Sweatshirts, weil ich meine Eltern und meine Schwester vermisste. Ich verpasste Wochen meiner Schulzeit und jeglichen pubertären Wirrwarr. Ich hatte immer irgendwo zu sein. Ich aß auf dem Weg zum Training, machte Hausaufgaben auf dem Weg zum Training, schlief auf dem Weg zurück vom Training. Jahrelang. Ich hatte nie eine Wahl. Es war okay, denn ich wusste, dies war mein Ticket raus, mein Ticket in den Himmel, mein Ticket in die Hölle, mein Ticket in die Welt, wo Wasserhähne golden sind und Vögel immer den Ton treffen.

Als ich mein erstes Turnier auf der Profitour gewonnen hatte – nachdem ich fünf Matches in der Qualifikation und fünf Matches im Hauptfeld überstanden hatte –, saß ich auf der Bank mit dem Handtuch über dem Kopf, 16 Jahre alt, allein im Niemandsland der Türkei, und weinte. Es war Glück und Trauer zugleich. Ich hatte etwas gewonnen, das ich nicht für möglich gehalten hatte, aber vielleicht wusste ich schon damals unbewusst, dass ich auch etwas verloren hatte. Meine Kindheit sicherlich und vielleicht mit ihr auch meine Unschuld. Der Weg zu Ehre und Ruhm war geebnet und er würde steinig und vermessen werden.

DIE SACHE MIT DER GERECHTIGKEIT

Die Berge ragten drohend zum Himmel empor. Schnee bedeckte die Kuppen. Die Felsen fielen dramatisch in alle Richtungen und dort, wo man es am wenigsten vermutete, trotzten kleine Grünflächen ihrem Schicksal. Ich jedoch hatte weder Zeit noch Blick für Naturwunder. Meine russische Gegnerin machte mir zu sehr zu schaffen.

Sie war kleiner als ich, dünner als ich, schwächer als ich. Sie trug ihr Haar in einem palmenartigen Gebilde am höchsten Punkt ihres Kopfes und hohe dicke Tennissocken wie früher. Immer wieder schob ich meine linke Hand in die Hosentasche meiner Shorts, um an einer Münze zu reiben, die ich zu Hause im Freibad gefunden hatte. Sie sollte mir Glück bringen. Über den Shorts trug ich ein überdimensioniertes T-Shirt meines Vaters und eine Mütze auf dem Kopf, um meine Haare zu bändigen. Meine Tennisschuhe waren ein bis zwei Nummern zu groß – genügend Platz, um noch einige Jahre hineinzuwachsen. Der Schweiß lief mir an den Schläfen hinab und immer wieder schaute ich nach Antworten suchend zu den Berggipfeln hinauf.

Zunächst war alles glattgelaufen. Ich war größer als sie, stärker als sie, besser als sie. Ihr Vater, ein großer, bulliger Mann mit Oberarmmuskeln, die in einem anderen Leben Bäume stemmten, Goldketten um den Hals und ohne Haare, aber dafür mit vielen Schweißperlen auf der weißen Kopfhaut, die wie eine Billardkugel glänzte, lief am Platz auf und ab und redete ununterbrochen auf Russisch auf uns beide ein. Seine Tochter schien unbeeindruckt, wahrscheinlich über Jahre an ihren Vater gewöhnt und entsprechend abgehärtet. Ich war irritiert und versuchte, mich ganz auf das Spiel zu konzentrieren. Aber je länger es dauerte und je mehr ich im Resultat davonzog, desto lauter und drohender wurde sein Ton. Meine Gegnerin zog immer mehr den Kopf zwischen ihre dürren Schultern. Ich bekam es mit der Angst zu tun. Seine Halsschlagader pulsierte und er schüttelte die Fäuste. Seine Tochter begann, Mondbälle zu spielen. Das heißt, sie spielte sehr hohe, sehr langsame Bälle in die Mitte des Feldes – ohne Tempo, ohne Winkel, die ein erwachsener Mensch gnadenlos bestrafen würde, aber ein Kind mit Minusmuskeln wie mich überforderten.

Wir waren elf oder zwölf Jahre alt. Sie sah süß aus in ihrem weißen Faltenrock und dem Hemd mit Kragen – wie aus einem anderen Jahrhundert. Ich sah aus wie ein Junge.

Das Match drehte sich. Ich machte immer mehr Fehler und wurde nervöser. Ihr Vater aufgebrachter. Als ich den zweiten Satz schließlich verlor, machte ich eine Toilettenpause, um mich zu sammeln.

Auf dem Weg in das Klubhaus hielt mich der Oberschiedsrichter an: »Stört dich der Mann da, Andrea?«

Ich zuckte mit den Schultern und schüttelte leicht den Kopf. Zu plastisch stand mir das Bild einer Trainingseinheit seiner Tochter mit meinem Kopf als Tennisball vor Augen. Doch ich muss absolut verängstigt ausgesehen haben, denn als ich die Toilette verließ, sah ich, wie zwei der Schiedsrichter den Russen, der zeterte und brüllte, am Ellbogen festhielten und gen Klubhaus abtransportierten. Ich nahm den Hinterausgang und vermied tunlichst, ihm in die Arme zu laufen.

Am Platz angekommen, sah ich meine Gegnerin mit Tränen in den Augen auf der Bank sitzen. Sie kaute auf ihrem Schweißband herum und tat mir in diesem Moment unendlich leid.

Der dritte Satz begann. Ich kam mit den Mondbällen jetzt besser zurecht, nahm sie manchmal in der Luft, wenn ich sie früh genug erkannte, und hatte mehr Energie übrig, um mich auf das Wesentliche zu konzentrieren. Die Angst davor, in der Achselhöhle des Vaters meiner Gegnerin in einem russischen Schwitzkasten zu landen, war für eine Weile zur Seite getreten. Die Berge ragten weiterhin zum Himmel empor.

War diese Art Vater eine Ausnahme im Tennis? Leider nein. Ich selbst habe keine Kinder und kann nicht genau sagen, was es ist. Aber nach meiner Beobachtung sahen die verrücktesten Tenniseltern ihre Kinder als eine Art Verlängerung ihrer selbst und den Tennisschläger als eine Verlängerung derer selbst. Und somit wurde jeder Sieg und jede Niederlage zu einer Bewertung ihrer (menschlichen?) Qualitäten.

Nicht immer mussten Eltern in Klubhäuser abtransportiert werden, aber nicht selten sah ich sie an den Seitenlinien toben, ihre Kinder anschreien, deren Gegner einschüchtern und sich in Platzangelegenheiten einmischen. Aber das soll nicht das Thema dieser Geschichte sein. Das Thema dieser Geschichte ist die Frage, ob es so etwas wie Karma gibt. Und falls ja, wie genau dieses Karma-Ding eigentlich hinschaut, um Intentionen in all ihrer Komplexität aufzuschlüsseln. Jedenfalls wäre es mir im Nachhinein lieber gewesen, der russische Vater wäre geblieben, um sich so heftig in Platzangelegenheiten einzumischen, wie nur gute Tenniseltern es vermögen.

Damals mit zwölf ging es vor allem darum, den eigenen Aufschlag zu halten. Mir gelang das bei 4:4 im dritten Satz zum 5:4 für mich. Beim darauffolgenden Seitenwechsel war ich so nervös, dass ich die wenigen Schlucke Wasser, die ich versuchte, zu mir zu nehmen, in den roten Sand vor mir spuckte, weil jemand einen eisernen Ring um meine Kehle geschnürt hatte, durch den nichts durchkam. Ich stellte mich zum Return auf. Es war ein ewiges Hin und Her. Meine Gegnerin machte keinen einzigen Fehler und spielte mir die Bälle mit sehr geringer Geschwindigkeit und übermäßiger Höhe in die Mitte des Feldes. Jedes Mal, wenn meine Augen den hohen Bällen folgten, nahm mein Blick die bedrohliche Spitze des höchsten der Berge wahr. Ich haute drauf, so hart ich mit zwölf Jahren und nicht vorhandenen Muskeln draufhauen konnte. Manchmal machte ich Gewinnschläge, pfeilschnell und präzise, wie an der Schnur entlanggezogen, und manchmal machte ich Fehler, pfeilschnell und in die Mitte des Netzes hineingebogen. Ich war ein bisschen stolz, dass ich wenigstens versuchte, das Schicksal in meine eigenen Hände zu nehmen.

In dem Moment, in dem es darauf ankam, entschied das Schicksal, mich in seine eigenen Hände zu nehmen. Damals wurde für die Jugend eine neue Regel getestet. Beim Stand von 40:40 entschied der nächste Punkt das Spiel direkt. Bei 5:4 im dritten Satz und Einstand hatte ich also einen Matchball und meine Gegnerin gleichzeitig einen Spielball zum 5:5. Um nicht zu sagen: Die Nerven lagen blank.

Ein weiterer, niemals enden wollender Ballwechsel nahm seinen Lauf. Man stelle sich die vier Zuschauer an der Seitenlinie vor, die ihren Kopf von rechts nach links in einem gebogenen Halbkreis bewegten, um den Mondbällen zu folgen, und zurück von links nach rechts in einer geraden Linie, um meinen Angriffsschlägen zu folgen. Zwei der vier Zuschauer waren Schiedsrichter, ein weiterer der Klubpräsident – und einer war beim Spaziergang zufällig dazugestoßen und sah reichlich verwirrt aus. Ich rückte auf und versuchte immer mehr in den Platz hineinzugelangen, um bei günstiger Gelegenheit, Rückenwind und Heimweh einen der hohen Bälle meiner Gegnerin aus der Luft zu erwischen und möglichst uneinholbar in eine der Ecken zu dreschen. Dieser war's doch! Ich rannte nach vorne, bemerkte im letzten Augenblick, dass ich mich gnadenlos verschätzt hatte, rannte wieder zurück, machte einen letzten verzweifelten Versuch, den Ball noch mit der Schlägerspitze zu erwischen, und … wurde an der Grundlinie überlobbt. Der Ball sprang vor mir auf, über mich drüber – ich warf den Kopf in den Nacken, die vier Zuschauer folgten der Flugkurve mit den Augen – und landete mit einem kaum vernehmbaren Plumpsen im Zaun.

An der Grundlinie überlobbt! Mit hängenden Schultern machte ich mich auf den Weg zum Netz, um einen der Bälle einzusammeln. Mein Blick war auf meine Schuhspitzen gerichtet (vielleicht leicht von Tränen verhangen) und deshalb bemerkte ich erst dort angekommen, dass auch meine Gegnerin zum Netz gegangen war und mir jetzt die Hand entgegenstreckte. Ich blinzelte konfus. In Zeitlupe sah ich meiner Hand dabei zu, wie sie zu einem Fremdkörper mit Eigenleben wurde und sich zitternd nach oben streckte – wie magnetisch angezogen von der ausgestreckten kleinsten Hand der Welt. Ich begriff, dass meine russische Gegnerin mit den hohen Socken und dem weißen Faltenrock die Wahrscheinlichkeit, jemanden an der Grundlinie zu überlobben, in ihrer Welt für ausgeschlossen hielt und überzeugt war, ihr Ball müsse im Aus gelandet sein. Wir schüttelten Hände, sie heulte, ich heulte, sie fühlte sich elend, weil sie verloren hatte, ich fühlte mich elend, weil ich geschummelt hatte – wenn auch unfreiwillig –, und die vier Zuschauer fühlten sich elend, weil sie ihre Zeit verschwendet hatten. Es war meine erste schlaflose Nacht nach einem Tennismatch – es sollte nicht die letzte sein – und nur die Berge waren unverändert in ihrem Starrsinn und unberührt von menschlichen Nichtigkeiten.

Am nächsten Tag reisten meine Eltern an. Sie waren Richtung Serbien unterwegs und wollten mich auf dem Weg auflesen. Ich stand unverhofft und wahrscheinlich auch unverdient im Finale. In der Nacht zuvor hatte ich kein Auge zugemacht. Wieder und wieder sah ich den hohen Ball direkt auf mich zufliegen. Sah mich ausweichen und nach hinten rennen, meinen Schläger ausstrecken, unbeholfen hopsen und an dem Ball vorbeischlagen. Vor allem aber sah ich, wie der Ball gute fünf Zentimeter vor der Linie aufkam, also eindeutig gut war, und wie meine Gegnerin mit auf den Wangen zerlaufenden Tränen das palmenartige Gebilde auf ihrem Kopf wippend Richtung Netz marschierte, um mir zu gratulieren. Ich hatte nicht aktiv versucht zu schummeln. Aber ich hatte passiv hingenommen, was passierte, und meinen Mund nicht aufbekommen.

Auch meine Gegnerin im Finale war eine Russin. Sie war weniger niedlich als die vorherige, mit finsterem Blick und – ich bin mir ziemlich sicher – zusammengewachsenen Augenbrauen. Sie machte diese Sache mit den Füßen, die fast alle Tennisspielerinnen aus dem ehemaligen Ostblock draufhatten, eine Art auf der Stelle Laufen zwischen geschlagenen Bällen, ohne jedoch die Knie anzuheben. Sie war absolut Furcht einflößend und ich verlor den ersten Satz in weniger als zwanzig Minuten.

Ich lag auch im zweiten hinten, als meine Eltern endlich auftauchten. Sie zu sehen, erleichterte mich. Ich fühlte mich weniger allein, weniger hilflos, und außerdem sah ich mich bereits im Auto gen Novi Sad sitzen, wo meine acht (!!!) Cousinen auf mich warteten – mit Schabernack im Sinn und Liebe im Herzen, meine Lieblingskombination. Wir würden Fangen spielen im Garten, die Vorder- und Hintertür offen, sodass man auch durchs Haus rennen konnte. Wir würden die Nachbarskinder mit diesen kleinen weißen Knallerbsen der Schneebeerensträucher, die es überall in Europa zu geben schien, bewerfen. Und wenn unsere Eltern uns Taschengeld gaben, würden wir für zehn Cent mit dem Bus in die Stadt fahren, an alte Frauen mit Alte-Frauen-Geruch gedrückt, an Jugendliche in Trainingshosen und Mädchen mit Zöpfen. Im Zentrum angekommen, würden wir uns zwanzig Pfannkuchen beladen mit Nutella, Eis und Sahne bestellen, diese auf der Terrasse essen und die Skateboarder dabei beobachten, wie sie sich vor dem Theater auf die Schnauze legten. Ich konnte mir mit zwölf Jahren kein besseres Leben auf der Welt vorstellen und alleine der Gedanke daran setzte bei mir neue Energien frei.

Auf einmal sah ich Muster im Spiel meiner Gegnerin und stand bereits frühzeitig dort, wo der Ball aufkam. Ich erwischte sie immer häufiger auf dem falschen Fuß und die zusammengewachsenen Augenbrauen machten bedrohliche wellenförmige Bewegungen. Ich holte auf. Manchmal schlägt Tennis wirklich berauschend unverständliche Kapriolen. Etwa eine Viertelstunde zuvor hatte ich kaum eine Möglichkeit gesehen, überhaupt nur ein Spiel zu gewinnen, der Tennisball zu klein, die Geschwindigkeit zu groß und ich immer außer Balance. Und wie aus dem Nichts, dank eines erfrischenden Gedankens und neuen Mutes, bewegte ich mich plötzlich in einem wahrsagerischen Rausch zu jedem Spielzug, noch bevor er als Gedanke in meiner Gegnerin überhaupt aufgeploppt war.

Ich führte 5:1 im dritten Satz und sah meine Eltern auf der Terrasse ungeduldig auf die Uhr schauen. »Je später wir loskommen, desto mehr Verkehr« stand in Großbuchstaben über ihren Stirnen geschrieben. Ich rief ihnen zu, sie sollten mir doch bitte schon einmal einen Salat mit Putenbrust und eine Apfelsaftschorle bestellen.

Im Nachhinein möchte ich für mich reklamieren, dass es nichts mit Arroganz zu tun hatte. Dass es eher einer jugendlichen Naivität geschuldet war, die mit positiver Erfahrungslosigkeit einhergeht, bei der einem entweder die Kapazität fehlt, Worst-Case-Szenarien zu erkennen, oder die Fantasie, sich diese auszumalen. Ich hielt mich schlechterdings für emotional wahnsinnig stabil – und bei 5:1 im dritten Satz konnte doch wahrlich nichts mehr schiefgehen, oder?

Um den geplagten Leser nicht länger auf die Folter zu spannen, mache ich es kurz: Ich verlor. 7:5 im dritten Satz, nachdem ich 5:1 vorne gelegen und gefühlt 347 (in Wahrheit waren es vier) Matchbälle gehabt hatte. Doch Arroganz? Oder Naivität? Einen Moment.

Hatte es vielleicht gar nichts mit mir und meinen charakterlichen Defiziten zu tun – sondern alles damit, dass ein Ungleichgewicht im Himmel entstanden war, ein Vakuum in der Luft, als ich mir den Punkt erschlichen hatte, der mich ins Finale gebracht hatte, während ich jetzt Salat mit Putenbrust und Apfelschorle bestellte, als hätte ich diesen Sieg nicht nur verdient, sondern erwartet? Die Ebene im Himmel, die gekippt war, als Ungerechtigkeit geherrscht hatte, fiel mit lautem Knall in ihre Position zurück, das Vakuum in der Luft schloss sich, ich verlor das Finale und das Universum war keinen Deut besser als zuvor. Aber ein kleines bisschen gerechter.

Ich heulte auf dem Rücksitz des alten VW Passats meiner Eltern den ganzen Weg durch Österreich und an den Bergen vorbei, die höhnisch auf mich hinabblickten. Ich heulte den ganzen Weg über die Landstraßen Ungarns, dessen Autobahn noch nicht fertiggestellt war, bis an die Grenze Serbiens. Ich heulte, während die Grenzbeamten mit gelangweilt arroganter Miene unser Auto durchsuchten und meine Eltern deutsches Geld in serbisches wechselten. Ich schluchzte bei jedem Schlagloch, über das unser VW Passat fuhr. Und als wir schließlich in die Toreinfahrt des Hauses meiner Großmutter fuhren, lag ich erschöpft auf dem Rücksitz und schlief, den Schmutz des Tages stolz im Gesicht tragend.

Eine Legende in Österreich besagt, dass man, wenn der Wind günstig steht und man sich tief genug in die Gebirgslandschaft traut, dort, wo sich Menschenseelen verirren, noch heute ein zwölfjähriges Mädchen über die (Un-)Gerechtigkeit der Welt weinen hören kann.

DANICA

A sećaš li se lepi grome moj,
nekada je tlo pod nama pucalo?
(Ceca)

Ich saß auf einer dreckigen Bank in einem Tennisklub in Sofia, Bulgarien, und band mir gerade meine Tennisschuhe zu,
als Danica mich ansprach. »Hey, bist du Andrea Petković?«,
fragte sie mich. Auf Englisch.

Ich schaute auf und sah gleißende Kreise. Die Sonne blen-
dete mich. Ich blinzelte und versuchte meine Augen auf die
Gestalt zu fokussieren, die vor mir stand. Ein braun gebrann-
tes Mädchen von etwa 18 Jahren mit runden Hüften und einem riesigen Lockenkopf, in dem zahlreiche Haarspangen
steckten, schaute mich herausfordernd an. Ihr Gesicht strahlte.

»Ähm, ja?«

»Sprichst du Serbisch?«, fragte sie. Auf Serbisch.

»Da.«

Wir wechselten in unsere Muttersprache.

»Ich bin Danica«, sagte sie und streckte mir die Hand hin.

Noch immer blinzelnd, schüttelte ich ihre feuchte Hand.
Und zum ersten Mal zeigte Danica mir ihr breites Lächeln,
das drei Zähne und etwas Zahnfleisch zu viel entblößte.
Munter stemmte sie beide Hände in die Hüften. Ihr Selbstbewusstsein faszinierte mich.

»Spielst du Doppel?«

Danica setzte sich neben mich auf die Bank und begann, sich ebenfalls ihre Tennisschuhe anzuziehen. Ihre Schlappen legte sie fein säuberlich zusammen und steckte sie in einen eigens dafür mitgebrachten Beutel, bevor sie sie in ihre Tennistasche stopfte, die überfüllt war mit Tennisbällen, Schlägern, Haargummis und Kuscheltieren.

»Eigentlich nicht, nein.« Ich rückte ein wenig zur Seite, um ihr Platz zu machen.

Sie sah mich schockiert an. »Du weißt aber schon, dass du damit Geld machen kannst. Nicht viel, ist schon klar, aber wenn wir hier das Doppel gewinnen, können wir auf jeden Fall unser Hotelzimmer davon zahlen und vielleicht ein, zwei Abendessen, wenn wir sparen und noch jemanden für einige Nächte mit aufnehmen. Du bist allein hier, oder?« Ihre blaugrünen Augen suchten einen Halbkreis um meinen Kopf herum ab.

»Ja, allein.«

»Okay, perfekt. Du ziehst heute zu mir ins Zimmer, dann zahlen wir nur die Hälfte. Ich melde uns beim Doppel an und vielleicht können wir ja das Turnier gewinnen. Ich bin echt gut im Doppel, weißt du, weniger Stress und so. Und von dir hab ich gehört, dass du gar nicht so schlecht bist. Ganz okay sogar. Für eine 16-Jährige meine ich. Talentiert, hat mir jemand gesagt, talentiert. Er hat dich letzte Woche in der Türkei spielen sehen. Ich versuch noch jemanden zu finden, der für ein paar Nächte bei uns mit im Bett schläft. Oder von mir aus schlaf ich auch auf dem Boden, mit Decken oder so. Dann sparen wir sogar ein Drittel des Preises. Bist du bereit?«

Während sie sprach, war sie aufgestanden, hatte ihren Tennisschläger ausgepackt und ein paar Dehnübungen gemacht, war drei-, viermal auf- und abgehüpft und hielt jetzt drei Tennisbälle in der linken Hand.

»Ich muss mich erst noch ein bisschen warm machen«, sagte ich verlegen, weil es streberhaft klang gegenüber einer Person, die ganz offensichtlich das Leben verstanden hatte.

»Ah, eine wahre Deutsche!« Danica lachte.

Ich drehte ein paar Runden um den Platz und versuchte zu verstehen, wie ich bis eben noch planen konnte, Bälle gegen die Wand zu kloppen, und innerhalb von zehn Minuten eine Trainingspartnerin, Doppelkollegin und Zimmergenossin in einem hatte.

Danica spielte Tennis genauso wie sie war. Unvorhersehbar, undiszipliniert und fantastisch. Jeder dritte Ball war ein Stopp oder ein Slice. Sie schmetterte die Aufschläge mit einer Geschwindigkeit ins Feld, von der ich nur träumen konnte, aber konnte ums Verrecken keine drei geraden Bälle hintereinander ins Feld spielen. Wenn ihre Gegnerinnen die Nerven oder den Faden verloren, gewann sie, aber je höher die Rangliste und je disziplinierter die gegnerischen Spielerinnen waren, desto schwieriger wurde es für Danica.

Sie kam aus Montenegro, ihr Vater war Polizist, und sie schlug sich mit Tennis durchs Leben. Ihre Familie hatte nicht genügend Geld, um sich einen Trainer zu leisten oder sie gar auf eine Akademie zu schicken, und so lebte sie von der Hand in den Mund. Sie trainierte mit jedem, der ihr gerade über den Weg lief – und manchmal tagelang gar nicht. Seit sie 15 war, reiste sie allein durch Europa; genauer: in die Länder, in die sie per Bus oder Anhalter gelangen konnte.

Das Leben auf Tour hatte eine Lebenskünstlerin aus ihr gemacht. Als wir uns kennenlernten, war sie biologisch zwar nur zwei Jahre älter als ich, aber in Wirklichkeit waren es bestimmt zehn.

Meine Eltern hatten auch nie genügend Geld, um mich mit

Trainer und Physiotherapeut auf die Turniere zu schicken, wie ich es bei anderen Spielerinnen sah, die entweder das Glück besaßen, reiche Eltern zu haben, oder einen wohlhabenden Verband im Rücken hatten. Der Deutsche Tennis Bund half zwar bei großen, wichtigen Turnieren mit Trainern aus, an die man sich wenden konnte, aber große, wichtige Turniere sind nun mal die Ausnahme am Anfang einer Tenniskarriere. Den Großteil des Alltags füllen kleine Turniere, die in abgelegenen Orten stattfinden und wo jede einzelne Spielerin ums Überleben kämpft. Das Preisgeld ist niedrig, die Anreise ist meist teuer und für die Versorgung vor Ort müssen die Spielerinnen selbst sorgen. Die Absurdität des Lebens greift eben auch im Tennisgeschäft. Dort, wo die Preisgelder hoch sind, werden die meisten Kosten übernommen. Dort, wo es kaum Preisgeld zu holen gibt, nicht.

Und so reiste auch ich allein durch die Gegend und versuchte so sparsam wie möglich zu sein. Ich musste mir im Zweifel aber keine Sorgen machen, wie ich nach Hause kam, wenn ich in der ersten Runde rausflog.

Im Eingang unseres alten, abgenutzten Hotels hingen neben dem Namensschild zwei Lampen in Form von Sternen, von denen der eine leuchtete und der andere flackerte. Ich packte noch am Nachmittag meine Siebensachen zusammen und zog zu Danica ins Einzelzimmer. Das Bett war zu klein für zwei Personen und ich – die deutlich größere und stärkere von uns beiden – wachte morgens regelmäßig in drei Vierteln des Bettes auf – Danica, tief schlafend neben mir, hing am seidenen Faden über den Rand. Im Bad hingen Spinnen in den Ecken, und man musste eine Zeit lang das gelbbräunliche, stinkende Wasser fließen lassen, bevor es klar wurde und man duschen konnte. Aus dem Wasserhahn des Waschbeckens tropfte es unablässig und das Geräusch lullte uns nachts in den Schlaf. Ich räumte meinen westlichen Standard an Sauberkeit und meine Angst vor Ungeziefer geflissentlich beiseite.

Wir legten unser Geld zusammen und gingen in Supermärkte, wo wir Bananen und Schokolade kauften, die uns durch den Tag brachten. Abends teilten wir uns eine Pizza. Oder gingen in billige Restaurants und Kneipen, in denen wir Vor- und Nachspeisen von den Besitzern spendiert bekamen, wenn sie sahen, wie wir die Preise auf der Karte zusammenrechneten und unser Geld zählten. Alles, was eine von uns wie auch immer in die Hände bekam, teilten wir umgehend mit der anderen. Danica hatte ein Schweizer Messer dabei, mit dem sie die Bananen in zwei genau gleich große Hälften teilte. Wir kauften Brot in Bäckereien und klauten Käse und Wurst vom Frühstückstisch, um es zu belegen.

Und jeden Morgen liefen wir eine halbe Stunde durch die trockenen, staubigen Straßen Sofias zum Tennisklub. Es war Sommer und heiß. Wir trugen kurze weiße Tennishosen und übergroße T-Shirts. Ich hatte eine FILA-Mütze auf dem Kopf und Danica versuchte weiterhin ihre Mähne mit Klammern und Haargummis zu bändigen, was ihr nie gelang.

Sie redete ununterbrochen. Von ihrer Familie, von Popstars, die sie bewunderte, von Jungs, die ihr den Hof machten und für die sie heimlich schwärmte, aber viel zu stolz war, es zuzugeben. Ich lernte irgendwann zu erraten, wer ihr Favorit war. Sie erzählte dann von dem einen »Idioten«, der »wirklich gar nichts auf die Reihe bekam«, und dass sie »sich nie dazu herablassen würde, mit ihm auszugehen«. Sie hob die Nase in die Luft und machte ein arrogantes Gesicht, dabei zog sie beide Mundwinkel nach unten, was, glaube ich, ihre Verachtung zeigen sollte.

All ihre Wertvorstellungen hatte sie von ihrem Vater übernommen. Sie faltete überordentlich ihre Sachen zusammen und legte sie in perfekt parallelen Linien und Abständen in die von Spinnweben durchzogenen Schubladen. »Das machen alle Polizisten so.« Sie zog ihre Schuhe aus, bevor wir das Hotelzimmer betraten, und hielt mich an, dasselbe zu tun. »Wir wollen keinen Dreck von der Straße im Haus.« Ich sah mich um und ahnte, dass die Straße um einiges reinlicher war als unser Zimmer. Sie vergaß nie, Bettlern auf der Straße ein paar Münzen in den Hut zu werfen, obwohl wir selbst kaum wussten, wo wir das Abendessen herbekommen sollten. Sie war dann den Tränen nahe und ihre Hand zitterte, wenn sie die Münzen mit wütender Entschlossenheit aus der Hosentasche holte und in den Hut warf. »Ich habe nicht viel, aber ich habe Brot zum Essen und Wasser zum Trinken. Diese Menschen«, sie schaute mich an, »haben NICHTS.«

Sie sah sich nicht als arm an. Essen besorgen, Geld verdienen, Übernachtungen organisieren – das waren Herausforderungen, die das Leben mit sich brachte. In ihrer Welt war sie die Königin, die alles überstrahlte, und ich sah sie genauso. Sie hatte eine vornehme Art, sich auszudrücken; sie begab sich nie auf das Niveau anderer herab, die ihr Schlechtes wollten; und wenn sich jemand danebenbenahm, rümpfte sie nur die Nase. Sie hätte sich eher die Zunge aus dem Mund geschnitten, als über jemanden ein schlechtes Wort zu verlieren. Als ich sie danach fragte, sah sie mich mit großen Augen an. »Mein Vater hat zweimal in seinem Leben die Hand gegen mich erhoben, Andrea, zweimal.« Sie hob zwei Finger in die Höhe, um ihren Punkt zu bekräftigen. »Einmal, als ich gelogen habe, und einmal, als ich schlecht über jemanden geredet habe. Ich tue seitdem beides nicht mehr.«

Sie watschelte wie eine Ente, wenn sie so neben mir herging, und ihre breiten runden Hüften bewegten sich wie bei einer Tänzerin geschmeidig im Halbkreis um ihren Körper herum. »Siehst du meine Hüften, Andrea? Guck sie dir genau an. Bist du dir sicher, dass du Serbin bist? Wir Balkanfrauen haben breite runde Hüften, damit wir bei der Geburt keine Schmerzen haben und so mindestens vier bis fünf Kinder gebären können, ohne zu jammern. Jammern gehört sich nicht.«

Ich hatte eine vage Ahnung, dass das Ganze so nicht funktionierte, aber genau wusste ich es nicht.

»Kennst du Ceca?«

Wenn Danica gerade nicht erzählte, dann summte sie fremde, flimmernde Melodien vor sich her. Manchmal, wenn sie dachte, ich höre sie nicht, sang sie. Sie hatte eine tolle, klare Stimme.

»Ceca ist *die* Sängerin überhaupt. Sie hat Arkan geheiratet. Kennst du Arkan? Er wurde erschossen. Ceca war dann verschwunden. Über ein Jahr hat man nichts von ihr gehört. Und auf einmal: BUM. Taucht sie wieder auf und gibt ein Gedächtniskonzert für ihn. Für ihren Mann. Für Belgrad, für Serbien. 70.000 Menschen sind gekommen. 70.000! Das kannst du dir nicht vorstellen! Sie sang ihren neuen Hit ›Pile‹ und alle weinten. Ich habe immer noch Gänsehaut, wenn ich daran denke.«

Ceca war eine Art Nationalheldin in Serbien. Jeder Song, egal wie miserabel, wurde ein Hit. Es half, dass sie 1995 einen der bekanntesten Verbrecher Europas geheiratet hatte und so ständig in den Schlagzeilen herumgeisterte. Arkan hatte während der Jugoslawienkriege eine paramilitärische Einheit gegründet, die mordend und vergewaltigend durch die Gegend gezogen war. Er wurde dafür in Den Haag vor Gericht gestellt, jedoch niemals verurteilt. Es hieß, er sei nach dem Krieg der oberste Mafiaboss des Balkans gewesen, bis er und seine zwei Leibwächter 2000 im Intercontinental Hotel in Belgrad erschossen wurden. Es ranken sich hanebüchene Geschichten um die Gründe; der plausibelste ist wohl, dass er gedroht hatte, serbische Politiker an Den Haag auszuliefern, um selbst einer Verurteilung zu entkommen.

»Kennst du das Lied ›Pile‹?«

Ich kannte es nicht. Danica blieb mitten auf der Straße stehen und begann zu singen: »Nicht, dass jemals dir jemand nahekam oder -kommen wird. Und ich bin wohl mit allem einen Schritt zu weit gegangen. Aber du kommst niemals an, wenn sie dir alles nehmen und dein Leben zerstören. Flieg jetzt weiter allein, und schau nicht zurück nach unten. Meine Tränen fließen in deine Richtung, meine Tränen fließen zu dir, meine Tränen fließen nach oben.«

Es war kitschig, dramatisch und so verdammt treffend, dass ich eine Gänsehaut bis hinter meine Ohren bekam. Zwei Mädchen in unserem Alter riefen uns von der gegenüberliegenden Straßenseite zu: »CECA! CECA!«

Danica stockte und hörte auf zu singen. Die beiden Mädchen in dreckigen Klamotten und mit ungewaschenen Haaren überquerten die Straße. Ceca war auch in Bulgarien eine der bekanntesten Sängerinnen des Landes. In einem Kauderwelsch aus einem Drittel Serbisch, einem Drittel Bulgarisch und einem Drittel Handgesten erklärten sie uns aufgeregt, dass Ceca an diesem Abend in Sofia ein Konzert geben würde. Im Fußballstadion, das ganz in der Nähe unseres Hotels lag. Sie zogen die leeren Hosentaschen aus ihren Jeans und zuckten mit den Achseln. Kein Geld, um sich Karten zu leisten, sollte das heißen. Danica hob Daumen und Zeigefinger in die Höhe und rieb diese aneinander. Wir auch nicht.

An diesem Abend rissen wir die Fenster unserer Bude auf, setzten uns in die Fensterrahmen, die knirschten und knarrten und Farbpartikel abwarfen, und hörten dem drei Stunden langen Ceca-Konzert von unserem Hotelzimmer aus zu. Danica kannte jedes einzelne Wort jedes Liedes und ich hörte mehr ihr zu als Ceca. Der Mond schien hell auf ihr Gesicht und sie sah glücklich aus.

So lernte ich die Abgründe serbischen Turbofolks kennen.

Als ich am nächsten Morgen die Augen aufschlug und mir den Speichel aus den Mundwinkeln wischte, der sich über Nacht dort angesammelt hatte, saß Danica bereits auf der Bettkante. Sie hatte einen großen Schweißfleck auf dem Rücken ihres T-Shirts und ihre Beine zitterten. Sie verbarg ihr Gesicht in beiden Händen und ihre Locken sprangen unruhig hin und her.

»Was ist los? Ist was passiert?« Ich legte vorsichtig meine Hand auf ihre Schultern. Sie drehte sich zu mir und blanke Panik stand ihr ins Gesicht geschrieben. Sie hatte Tränen in den Augen.

»Ich kann heute nicht spielen, ich habe Bauchschmerzen«, sagte sie und versuchte ihren Gesichtsausdruck unter Kontrolle zu bringen. Wir hatten es tatsächlich ins Finale des Doppels geschafft.

»Hast du deine Tage bekommen?«

»Nein, ich habe was Schlechtes gegessen.«

Ich war verwirrt. »Wir haben das Gleiche gegessen und mir geht es gut, Danica.«

Sie verschwand im Bad und ich hörte das Wasser im Waschbecken laufen. Unruhig schaute ich zur Badezimmertür, eine Weile verging, aber Danica tauchte nicht wieder auf. Ich stand auf und klopfte leise an die Tür.

»Danica. Dano. Mach auf. Komm raus oder lass mich rein. Du machst mir Angst, was ist los?«

Es dauerte einige Minuten, bis die Tür schließlich aufging und Danica wie eine Furie herausgeschossen kam. Sie weinte jetzt offen, die Tränen liefen ihr in Strömen über das Gesicht und hinterließen bleiche Stellen.

»Das passiert mir immer, wenn es wichtig wird. Du kannst das nicht verstehen, du brauchst das Geld nicht so sehr wie ich. Ich weiß nicht, wie ich zum nächsten Turnier kommen soll, wenn wir heute nicht gewinnen. Und was soll ich hier an diesem gottverlassenen Ort? Weißt du, dass ich meine Familie seit fünf Monaten nicht mehr gesehen habe? Fünf Monate! Das passiert mir jedes Mal. Jedes Mal. Jedes Mal. Jedes Mal. Deswegen werde ich nie gut werden. Ich werde für immer dieses Leben haben, bevor ich jemanden finde, der mich heiratet und mir Kinder macht, und dann werde ich in Montenegro landen wie alle anderen und ich habe mein halbes Leben verschwendet. Es ist immer das Gleiche, immer das Gleiche.«

Sie setzte sich weinend aufs Bett und mein Herz zerbrach, während sie wieder und wieder »Jedes Mal« wiederholte. Ich setzte mich neben sie und legte meinen Arm um ihre Schultern. Auch ich hatte Tränen in den Augen, aber meine Stimme klang normal.

»Okay, pass auf. Hör zu, hörst du mir zu? Ich mach heute alles. Du stellst dich einfach hin und ich werde überall hinrennen. Wenn du dich nicht gut fühlst, lass den Ball durch. Wenn deine Hand zittert, dann gib mir ein Zeichen. Wir schaffen das. Und morgen fliegst du zurück nach Montenegro und dein Papa holt dich vom Flughafen ab. Okay? Mach dir keine Sorgen. Wir schaffen das.«

Unsere Routine war an diesem Finaltag genau wie an allen anderen Tagen auch. Wir liefen die halbe Stunde durch Sofias staubige Straßen, vorbei an streunenden Hunden und baufälligen Gebäuden bis zur Kathedrale mit den runden mintgrünen Dächern. Von da waren es nur noch wenige Minuten bis zum Tennisklub. Wir liefen Runden um den Platz und machten Dehnübungen; ich holte Bälle von der Turnierleitung und Wasser. Wir spielten uns ein und saßen danach auf der Terrasse unterm Plastikdach im Schatten. Wir aßen Bananen und die Brötchen, die ich für Danica gemacht hatte, weil sie beim Frühstück keinen Bissen zu sich genommen hatte.

Danica schwieg die ganze Zeit. All die Unterhaltungen, die sie geführt hatte, all die Menschen, die sie mit ihrem Charme um den Finger gewickelt hatte, existierten für sie nicht mehr. Ich übernahm ihre Rolle wie eine brave Schülerin, die zwei Wochen zugeguckt hatte und nun in der Lage war, die Aufgaben des Meisters zu bewältigen. Wenn ich sie etwas fragte, nickte sie nur abwesend. Ich wusste nicht, ob es etwas gab, das ich sagen konnte, um ihr die Sorgen zu nehmen. Deswegen war ich einfach nur da und antwortete an ihrer Stelle, wenn sie angesprochen wurde von all den Menschen, die sie so gerne mochten.

Das Doppel war hart. Danica war wie eingefroren. Bälle landeten links und rechts neben ihr, ohne dass sie einen Muskel rührte. Sie stand verloren in der Gegend herum, als hätte sie noch nie in ihrem Leben ein Tennismatch gespielt, und schüttelte unentwegt den Kopf, leise vor sich hinmurmelnd. Ich versuchte, ihr zu helfen, so gut ich konnte, aber ich war selbst ein wenig ratlos, und wir hatten keinen Trainer dabei, der uns hätte sagen können, was zu tun sei. Das Einzige, was funktionierte, war ihr Aufschlag, und so schafften wir es einigermaßen, im Spiel zu bleiben. Ich schwitzte und rannte und versuchte Platz gutzumachen. Ich war erschöpft vom Einzel zuvor und verlor immer mehr den Mut. Bei 6:5 im ersten Satz für unsere Gegnerinnen spielte Danica ihr erstes schlechtes Aufschlagspiel. Ein Doppelfehler, ein leichter Vorhandfehler ins Netz, noch ein Doppelfehler und es stand 0:40, drei Satzbälle gegen uns. Ich ging zu ihr.

»Entschuldige bitte.«

Ich sah sie überrascht an. Es waren die ersten Worte, die sie seit heute Morgen gesprochen hatte. Sie rollte die Augen. Ein typischer Danica-Gesichtsausdruck. Ich musste lachen. Der Hauch eines Lächelns huschte über ihr Gesicht. »Was?«

»Entschuldige dich nicht bei mir, Danica, bitte. Wir gewinnen zusammen, wir verlieren zusammen. Und heute verlieren wir halt.« Ich zuckte mit den Schultern.

Sie sah mich wütend an. »Wer hat denn gesagt, dass wir verlieren?«

Ich war damals zu jung, um im Nachhinein behaupten zu können, ich hätte ihren slawischen Stolz aus Kalkül provoziert. Wir lassen uns nicht zerstören. Wenn uns jemand zerstört, dann nur wir selbst.

Und das Match drehte sich. Ich konnte sehen, wie Danica buchstäblich auftaute. Ich sah, wie ihre Muskeln weich wurden, ihre Bewegungen elegant und ihre Sprints effizient. Ihre Augen öffneten sich und sie begann die Spielmuster unserer Gegner zu antizipieren. Die Freude am Spiel, die sie mit der Angst und den Zweifeln in den Keller ihres Bewusstseins verbannt hatte, bahnten sich ihren Weg zurück an die Oberfläche. Ihr Gesichtsausdruck erinnerte mich immer mehr an ihr selbstvergessenes Glück im Mondschein während des Ceca-Konzerts.

Wir gewannen das Doppel. Ich stürmte auf sie zu, umarmte sie, hob sie hoch und schwang sie herum. Sie lachte gelöst, erlöst, erleichtert. Wir schüttelten die Hände unserer Gegnerinnen und des Schiedsrichters und warteten auf der Bank auf die Siegerehrung. Ich konnte nicht aufhören, Spielzüge und Punkte nachzuerzählen, die das Match gewendet hatten: der Schmetterball bei Satzball; und hast du gesehen, wie ich zu dem Stopp gerannt bin, gib's zu, das hättest du nicht gedacht, dass ich den noch bekomme; und dein Aufschlag bei 30:40 genau auf die Linie, bäm, deine Volleys im Tiebreak, meine Vorhände im dritten Spiel im zweiten Satz, deine Rückhände, meine Aufschläge, deine Beine, mein Kopf, unser Mut …

Danica unterbrach mich. Sie nahm meine Hand in ihre Hände, sah mich an und sagte leise: »Danke.«

Ich wurde verlegen, aber der Moment war im Nu vergangen und Danicas Gesichtsausdruck war wieder der alte. Sie hatte meine Hand losgelassen.

Wir verabschiedeten uns am Flughafen wie alte Freundinnen, lachend und weinend zur gleichen Zeit. Ich sah ihr nach, wie sie mit ihrer riesengroßen roten Tennistasche auf dem Rücken davonwatschelte. Ich sah sie nie wieder.

Jahre später, ich saß in einem Café in Belgrad mit ein paar alten Tennisfreunden, erwähnte jemand in der Runde eine Danica, die gerade ihr zweites Kind bekommen und früher auch mal Tennis gespielt habe.

Ich horchte auf. »Danica? Welche Danica?«

Ivana neben mir holte ihr Handy hervor. »Hm, vielleicht kennst du sie sogar, Jahrgang 85, nur zwei Jahre älter als du. Sie war eine hervorragende Doppelspielerin, aber ein bisschen verrückt.«

Mit wenigen Wischern auf dem Display hatte sie die Facebook-Seite einer jungen Frau aufgerufen, die auf zahlreichen

Fotos mit ihren Kindern in die Kamera strahlte. Sie war viel schlanker geworden, ihre runden Hüften waren weg und ihr Gesicht hatte sich, wie so oft bei Menschen, die viel Gewicht verlieren, scheinbar verlängert. Aber in den blaugrünen Augen und den drei Zähnen und etwas Zahnfleisch zu viel im Lächeln stand unmissverständlich meine alte Freundin Danica. Etwas Trauriges umschwebte ihr lockiges Haar, das sie statt mit Haarspangen nun mit modernen Haarnadeln zu bändigen versuchte.

»Ist sie glücklich?«

Ivana schwieg einen Moment und runzelte die Stirn. Sie sah jetzt ebenfalls traurig aus. »Ihr Vater ist vor einigen Jahren an einem Herzinfarkt gestorben. Danica hat noch versucht, ihn wiederzubeleben, und den Krankenwagen gerufen, aber es war schon zu spät. Sie ist nicht mehr dieselbe seitdem.«

Ich fing an zu weinen.

Ivana sah mich geschockt an. »Kanntet ihr euch?«

»Nicht besonders gut. Aber ich war dabei, als sie ihrem Schicksal für einen Moment von der Schippe gesprungen ist.«

Eine unangenehme Stille breitete sich am Tisch aus. Ich begriff, dass die anderen nicht verstanden, was ich meinte. Aber ich wusste, dass Danica ein alternatives Universum gesehen hatte. Wenn auch nur für einen Tag.

DRANBLEIBEN

Alles, was ich über das Leben weiß, ist, dass es wie der Ozean ist. Man sieht nur die Oberfläche und versteht es nicht. Und wenn die Wellen kommen, sollte man sein Surfbrett dabeihaben (und surfen können). An dem Tag, als ich 30 und das erste Mal mit dem Alter konfrontiert wurde, dachte ich an meine Jugend zurück. Aber ich hätte kein Gold, keinen Stein der Weisen und keinen Jungbrunnen dieser Welt eingetauscht, um wieder jung sein zu können. Als ich jung war, wusste ich nicht, dass man einen Ozean nicht kontrollieren kann. Aber ich versuchte es – halsstarrig und mit Brechstange und Flehen. Wenn das Meer ruhig war, lief ich panisch am Ufer auf und ab und brüllte es an. Wenn die Wellen kamen, blickte ich ihnen nur stumm und hilflos entgegen. Ich wusste nicht, dass man die Ruhe, die man im Sturm braucht, in der, nun ja, Ruhe übt.

Die Kunst dabei ist, es immer wieder aufs Neue zu versuchen: trunken hinten rauszukommen aus den Wellen, mit abstehenden Haaren und irrem Blick – und beim nächsten Mal wieder erhobenen Hauptes hineinzurennen. Wie oft habe ich Niederlagen angenommen, hinuntergeschluckt, verdaut, betrauert und dann weitergemacht. Wie oft bin ich aus Triumphen hinausgegangen, euphorisch und dennoch im Wissen, dass die Gezeiten stetig sind und sich alles ändern wird. Im Tennissport musste ich eines von beiden jede Woche aufs Neue durchleben. Und manchmal auch beides gleichzeitig. Und so ist der Mikrokosmos Tennis immer auch ein Makrokosmos des Lebens.

Ich erinnere mich an das erste Mal, als ich ins Viertelfinale eines Grand-Slam-Turniers einzog. Ich hatte Maria Sharapova, mehrmalige Grand-Slam-Siegerin und Superstar im Frauentennis, in zwei glatten Sätzen unter den Night-Session-Lichtern in Melbournes Rod-Laver-Arena besiegt, frenetisch feierte das Publikum den Sieg eines Underdogs. Ich war so perplex und ungläubig, dass ich im Moment des Sieges – statt mich zu freuen – eines der Ballkinder um mein Handtuch bat. Es folgte ein Interview auf dem Platz mit Jim Courier und beim Verlassen des Center Courts ein langer Gang mit aufgereihten Fernsehkameras, beleuchtet von grellen Lichtern, den ich Kamera für Kamera, Interview für Interview ablief. Ich sprach immer die gleichen Sätze in die Mikrofone, auf Deutsch, Englisch, Serbisch, Französisch:* »Ich kann es nicht glauben. Einer der schönsten Tage meines Lebens. Ein Kindheitstraum.« Et cetera et cetera.

Knappe 16 Stunden später verlor ich auf dem gleichen Platz mein Viertelfinalmatch gegen Na Li. Ich hatte in der Nacht keine Minute geschlafen, zu euphorisiert, zu adrenalingetränkt waren meine Gedanken und Wachträume. Beim Hinausgehen warteten die gleichen maskenhaften Fernsehgesichter, nur diesmal schauten sie über meine Schulter hinweg an mir vorbei und warteten auf Na Li. Ich duschte, entleerte meinen Spind, packte meine Sachen und saß noch am gleichen Abend mit schlechter Laune statt mit Freude über

---

* Im Amerikanischen gibt es das fantastische Wort »humblebrag«, zusammengesetzt aus »humble« (bescheiden) und »brag« (angeben). Im Nebensatz zu erwähnen, dass ich Interviews in vier Sprachen gebe, ist ein klassischer »humblebrag«.

das erste Erreichen eines Grand-Slam-Viertelfinales in der nächsten Maschine gen Heimat.

If you can meet with Triumph and Disaster
And treat those two impostors just the same

Diese Zeilen von Rudyard Kiplings berühmtem Gedicht »If« zieren den Eingang des Center Courts von Wimbledon. Ich trug es auf einem zerknitterten, eingerissenen, handgeschriebenen DIN-A4-Blatt immer bei mir. Aber den Worten wirklich zu folgen, muss ich zu meiner Schande gestehen, habe ich selten geschafft. Es wurde mit den Jahren besser, aber die Befürchtung, dass Erwachsenwerden lediglich bedeutet, den Furor seiner Gefühle einzudämmen, verlässt mich bis heute nicht.

Alles, was ich sicher über Tennis weiß, ist, dass Tennisliebhaber auch Lebensliebhaber sind. Wer Tennis liebt, liebt das Leben. Und wie in jeder guten Liebe ist die Hälfte der Zeit von Hass geprägt, sonst wüssten wir ja nicht, dass wir lieben.

Tennis ist eingebettet in formale Regeln und geometrische und physikalische Gesetze. Innerhalb dieser Parameter darf ich mich allerdings frei entfalten und die Identität wählen, die zu mir passt. Wähle ich nicht schnell genug, wählt die Identität mich.

Es gibt vieles zu berücksichtigen. Welcher Schläger und welche Klamottenmarke werden den ersten Eindruck auf meine Mitmenschen machen? Eine Babolat-Nike-Kombination (Rafael Nadal) unterscheidet sich deutlich von einer Wilson-Adidas-Kombination (Stefanos Tsitsipas). Mit dieser scheinbar oberflächlichen Wahl zeige ich bereits, wer ich sein will. Das muss nicht unbedingt mit der Person, die ich tatsächlich bin, übereinstimmen.

Denn hier geht es ans Eingemachte: Wie spiele ich? Nichts verrät mehr über die Persönlichkeit wie die Art und Weise, wie man Wettkämpfe bestreitet – besonders im Tennis. Ist es die aggressive Spielweise, die stets die Entscheidung sucht, Verantwortung übernehmen will – und manchmal über das Ziel hinausschießt? Oder bin ich eine solide Sandplatzspielerin, die auf die Fehler des Gegners wartet, geduldig ist und sich ihrer strategischen Überlegenheit rühmt? Vielleicht eine Konterspielerin, die am liebsten die entgegenkommende Gewalt empfängt, absorbiert, umwandelt und zurückschießt? Roger Federer, Rafael Nadal oder Novak Đoković. Serena Williams, Caroline Wozniacki oder Angelique Kerber. Sechs der momentan größten Stars unseres Sports und jeder Vertreter eines anderen Genres.

Das Schöne am Tennis: Alles geht, nichts muss. Deshalb urteilen schlaue Tennisspieler niemals über die Spielweise eines anderen. Sie wird immer am erfolgreichsten sein, wenn sie zu der gegebenen Persönlichkeit passt.

Ich weiß inzwischen, wen ich nach außen repräsentiere und wer ich wirklich bin. Die Tennispubertät ist abgeschlossen und das Leben hat begonnen. Ich betrete das Viereck eines Tennisplatzes und es ist egal, in welcher Liga ich spiele, in welchem Alter ich bin und wo ich mich befinde. Sobald ich mich zum ersten Punkt bereitstelle, bricht die gesamte Welt über mir ein. Vom ersten Aufschlag bis zum letzten Return: Ich bin allein und – Spoilerwarnung – es wird keiner kommen, um mich zu retten.

Es kostet mich Herz, Verstand und Zurechnungsfähigkeit. Es fließen Tränen, Blut und Schweiß. Ich ringe mit dem

Schicksal und habe Pech. Viel fucking Pech. Ab und zu habe ich Glück, aber das vergesse ich schneller, denn diese Geschichten sind einfach nicht so gut. Ich mache Fehler, grobe Fehler, und frage mich, ob ich das, was die anderen Leben nennen, überhaupt verdiene. Ich spiele Gewinnschläge, kreiere geniale Spielzüge und frage mich, warum niemand mein Genie erkennt. Ich habe Selbstmitleid und übernehme Verantwortung. Manchmal in der falschen Reihenfolge. Ich verzweifle oft und triumphiere selten. Über den Gegner, meistens aber über mich selbst. Ich falle in den Sand, mit dem Gesicht voraus, und lache darüber, ich reiße mir Kreuzbänder, habe Kopf- und Herzschmerzen, und in den Nächten, in denen es am wichtigsten wäre zu schlafen, hänge ich kotzend über der Toilette (die Nerven …). Ich renne in die falsche Richtung. Am Ende des falschen Wegs angekommen, gibt es zwar keine Abkürzung, aber immer einen Weg zurück. Ich bin glücklich in Momenten, in denen alles schiefläuft. Unglücklich in Momenten, in denen alles gut läuft. Und irgendwann stelle ich fest: Im Ozean des Lebens, im Viereck des Tennisplatzes, ist alles erlaubt – solange ich verdammt noch mal durchhalte, egal, was kommt.

Ich habe ein wenig besser gelernt, mit den Wellen des Lebens umzugehen. Nicht viel besser, aber ein wenig besser schon. Ich sehe die Zeiten der Ruhe als Chance an, die ich nutze, um mich zu entwickeln. Ich lese viel, bin oft allein, trainiere Körper und Geist. Ich versuche, alle Ressourcen, die ich habe, zu bewegen, um einen Sprung nach vorne zu machen – in welcher Form auch immer. Glück versuche ich im Prozess selbst zu finden, nicht im Resultat. Der Weg ist das Ziel.
Manchmal.
Im Sport gibt es sogar eine spezifische Saison hierfür: die

Off-Season. Die Zeit, in der keine Wettkämpfe stattfinden. Wir sagen, wir gehen in die »Vorbereitung«. Der Körper, der Geist und die Seele werden gestählt, trainiert, beackert, um im Angesicht der Widrigkeiten tapfer standhalten zu können. »Vorbereitet« eben.

Mich verbindet eine starke Hassliebe zu dieser Zeit. Ich genieße meine Urlaube wie einen Freigang vom Gefängnis ins echte Leben, einen Fuß ins lauwarme Wasser des Sommers am See gehalten. Ich hasse die ersten Wochen zurück im Training, wenn jeder einzelne Muskel so wehtut, dass ich rückwärts die Treppen hinuntergehe und jeglichen Toilettengang zu viel vermeide. Meine Lunge scheint die acht Monate Wettkampfmodus nach drei Wochen Urlaub vergessen zu haben (vielleicht ist auch der Whiskey in New York schuld) und lacht mir spöttisch ins Gesicht, während ich versuche, meinen müden Körper zum Laufen zu zwingen. Und weil ich abends vor Müdigkeit nicht einschlafen kann, halte ich mich tagsüber an meinen Augenringen fest und bringe einen Moment nach dem anderen langsam und ehrfürchtig hinter mich.

Ich versuche, die sich verändernden Bewusstseinszustände dieser Vorbereitungsphase zu erkennen und Freude oder zumindest Komik darin zu finden. Ich mag es, wenn ich eine Übung so oft wiederhole, dass mein Kopf auf Eco-Modus herunterfährt und ich in mir bin, die Muskeln spüre, die bewegt werden, mein Herz klopfen höre und schließlich in den reinen Fluss der Bewegung hineingerate. Ich spüre den Widerstand der Muskeln, wenn es anstrengend wird, und wie der bequeme Teil meines Ichs aufgeben möchte. Wenn ich weitermache, beginnt der Muskel zu zittern, und es ist beeindruckend, wie schnell man die Kontrolle über den eigenen Körper verliert. Es ist ein ständig wiederkehrender Kreislauf des Anspannens und Entspannens, wie die Wellen, die kommen und gehen.

Es sind Kleinigkeiten, die der Körper am schnellsten vergessen hat. Die Haut ist die stetige Reibung nicht mehr gewöhnt und fängt an, trocken, gereizt und rissig zu werden. Fußnägel und Fingernägel brechen, die Lippen werden fahl. Alle zu erübrigenden Ressourcen des Körpers werden auf die Regeneration verwendet und es bleiben keine mehr übrig, die Haare glänzen lassen oder Lippen in Himbeerrot tauchen.

Ich zähle viel in dieser Zeit. Die Wiederholung der Übungen, die Sekunden, Minuten bis zum Ende des Laufs, die Anzahl der Bälle, die übers Netz geschlagen werden. Ich führe jede Bewegung und jeden Schlag mit einem bewusst erzeugten Bild im Kopf aus, achte genau darauf, wo welches Körperteil sich bei der Ausführung befindet – um all das pünktlich zum Wettkampf über den Haufen zu schmeißen in der Hoffnung, dass es zu diesem Zeitpunkt bereits im Unterbewusstsein verankert ist. Und ich liebe das Gefühl des Besserwerdens. Tag für Tag, Woche für Woche. Der Körper ist ein Wunderwerk an Potenzial, das nur darauf wartet, ausgeschöpft zu werden. (Achtung! Kalenderspruch-Alarm!)

Am Ende der sechs Wochen fühle ich mich unzerstörbar. Zwei Stunden Rennen? Gerne. Vier Stunden Tennis? Bring it. Sechs Stunden Liegestütze? No problem for no problem people. (Wow, das mit den Liegestützen ist so was von gelogen. Selbst das Wunderwerk Körper hat seine Grenzen, zumindest meiner, was soll ich sagen.)

Alles, was ich über das Leben weiß, ist: In der Ruhe legst du die Grundlage für den Sturm. Und vergiss nicht, alles zu vergessen, was du gelernt hast. Wenn es nicht automatisiert wurde, dann ist im Angesicht der Megawelle alles vergebens.

Wenn Leute den abgehalfterten Zettel mit Rudyard Kiplings Gedicht in meiner Schlägertasche sehen, zitieren sie meistens sofort die Worte, die über Wimbledons Center Court thronen: »If you can meet with Triumph and Disaster and treat those two impostors just the same.«

Wissend blinzeln sie mir zu und manchmal heben sie beide Hände in einer Geste, die Unglauben über das Leben ausdrücken soll. Meistens nicke ich freundlich zurück, aber eigentlich wollte ich immer schon mal brüllen: Das sind *nicht* die Verse, wegen derer ich dieses Gedicht bei mir habe! Dort, wo man die Tinte kaum noch erkennen kann, weil sie von Tränen aus dunklen Zeiten verschwommen ist, steht Folgendes:

If you can make one heap of all your winnings
And risk it on one turn of pitch-and-toss,
And lose, and start again at your beginnings
And never breathe a word about your loss;
If you can force your heart and nerve and sinew
To serve your turn long after they are gone,
And so hold on when there is nothing in you
Except the will which says to them: ›Hold on!‹

Das ist die Stelle, die mich am Leben hält. Und mein eiserner Willen. Happy living, everybody!

DURCH DIE NACHT MIT ...

There ain't no way to know me
But it sure felt right when I saw your eyes
But now they feel like, oh yeah they feel like
Mondays
(Mando Diao)

Ich glaube, ich hatte kein schlechtes Gewissen. Nicht mal Angst, ertappt zu werden. Und das sah ich eindeutig als gutes Zeichen an – wie ein Omen, das wohlfeilen Geruch verbreitet.

Die ganze Sache ging los, als bei Marie gebaut wurde. Ihre Eltern hatten ein wunderschönes Haus mitten im Steinbergviertel in Darmstadt, das um die Jahrhundertwende gebaut worden war – um die vorherige, nicht die letzte. Ich hatte es von dort aus nur etwa 200 Meter bis zu meinem Gymnasium, und 300 Meter weiter in die gleiche Richtung erreichte ich den Tennisklub meines Vaters. Er war dort Cheftrainer, und meine Freunde und ich verbrachten die meiste Zeit auf den Sandplätzen, an der Aral-Tankstelle um die Ecke und im Schwimmbad daneben.

Die Fassade von Maries Elternhaus wurde saniert. Oder renoviert, eins von beiden. Maries Schlafzimmer befand sich im dritten Stock, mit dem Fenster zur Straße hin. Es bestand aus selbst gebauten Tischen, Regalen und Schränken, in denen eklektische Klamotten hingen, die ich immer ausleihen wollte, die mir aber nie standen. Ging man in den Gang hinaus und wendete sich nach links, kam man zunächst in ein Computerzimmer, dessen Existenzgrund ich nie ganz begriff, in welchem ich aber einige unserer durchzechten Nächte auf dem Sofa verbrachte, wenn Marie gerade einen Freund hatte. Wenn sie keinen hatte, schliefen wir natürlich zusammen in ihrem Bett.

Ich wurde jedes Mal morgens um sechs wach. Es gab keine Rollläden an den Fenstern und die Sonne schien mir direkt ins Gesicht. Mein Herz klopfte meist wie verrückt – und nur in den seltensten Fällen gab es einen Jungen, der dies verschuldet hätte. Meistens war das klebrige Red Bull der Grund beziehungsweise das billigere Äquivalent dazu, weil wir zu wenig Geld hatten. (Maries Eltern waren reich, glaube ich, aber das heißt nicht, dass wir etwas davon gehabt hätten.) Manchmal dachte ich, ich müsste sterben, oder dachte, dass sich so wohl eine Panikattacke anfühlen müsste – ich schwitzte und zitterte und hielt mir die rechte Hand aufs Herz, zählte die Schläge pro Minute und schloss die Augen.

Ich überlebte jedes Mal.

Das Computerzimmer war ein Durchgangszimmer, es war wohl mal als Puffer zwischen Bruder und Schwester gedacht, der Privatsphäre und Abstand versprach. Daneben lag das Zimmer von Carlo, Maries kleinem Bruder. Es hatte einen Balkon.

Eines Nachts, es war im Sommer, stopften wir gebrauchte Klamotten unter Maries Bettdecken, schminkten uns eng aneinandergedrängt im Bad die Augen schwarz, putzten uns die Zähne, zogen andere Klamotten an, gingen durchs Computerzimmer hinein in Carlos Zimmer, hinaus auf den Balkon – und kletterten das Fassadengerüst hinunter.

Wir nahmen die nächste Straßenbahn und schmuggelten uns minderjährig, aber mit geschultem Dackelblick und spitzen Schuhen in die angesagtesten Klubs der Stadt. Ich mochte die andächtige Stille, die über der Nacht hing, die warme Luft auf meinen Armen und das Gefühl, das genau dieser Augenblick möglicherweise mein Leben ändern würde. Die absolute Freiheit. Wir tanzten ekstatisch zu schlechter Musik, weil wir irgendwo im Hinterkopf die Ahnung mitschleppten, dass dies die erste und letzte Nacht sein könnte, in der wir eng an fremde Menschen gedrängt, schwitzend, die Gliedmaßen im Stroboskop des Lichtes verbiegend unseren Alltag vergessen durften. In der Nacht war alles möglich, die Welt lag uns zu Füßen.

Das Gerüst half am Anfang unserer nächtlichen Ausflüge, natürlich tat es das, aber es war nur die Einstiegsdroge. Nichts konnte uns aufhalten. Kein dritter Stock, kein kleiner Bruder, keine Eltern standen zwischen uns und der Freiheit, zwischen uns und dem Erwachsenwerden.

Richtig aufregend wurde es natürlich, als das Gerüst nicht mehr stand. Wir kletterten von Carlos Balkon auf den Balkon des zweiten Stocks, von wo aus wir auf den größten Baum der Welt hüpften, der zufällig im Garten von Maries Eltern stand, und hangelten uns entlang des dicksten Astes der Welt hinunter auf die Erde. Wenn wir Geld hatten, riefen wir uns ein Taxi. Aber wir hatten fast nie Geld und deswegen fuhren wir meist mit der Straßenbahn. Der Nervenkitzel begann, wenn uns das gleißende Licht der Bahn entgegenschien, die Türen vor uns aufglitten – wie die Himmelspforte selbst – und wir ängstlich, nach Kontrolleuren Ausschau haltend, hineinstolperten. Manchmal stimmten wir Lieder für die Fahrgäste an, um von unserer Nervosität und Jugendlichkeit abzulenken. (Das war, nachdem ich einmal in einem traumatischen

Erlebnis beim Schwarzfahren erwischt worden war und das Risiko von da an, wenn nicht akzeptierte, so doch in Kauf nahm und gegen die Freude bei Erreichen des Ziels abwägte.)

Gnadenlose Selbstüberschätzung war unser Motto und wir fuhren gut damit. Ich kann mich nicht daran erinnern, dass wir in der Zeit jemals Alkohol tranken oder uns mit Jungs trafen. Wir und das Entschwinden in die Nacht, unbemerkt von Eltern, Konventionen und Regeln, waren uns genug.

Marie nahm nichts auf die leichte Schulter. Ich mochte das an ihr. Sie war leidenschaftlich, ernst, schwierig, komplex. Alles und jeder, der ihr über den Weg lief, wurde mit Bedeutung aufgeladen. Sie brauchte Ewigkeiten in Restaurants und Klamottenläden, um Entscheidungen zu treffen, und war dann stets unzufrieden mit ihrer Wahl. Ich liebte sie, aufrichtig und tief gehend. Sie war meine Familie.

Später wurde es komplizierter und unsere jugendliche Freundschaft wurde erwachsen wie wir auch. Es reichte nicht mehr, nur nebeneinanderzusitzen und Nougatcroissants zu essen oder stundenlang auf dem Tennisplatz herumzuhängen. Männer (Jungs) kamen und gingen und kosteten Mühe und Zeit. Lebensentscheidungen wurden getroffen und wieder verworfen. Das Schicksal spielte mit, aber oft machte es uns einen Strich durch die Rechnung.

Aber hinter jeder dunklen Ecke stand Marie, nach jedem müßigen Umzug, durch Krisen und Erfolge, Verzweiflung und Zweifel, war sie da. Groß – größer als ich –, blond und blauäugig. Mit einer kleinen Stupsnase, die ihr stets den Anschein verlieh, sie würde die Nase rümpfen über die Menschheit, und meistens tat sie das auch. Der kleine Mund, die passenden kleinen Zähne dazu und dann zwei große, intensiv dreinschauende Augen, die in die entgegengesetzte Richtung ihrer Nase zeigten – was mir wie ein Mikrokosmos ihres Charakters erschien.

Wir stritten uns, waren genervt voneinander und sprachen manchmal über Monate nicht miteinander. Als mir das erste Mal das Herz gebrochen wurde, lag ich bei ihr im Bett und sie wollte nicht mit mir darüber reden. Als ich das erste Mal jemandes Herz brach, war sie der Mensch, den ich nachts um zwei Uhr anrief. Ich musste nicht aussprechen, was passiert war – sie wusste es bereits. Als sie das erste Mal ein Herz brach, lag ich im Computerzimmer und konnte nicht schlafen. Ich fuhr den abservierten Exfreund in meinem Opel Corsa durch die Gegend und hörte mir zum tausendsten Mal die Chronologie ihrer Beziehung an. Als ihr das erste Mal das Herz gebrochen wurde, zog ich für eine Woche zu ihr nach München in die kleinste Wohnung der Welt und versuchte, sie zum Essen zu zwingen. Sie konnte schlecht einschlafen und wir schauten gleichzeitig Sport im Fernsehen und »Friends« auf dem Computer. Alle Lichter waren an, außerdem Musik von meinem Handy – eine elektronische Reizüberflutung. Alles an, um das Erlöschen der Seelenflamme zu verhindern.

Es war die Art Freundschaft, die dir nur einmal im Leben in die Hände gegeben wird, wie ein Findelkind, das du vor deiner Haustür findest oder das ans Nilufer gespült wird. Vielleicht willst du es nicht, vielleicht brauchst du es. Vielleicht brauchst du es nicht, vielleicht willst du es. Einmal da, musst du dich jedenfalls jeden Tag neu zu dem Findelkind bekennen.

Marie und ich liebten New York und beschlossen irgendwann, jeden gemeinsamen Urlaub zur Hälfte in New York und zur anderen Hälfte in einem anderen amerikanischen

Bundesstaat zu verbringen. Ich mochte diesen Beschluss. Ich fand ihn romantisch und war felsenfest entschlossen, mich an dieses im Überschwang an uns selbst gegebene Versprechen zu halten.

Wir wanderten über Kaliforniens Berge, ohne Wasser oder Sonnenschutz, ich im weißen Jeanskleid mit Sportschuhen dazu, Marie vielleicht etwas professioneller ausgestattet, aber nicht viel. Wir kletterten ausgetrocknete Wasserfälle nach oben und wieder zurück. Unten angekommen in L. A., gab es keinen Zentimeter meines Körpers, der nicht von Dreck und Staub bedeckt war.

Wir warteten zweieinhalb Stunden und drei bis vier Whiskeydrinks lang auf den schlechtesten Platz im Restaurant, direkt neben der Küche. Wir bestellten zu zweit die gesamte Karte, Vorspeise und Hauptspeise (nur zwei der vier Desserts), und aßen alles bis auf die letzten Krümel auf. Als letzte verbliebene Gäste tranken wir unseren Kaffee und freundeten uns mit der gesamten schauspielernden, musizierenden, modelnden Kellnercrew an. Wir hatten so viel gegessen, dass Marie sich noch am selben Abend auf der Toilette übergeben musste und ich währenddessen in all meinen Klamotten und Schuhen auf dem Sofa einschlief.

Wir fuhren im Herbst durch ein melancholisches Vermont, das jedes Foto, das ich schoss, traurig aussehen ließ. Auch Marie wurde von Kilometer zu Kilometer trauriger, verschlossener, einsamer. Ich versuchte sie mit schlechten Witzen zu erreichen, mit tief gehenden Gesprächen, mit serbischer Musik, aber nichts half. Sie war in sich gefangen und nichts konnte sie befreien, schon gar nicht ich. Ich wollte ihr die Einsamkeit nehmen und mich zu ihr ins Gefängnis drängen, aber sie ließ mich nicht. Das war das erste Mal, dass ich dachte, vielleicht hat sich diese Freundschaft überholt. Vielleicht ist sie vorbei. Wir sind zu unterschiedlich geworden, zu erwachsen, zu ernst. Das Leben hat uns mitgespielt, sie wohnt in München, du wohnst in der ganzen Welt. Meine vielen Verletzungen haben mir das Herz gebrochen und meinen Glauben geraubt, der letzte Exfreund ihres.

Ich sagte zu ihr: »Ich weiß, wir verstehen uns gerade nicht so gut, aber das bricht unserer Freundschaft keinen Zacken aus der Krone. Unsere Freundschaft übersteht alles, sie ist größer als das.« Aber meine Stimme war dünn und der Ton, den ich wählte, nicht überzeugend. Ich sagte »Ich liebe dich« und dann dachte ich, das sagt man nur, wenn es schon zu spät ist. Es drang nicht durch. Ich war froh, als sie abreiste, und hatte die besten Tage meines Urlaubs, als sie weg war.

Während der wie auch immer gearteten Lebenskrisen, die wir alle erleben, verliert man, glaube ich, am wenigsten sich selbst als vielmehr die Menschen um einen herum. Das heißt nicht immer, dass sie weggehen, aber sie erreichen uns nicht mehr. Der Spiegel unserer Identität geht vorübergehend kaputt. Wir drehen uns im Kreis um uns selbst und alle unsere Makel treten Tango tanzend in den Vordergrund, während all unsere positiven Eigenschaften in tiefen Schlaf verfallen. Ich wurde wertend und lethargisch, Marie wurde einsam und traurig. Sie nervte meine gute Laune, mich nervte die gesamte Menschheit. Sie dachte, sie macht alles falsch, ich dachte, alle anderen machen alles falsch. Zum Glück schlitterten unsere beiden Lebenskrisen haarscharf aneinander vorbei, sonst hätte ich heute vielleicht tatsächlich eine Freundin weniger.

Marie und ich taten damals das, was wir seitdem immer tun, wenn es nicht so läuft: Wir legten eine Sendepause ein. Für Wochen, Monate. Zwischendurch mal eine SMS, in der

Hoffnung, dass keine Antwort folgt. Telefonaten aus dem Weg gehen: »Tut mir leid, Zeitverschiebung, mitten in der Nacht«, »Nein, ist nichts passiert in New York, du hast nichts verpasst« (Du hast ALLES verpasst), »Arbeit läuft gut, ja, ich hab viel zu tun« (Ich arbeite mich gerade in den Ruin), »Lass uns nächste Woche mal telefonieren!«, »Ja, aber dann wirklich!« (Nein).

Und dann eines Tages im Sommer saßen wir wieder nebeneinander auf dem Riegerplatz im Darmstädter Martinsviertel. Ich trug eine kurze Jeanshose und ein schwarzes T-Shirt. Ich aß Schokoladeneis und die Hälfte tropfte mir über die Oberschenkel. Es muss der Anfang des Sommers gewesen sein, denn als die Sonne unterging, fing ich an zu frieren. Ich massierte das Schokoladeneis in meine Gänsehaut hinein und da, verborgen zwischen Schmerz und Unsicherheit, sah ich sie wieder. Die alte Marie. Sie war noch nicht ganz zurück, aber sie schimmerte als Hologramm hinter der realen Marie hervor. Es verlor noch häufig den Kontakt und manchmal war es so verzerrt, dass Augen und Mund in entgegengesetzte Richtungen zeigten und die Stimme einem tiefen Brummen glich, aber es war dennoch da. Die Anekdoten über unsere Freunde wurden wieder im typischen Tonfall vorgetragen – halb belustigt, halb verwundert. Die Essensrationen schienen im Normalbereich zu liegen – nicht mehr alles auf einmal oder tagelang gar nichts. Vielleicht war es aber auch der Ausdruck auf ihrem Gesicht, als sie sagte, sie arbeite zu viel, und dabei nicht aussah wie jemand, der sich stets bei seinen Freunden über zu viel Arbeit beklagt, sondern wie jemand, dem in diesem Moment selbst schlagartig bewusst wird, dass er zu viel arbeitet.

Eine Brise kühler Luft wehte über den Platz und jagte mir

einen Schauer über den Rücken und die Arme. Das Schokoladeneis war aufgegessen, nur braune Schmierspuren auf Oberschenkel und Tischplatte ließen vermuten, dass es mal existiert hatte. Der Eisverkäufer fing an, die Stühle und Tische zusammenzuklappen, und machte dabei einen Heidenlärm, während Paare und kleinere Grüppchen in Lachen ausbrachen oder Bierflaschen hin und her tauschten. Die Mädchen trugen Sweatshirts ihrer Freunde zu kurzen Hosen und Röcken. Marie und ich saßen etwas abseits vom Hauptgeschehen und froren. Sie erzählte und erzählte. Sie konnte gar nicht mehr aufhören zu reden. Die Quelle, die so lange Zeit vertrocknet zu sein schien, hörte nicht auf zu fließen.

Ich weiß ehrlich gesagt nicht mehr, was sie alles erzählte. Ich machte nur große Augen und nickte ernst und stellte die richtigen Fragen in den richtigen Momenten. Ich brachte die Empathie auf, von der ich vermutete, dass sie sie sehen wollte, aber innerlich machte sich eine gelassene Heiterkeit in mir breit. Ich erhaschte einen flüchtigen Blick auf Momente in der Zukunft und sie sahen gut aus. Ich sah Marie und mich in ihrer Münchner Küche Äpfel essen und Bier trinken. Ich sah uns die Avenue A im New Yorker East Village entlanghasten, um unsere Freunde in einer der drei Bars zu treffen. Und ich hörte uns lauthals Lieder schmettern, weil wir das schon immer so gemacht hatten, obwohl wir inzwischen über 30 (!) waren. Wir waren *glücklich*.

Marie. Mit der leicht nach oben zeigenden Nase und den leicht nach unten zeigenden Augen. Deren altes Ich einst gebrochen wurde und sich nun aus eigener Kraft langsam wieder aufrichtete, durchdrungen vom Wissen eines Menschen, der Schmerz erlebt und überlebt hat. Ich war stolz.

Auf sie. Und auf mich. Darauf, dass wir durchgehalten hatten. Dass wir die Höhen begossen und die Tiefen ignoriert hatten. Und darauf, dass wir noch Freundinnen waren. Die besten.

WUNDERSCHÖNES CHAOS

And you didn't even notice
When the sky turned blue
And you couldn't tell the difference
Between me and you
And I nearly didn't notice
The gentlest feeling
(Bloc Party)

Man sagt, Gott habe Humor. Schwarzen Humor. »Ein trockener Alkoholiker, der von einem Bierlaster überfahren wird« – diese Art Humor.

Die Art verstohlener Humor, die meinem guten Freund und Trainer Dušan widerfuhr, ein Weltenbummler seit seinem 14. Lebensjahr. Ich kenne ihn seit nunmehr 15 Jahren und immer, wenn ich ihn nach seinen Wohnabsichten befragte, betonte er, wie egal es ihm sei, wo er wohne. Er fühle sich überall auf der Welt zu Hause, es müsse nur warm sein. Kälte könne er nicht ab. Heute wohnt er mit Frau und Kind in Toronto, wo es unterirdische Fußgängerwege gibt, weil man sechs Monate im Jahr nicht nach draußen kann, so kalt wird es.

Der ultimative Beweis dafür, dass Gott Humor hat, ist wohl, dass der Mensch als das einzige sich selbst reflektierende Wesen auf Erden dazu verdammt ist, Segen und Fluch für sein Leben erst in Retrospektive zu erkennen. Das menschliche

Bewusstsein, ein Fehler der Evolution. Und so leiden wir und freuen uns und das manchmal in verkehrter Reihenfolge.

Ich saß im Schnee und mein Bein stand unterm Knie in einem Winkel ab, der physikalisch zwar möglich war, aber nicht gesund aussah. Neben mir im Auffangnetz lag der verfluchte rote Schlitten und seine gelben Bremshebel schienen eine Grimasse zu ziehen. Ich atmete durch. Dampf bildete sich vor meinem Mund.

»Marie?« In die Dunkelheit hinein.

»Marie?!« Etwas lauter.

Stille.

Ich zählte langsam bis zehn. Es war der 24. Dezember. Heiligabend. Gerade als ich wieder rufen wollte – ich spürte Panik in mir aufkommen –, schallte es aus dem Nichts.

»Andy! Wo bist du?«

»Marie, hier! Ich glaube, ich habe mir das Bein gebrochen«, antwortete ich viel zu ruhig. Ich vermute, ich befand mich in einem Schockzustand.

Marie und ihr Bruder Carlo tauchten aus dem Nichts auf. Sie hielten mich leicht unter den Armen fest, während ich auf dem Hosenboden und im Schneckentempo den Rest des Weges hinunterrutschte.

Wir befanden uns auf einem Berg in der Schweiz. Es war, wie bereits erwähnt, Heiligabend. Maries Eltern hatten uns nach draußen geschickt, um Zeit und Muße zu haben, den Tannenbaum und das Esszimmer zu schmücken. Wir hatten es für eine gute Idee gehalten, mit dem letzten Bus auf eine der Skipisten zu fahren, um jene im pfeilschnellen Plastikferrari mit Witzen statt Bremsen zu bezwingen. Ich war 18 Jahre alt und die Skipiste bezwang mich.

Ich hatte einen Widerspruch außer Acht gelassen. Wenn es dämmert – mit starker Neigung zur Dunkelheit –, wird man mit Skibrille nicht besonders gut sehen. Wenn man auf einem roten Teufelsschlitten die Piste hinunterrast, wird man versuchen, diese Fahrt mit den Füßen ein wenig zu verlangsamen, da die bereits erwähnten gelben Bremshebel bei Geschwindigkeiten über 150 Stundenkilometer für die Katz sind (ich bin keine Physikerin, man möge mich auf die Richtigkeit dieser Zahl nicht festnageln). Wenn man nun eine Fahrt, die liegend stattfindet, versucht, mit den Füßen zu bremsen, wird einem zwangsläufig Schnee in die Augen geschleudert. Dem könnte man mit einer Skibrille Abhilfe leisten – mit der man aufgrund der Dunkelheit aber schlecht sehen wird.

Ich *musste* also eine Entscheidung treffen. Meine Entscheidung war es, die Piste ohne Skibrille – dafür aber mit geschlossenen Augen – hinunterzubrettern. Es war die falsche Entscheidung. Irgendwo entlang des Weges raste ich in einen Baum, überschlug mich zwei- bis dreimal und landete kopfüber, Gesicht voraus, im Auffangnetz der Piste.

Es war eine ganz und gar durchschnittliche Nacht. Mittelkalt, mitteldunkel, sogar die Sterne schienen mittelmäßig. Im Bus nach Hause sah ich mein Gesicht in den im Widerschein des Lichtes zu Spiegeln verwandelten Fenstern. Ich hatte perfekte, viereckige Striemen in Form des Auffangnetzes quer über der Visage, ein blaues, geschwollenes Auge – und Blut lief aus beiden Nasenlöchern. Alles in allem ein lustiger Anblick, der von mir später mit Augenklappe und Humpeln zum trendigen Piratenlook umfunktioniert werden würde. In jenem Moment konnte ich darin jedoch keine Komik finden. Ich begann zu weinen und den Satz »Mein Gesicht ist mein Kapital« zu wiederholen, was, einmal mehr, der Schockzustand sein musste. Denn soweit ich wusste, spielte man Tennis immer noch mit Armen, Händen und Beinen. Definitiv nicht mit dem Gesicht.

Die ganze Tragödie spielte sich etwa vier Monate vor meinen Abiturprüfungen ab. Ich hatte mir das Außenband im Knie gerissen und Tennis war fürs Erste passé. Ich erinnere mich noch sehr gut daran, wie ich damals in meinem egozentrischen Teenagerwahn überzeugt war, die Welt wäre untergegangen. Nicht metaphorisch, sondern buchstäblich. Ich hörte die Smiths, trug Schwarz und eine Augenklappe. Wenn ich Leute auf der Straße lachen sah, warf ich ihnen finstere Blicke zu und grummelte leise vor mich hin. Wie konnten sie es nur wagen? Ich dachte, weil es mir schlecht ging, müsste auch der Rest der Menschheit trauern.

Die Menschen, die mir in dieser Zeit das Leben retteten, waren Dariush und Joni. Dariush stammte aus einer ehrwürdigen persischen Familie, hatte scharfe Gesichtszüge und war immer perfekt angezogen. Er roch Trends zwanzig Meter gegen den Wind. Ständig zeigte er mir neue Bands, neue Parfüms, neue Fotografen. Er erzählte mir von Instagram in einer Zeit, als ich noch nicht einmal wusste, dass man mit Handys Fotos machen kann.

Wir wohnten im selben Vorort von Darmstadt, und wenn es passte, nahm er mich in seiner silbernen Mercedes-A-Klasse mit in die Stadt und spielte die Beatsteaks für mich, die Arctic Monkeys und die White Stripes. Beide, Dariush und Joni, waren zwei Jahre älter als ich, aber gefühlt drei Leben voraus. Ich hatte bis dahin meine gesamte Freizeit auf dem Tennisplatz verbracht und keine Ahnung vom richtigen (Teenager-)Leben. In der 12. Klasse landeten Dariush und ich nebeneinander im Französisch-Leistungskurs, den keiner von uns sich ausgesucht hatte. Wir hatten beide vergessen, unsere Wahlzettel abzugeben, und mussten nun die Kurse auffüllen, die ohne unsere Anwesenheit an mangelndem Interesse gescheitert wären. Frankophil aus Zwang. Meine Vorstellungssätze in der ersten Stunde lauteten: »Je suis Andrea et je joue au tennis«; und Dariush mit einem Wort mehr im Repertoire behauptete: »Je suis Dariush et je joue au tennis, aussi.« In Verzweiflung vereint, wurden wir Freunde.

Eines Sommerabends, es regnete und stürmte, saßen Dariush und ich in seinem Auto auf dem Parkplatz hinter unserer Schule, drei Karten für die britische Indie-Rock-band Bloc Party lagen auf meinem Schoß. Die Dritte im Bunde war uns mit Magen-Darm-Virus von der Schippe gesprungen. Wir diskutierten, wer spontan genug wäre, sich in einer halben Stunde von uns abholen zu lassen, um zu einer quasi unbekannten Band nach Neu-Isenburg aufs Konzert zu fahren.

»Was ist mit Joni?«

»*Kennst* du Joni?« Dariush sah mich skeptisch von der Seite an.

»Sie hat mich mal im Gang angeguckt«, murmelte ich.

Die Realität war: Ich kannte Joni null Komma null, kein bisschen, *not at all.* Aber sie sah einfach so verdammt *cool* aus. Ihre Augen, dunkelblau, die Farbe des Meeres an tiefen Stellen, waren jeden Morgen tiefschwarz geschminkt. Sie schien sich nicht die Bohne für Schule und Schulkameraden zu interessieren, und ich träumte von ihr. Mein Traum hatte verschiedene Anfänge, manchmal stolperte ich in Joni hinein, manchmal sagte ich etwas Falsches, manchmal nahm ich aus Versehen ihre Tasche statt meine, aber jedes Mal endete der Traum damit, dass ich vor ihr wegrennen musste, weil sie mich verprügeln wollte. Unnötig zu erwähnen, dass ich Angst vor ihr hatte. Aber in jenem abendlichen Sommersturm fühlte ich Wagemut in mir aufsteigen.

»Ich ruf sie an.«

Dariush holte ein schwarzes Notizbuch vom Rücksitz und ganz am Ende in Dariushs feinen Blockbuchstaben stand *Joni* und eine Festnetznummer.

Ihre Mutter meldete sich.

»Ähm, ja, hallo. Hier ist Andrea, eine Freundin von Joni. Ist sie da?«

»Einen Moment, bitte. Joni? Joni! Telefon für dich!«

»Ja, hallo?« Ihre Stimme war deutlich höher, als ich erwartet hatte.

»Ja, hey, ähm, ich bin's, Andy, wir haben zusammen Mathe? Anyways, haha (nervöses Lachen), Dariush und ich sind grad auf dem Weg zum Bloc-Party-Konzert und wir haben eine Karte übrig, hast du Bock?« Ich versuchte viel zu sehr, cool zu klingen.

Es entstand eine lange Pause. Ich konnte Joni förmlich denken hören. Ich wusste, sie wusste nicht, wer ich war. Ich war mir außerdem ziemlich sicher, dass sie Bloc Party nicht kannte. Die einzig bekannte Konstante in dieser Geschichte für sie war Dariush.

»Okay. Könnt ihr mich abholen?« Es war, als könnte ich sie durch das Telefon mit den Schultern zucken sehen.

»Wir sind in 15 Minuten da.«

Joni hatte Bier mitgebracht, was lustig war, weil ich nicht trank und Dariush fuhr. Sie saß schweigend auf dem Rücksitz, trank ein Bier nach dem anderen und lachte über keinen meiner Witze. Ich machte viele schlechte Witze – ein nervöser Tick von mir. Dariush warf mir vorwurfsvolle Blicke von der Seite zu. Ich begann zu befürchten, dass das alles keine gute Idee gewesen war.

»Können wir vielleicht die Black-Party-CD hören?«, fragte Joni irgendwann und ohne Zusammenhang.

»Ähm, es heißt *Bloc* Party – haha. Aber ja, klar, Mann, natürlich.«

Schweigend hörten wir die CD auf dem Weg nach Neu-Isenburg von Anfang bis Ende durch. Es hatte aufgehört zu regnen.

Das Konzert fand in einer typischen Allzweckhalle einer deutschen Kleinstadt statt. Das Publikum war wie jederzeit und überall auf der Welt Rockkonzert-gerecht. Schwarz gekleidete Jungs mit Band-T-Shirts. Mittelalte Männer mit randlosen Brillen und blasiertem Gesichtsausdruck in der Nähe des Tontechnikers, wo »der Sound einfach am besten ist, Mann«. Teenager mit Rucksäcken, die einem bei jeder Umdrehung überraschende Schläge in den Magen verpassten. Und bereits Stunden vor Beginn des Konzertes in der ersten Reihe geparkte Hardcore-Fans.

Wir standen ungefähr in der Mitte der Halle mit gutem Blick auf die Bühne und genügend Abstand zu den Hardcore-Fans in der ersten Reihe sowie zu den mittelalten Männern beim Tontechniker in der letzten Reihe. Diese hielten sich selbst für deutlich talentierter als die Band, wurden nur leider nie entdeckt und mussten das jetzt mit abfälligen Gesichtsausdrücken kompensieren. Um uns herum standen verschiedene Versionen unserer selbst. Aufgeregte Jugendliche am Anfang ihrer Konzertgeherkarriere, unberührt von Ressentiments und Langeweile, die unschuldig und gespannt nichts als einer guten Zeit entgegenblickten.

Die Vorband spielte vor einem Publikum, das sich nicht

für sie interessierte. Als schließlich die Lichter herunterge-
dimmt wurden, standen Dariush, Joni und ich in einer geraden Reihe nebeneinander. Menschen um uns herum reckten
Arme in die Höhe, pfiffen, johlten und klatschten. Wir schauten still geradeaus. Vier Jungs kamen auf die Bühne, nicht viel
älter als wir. Sie waren schmal, sodass sie hinter ihren Instru-
menten halb verschwanden. Der Gitarrist hatte einen Haufen
aschblonder Haare im Gesicht hängen, der bis zum Ende des
Konzertes trotz signifikanter körperlicher Betätigung genau
so hängen blieb und in keinem Augenblick die Augen frei-
legte. Der Schlagzeuger mit Hornbrille und rotem Polohemd
sah aus, als hätte er sich von einer Computerkonferenz auf
die Bühne verlaufen. Der Sänger war schwarz, ungewöhnlich bis nicht da gewesen für eine britische Rockband, und
der Bassist eine exakte Kopie der zahlreichen schwarz gekleideten Jungs um uns herum. Ich weiß nicht, ob ich einen be-
stimmten Look erwartet hatte, dieser war es jedenfalls nicht.
Ich sah auf Dariushs Gesicht unbeantwortete Fragen, weil er
so wie ich die Musik, die wir im Auto gehört hatten, mit den
Gestalten auf der Bühne nicht zu verbinden vermochte. Bloß
Joni sah auf einmal aus wie ein aufgeregtes Kind, die Hände
in Gebetsform vor ihrem Körper gefaltet.

Ein elektrisch verstärkter Gitarrenton begann durch die
Lautsprecher zu pulsieren. Immer wieder der gleiche Ton,
geerdet vom Bass. Alle vier Jungs standen regungslos da und
starrten zu Boden. Langsam nahm der Schlagzeuger die Stö-
cke in die Höhe und ließ sie über dem Becken schweben.
Die Rufe und das Klatschen verstummten. Eine hypnotische
Stille legte sich über die Menge, vom monotonen Gitarrenton
in Schach gehalten wie Schafe von einem Hirtenhund. Als
der Takt einsetzte, erhob sich vom Schlagzeuger im Körper
eines Chorknaben ausgehend eine Welle an wutsträubender,

fanatischer Energie in die Höhe, verharrte für den Bruchteil eines Pulsschlags am höchsten Punkt über der Bühne – und brach dann über dem Publikum zusammen und riss uns alle mit sich in einen Abgrund der Wildnis. Noch bevor die zweite Gitarre einsetzte, tobte die Menge bereits in tumultartigen Zuständen. Menschen warfen sich gegen ihre Mitmenschen, Stroboskoplichter verwandelten Gesichter in Stillaufnahmen der Ekstase, Stimmen überschlugen sich am Rande der Selbstzerstörung – es herrschte wunderschönes, tanzendes Chaos.

Ich schwitzte, wie ich noch nie zuvor in meinem Leben geschwitzt hatte. Ich konnte Joni und Dariush neben mir spüren, und im nächsten Moment, wenn ich nach ihnen greifen wollte, tauchten sie in Lichtblitzen am anderen Ende der Halle auf. In Zeitlupe sah ich Joni in der Menge zu Boden gehen, ein unpassendes Bild von Mufasa in »König der Löwen«, wie er von Gnus zertrampelt wird, entstand vor meinem inneren Auge, just in der Sekunde, als Joni ihren Nachbarn in der Halsgegend am T-Shirt packte, sich nach oben zog und ihm dabei das T-Shirt zerriss.

Es mochte eine Sekunde oder eine Ewigkeit so gegangen sein. Wir schwitzten, wir sangen, wir sprangen, wir schlugen um uns. Euphorisch, adrenalingepeitscht, ekstatisch. Als ich gerade dachte, an die Grenzen meiner emotionalen Möglichkeiten gekommen zu sein, beruhigte sich die Band und mit ihr die Menge. Alle im fast telepathisch wirkenden Einklang.

Ein gezupftes Gitarrenriff erklang. Die Bühne wurde von blauem Licht geflutet. In Zeitlupe fanden Menschen in den Mikrokosmos ihrer Freundschaften zurück, berührten sich, kamen nach Hause. Die Stimme des Sängers schwebte sanft über dem Gitarrenriff und zum Hallendach hinauf.

Wir bemerkten in dieser Nacht nicht, wie der Himmel blau

wurde. Wir konnten keinen Unterschied mehr zwischen uns, zwischen dir und mir erkennen. Und beinahe hätten wir das zarteste Empfinden übersehen: Nach diesem Konzert wurden wir Freunde fürs Leben.

Joni hatte viele Freunde und Freundinnen, Hunderte von Bekannten – und für jeden Einzelnen mehr Liebe und Zuneigung übrig, als ich für einen einzigen Menschen aufbringen konnte. Sie setzte sich für Tiere ein, für Homosexuelle, für Flüchtlinge. Sie hielt lange Monologe über den Feminismus und die Marginalisierung von Randgruppen, kam aber auch mal mit einem richtig schlechten selbst geschriebenen Rapsong um die Ecke. Sie war der klügste Mensch, den ich kannte, aber schaffte das Abitur nur gerade so mit Ach und Krach. Bei Mathematik hatte sie in der Mittelstufe emotional aufgegeben, aber weil wir der erste Jahrgang mit Zentralabitur waren, konnte sie sie in der Oberstufe nicht abwählen. Ich schrieb also alle Mathe-Klausuren des letzten Schuljahrs doppelt, einmal die A-Version für mich und einmal die B-Version für Joni neben mir. A- und B-Klausuren waren die gleichen Klausuren mit verschiedenen Zahlen, um Abschreiben zu verhindern. Meine Note ging steile fünf Punkte nach unten, aber ich brachte Joni durch die 13. Klasse.

In den Monaten zwischen Schlittenunfall und Abiturprüfungen nahm sie es auf sich, mich mit einem realistischeren Teenagerleben vertraut zu machen. Sie schleppte mich in Nachtklubs und Bars, bestellte Pizza zum Frühstück und machte Eier zum Abendessen. In Freistunden saßen Dariush, Joni und ich in Cafés und entwarfen Pläne für unser Lernpensum. Ich war die Einzige, die sich an sie hielt. Ich mochte, dass sich keiner von beiden für mein Tennis interessierte; im Gegenteil – sie machten sich meistens über mich lustig.

Meine Teenagerzeit dauerte nicht länger als vier Monate, zwei Winter- und zwei (verfrorene) Frühlingsmonate, und doch vermisse ich nichts. Sie tat genau das, was Teenagerzeit tun sollte. Sie öffnete mir die Tür ins Erwachsenenleben. Sie trennte mich von meiner Kindheit und löste mich von meinen Eltern. Ich ging hindurch, um auf der anderen Seite festzustellen, dass meine Kindheit und meine Eltern immer noch da waren. Aber ich hatte nun die Wahl, wem ich mich zuwendete und wann.

Der Tag nach den Abiturprüfungen war der erste warme Tag im Frühjahr. Die Sonne schien auf unsere winterbleichen Gesichter und nackten Arme. Unsere Jacken lagen auf dem Rücksitz von Dariushs Auto. Irgendjemand roch nach Bier. Wir kurbelten die Fenster herunter und Dariush spielte – wie immer – den perfekten Song zur perfekten Zeit. Es war ein Lied, das Joni uns einige Wochen vorher vorgespielt hatte. Der Sänger der schwedischen Band Shout Out Louds fleht darin seine Geliebte an, zu ihm zurückzukommen: »Won't you please, please, please come back to me?«
Wir sangen jede Zeile auswendig mit. Wir flehten den Moment, der gerade geschah, an, zurückzukommen, so glückstrunken, dass er in der Gegenwart bereits in der Vergangenheit lag. Gerade als wir inbrünstig die Augen schlossen, flog die Jugend zum heruntergekurbelten Fenster hinaus.
Lebewohl, faltenlose Unschuld, pralle Wonne, denk an uns, wenn du im Himmel mit Engeln tanzt!

FURCHT IM HERZEN

Caitlin saß mir gegenüber, beide Unterarme übereinander-
gefaltet. Die Eiswürfel ihres Whiskeys schmolzen bernstein-
farben vor sich hin. »Du bist unmöglich. Und so was nennt
sich Feministin.« Sie nahm einen großen Schluck, band ihre
Haare ungelenk nach hinten und seufzte in ihr Glas hinein.

Caitlin war die Gründerin des »racquet magazine« und
ein radikal denkender, innovativer Kopf. Sie scherte sich
nicht um Trends oder darum, was Menschen dachten. Ihre
Ziele verfolgte sie klug, lässig und unbeirrt. Sie war die Art
Frau, der ich nachts um drei SMS schickte wie: »Marina
Abramović die Künstlerin, kennst du die? Ich will ein Kunst-
performance-Training mit ihr im Wald machen und darüber
schreiben!«

Als ich dann mit getrocknetem Schweiß auf meinem Rücken und wirr abstehenden Haaren aufwachte, mich über
den Bauch rollte, um nach meinem Handy zu greifen, hatte
sie mir bereits die Nummern und E-Mail-Adressen der
Agenten geschickt, die für Marina Abramović arbeiteten.

Während andere Menschen mir mit Blicken und Gesten zeigten, dass die Welt kein beliebig betretbarer Traum
sei, fragte Caitlin mich immer nur ausdruckslos nach dem
Grund für meine Ideen. Wenn ich stark genug argumentierte, fragte sie nicht weiter nach, sondern half mir. Wir hatten beide unseren Kopf in den Wolken, aber im Gegensatz
zu mir behielt Caitlin beide Füße fest verwurzelt in der ech-

ten Welt. Sie hatte nur ein einziges Mal – als ich mitten im Winter nach Sibirien wollte, um verschwundene Pussy-Riot-Mitglieder ausfindig zu machen – gepasst. Das war ihr dann doch zu viel gewesen.

Jetzt sah sie mich kritisch an. Ich bereitete mich innerlich auf einen ihrer unheimlich klugen, unheimlich langen Monologe vor, in denen sie mein Wesen auseinandermontierte und alle meine Lebensentscheidungen infrage stellte. Wir hatten lange über Bücher geredet und sie warf mir vor, dass alle meine Lieblingsschriftsteller männlich und narzisstisch waren. »The Great Male Narcissists« hatte David Foster Wallace diese Art Schriftsteller genannt, für die ich eine Schwäche zu haben schien: Philip Roth, Norman Mailer, John Updike. Bekannt für fragwürdige Perspektiven auf Frauen und radikale Selbstbetrachtungen. Ich ging mit einem schlechten Gewissen nach Hause – und mit einer Bücherliste, auf der ausschließlich Autorinnen standen.

In den kommenden Wochen arbeitete ich mich durch die Bücher, liebte vieles, mochte (fast) alles – und nach und nach verdrängten mehr und mehr Frauen die Männer aus meinen Top-10-Literaturlisten. Zadie Smith, Sylvia Plath, Ottessa Moshfegh, Virginia Woolf. Eileen Myles und Patti Smith. Eve Babitz. Doch egal, wie viele Frauen sich auch auf den Listen tummeln mochten: Meine Top 2 standen ungefährdet.

David Foster Wallace und Philip Roth – beide mit messerscharf arbeitendem Verstand, beide neurotisch und beide lustig (um ihre Traurigkeit zu übertünchen). Aber das war es nicht, was sie für mich an der Spitze hielt. Es war die Tatsache, dass sie die einzigen Autoren waren, die ich kannte, die in einer Weise über Tennis schrieben, wie ich Tennis verstand und wahrnahm. Als einen Sport, der über das lapidare Ergebnisdenken und das nervtötende Ploppen des Balles bei

Berührung der Seitenlinien hinausging. Als eine Repräsentation des Lebens, komprimiert in ein Viereck aus Ecke Schicksal, Ecke Glück, Ecke freier Wille und Ecke Entscheidungszwang.

Außerdem schrieb Philip Roth den tollen Satz: »Old age isn't a battle. It's a massacre.«

Philip Roth hatte davor eine fast panische Angst, mit der ich mich ungefähr ab Alter 24 identifizieren konnte (es gibt nun mal immer irgendwo eine bessere, talentiertere 18-jährige Version deiner selbst). Das Alter kommt früh im Leben eines Athleten.

Mein Einstand in seine Literatur war der kurze Roman »Goodbye, Columbus«. Roth erzählt darin die Geschichte einer Sommerromanze aus der Perspektive von Neil Klugman, einem jüdischen Jungen der unteren Mittelklasse aus Newark, der sich in die Studentin Brenda Patimkin aus dem Villenvorort Short Hills verliebt. (Der Klassenunterschied zwischen den beiden ist wichtig!) Sie treffen sich das erste Mal auf einem Tennisplatz, wohin Brenda Neil einlädt, um sie zu ihrem Date abzuholen. (Sollte man denken, dass die Tennis-Metapher etwas zu offensichtlich für eine Tennisspielerin sein würde, dann denkt man falsch. Ich bin ein simples Geschöpf: Ich sehe (lese) Ball, ich rühre mich.)

Neil sieht Brenda bei einem Match zu und man liest nach und nach, was er beobachtet. Brenda ist die Art Mensch, die das Ergebnis laut ansagt, solange sie führt, solange *sie* am Gewinnen ist. Ein absolutes No-Go in dieser Sportart, die bis zum Schluss die Etikette wahren will, indem sie den Gegner nur möglichst subtil demütigt und nicht so verdammt offensichtlich. Als Brenda das Break zum 5:4 schafft, ruft sie Neil zu: »Dauert nicht mehr lange« – in Hörweite ihrer Gegnerin.

Blüte für Blüte zieht Roth von der Brenda-Blume, bis nichts als ein verdorrter, brauner Stiel zurückbleibt. Sie wirkt arrogant, großspurig und unsympathisch. Und Neil ist trotzdem verzückt. Der geniale Spielzug seitens Roth (Wortspiel unbeabsichtigt) ist, dass er keines dieser Adjektive je benutzt, um Brenda zu beschreiben. Er stellt sie ganz einfach auf den Tennisplatz und ihre Charakterzüge kommen zur vollen Entfaltung. Ich hatte zwar die Ahnung, dass eine Stunde auf dem Tennisplatz einen intimeren Einblick in die Psyche einer Person gewähren konnte als ein Jahr regelmäßiger Therapie, aber Roth hauchte dieser Ahnung Leben ein und ließ sie in wirbelnder Geschwindigkeit auf seinem Finger tanzen.

Was Philip Roth in einem Nebensatz als »cocksureness« der Oberschicht bezeichnet – eine – klar, bei einem der Great Male Narcissists – männlich konnotierte Selbstüberzeugtheit –, würde ich selbst vielleicht großbürgerlichen Übermut nennen. Gerade jungen Menschen aus sogenanntem gutem Hause schien mir immer eine gewisse Rücksichtslosigkeit anzuhängen, die ich als Einwandererkind nicht kannte. Im Umfeld des Tennisklubs, in dem ich trainierte, kam ich mit ihnen in Berührung, freundete mich mit einigen von ihnen an, aber als Tochter des Trainers, die ihr halbes Leben lang das Zimmer mit ihrer kleinen Schwester geteilt hatte, nahm ich meistens eher irritiert an diversen Aktionen von ihnen teil.

Sie liebten es, schwarz mit der Straßenbahn zu fahren. Das war für sie die ultimative Grenzüberschreitung. Tickets nicht zu kaufen, die sie hätten kaufen können, war für sie der ausgestreckte Mittelfinger in Richtung eines Systems, das ihre Eltern vermutlich erst so erfolgreich hatte werden lassen. Sie spazierten mit angeborenem Lächeln durch die Bahn. Ich saß keuchend und schwitzend in der Ecke, von

Angst zerfressen, in jedem mittelalten Mann einen Kontrolleur sehend. Allein wäre ich im Leben nicht auf die Idee gekommen, den Fahrkartenkauf zu überspringen. Das lag an meiner Systemergebenheit und der nackten Angst vorm Erwischtwerden.

Und eines Tages wurden wir das natürlich: erwischt. »Fahrkarten, bitte!«, schallte es durch die Gänge der Bahn, sprang gegen die Fenster und direkt in meine Ohrmuschel hinein. Der Mann, der meine Personalien aufnahm, war riesengroß – er musste den Kopf einziehen, um durch die Tür zu kommen –, hatte einen prallen, dicken Bauch, der ihm über den Gürtel hing, und trug schwarze Lederschuhe ohne Schnürsenkel. Sein Kollege war klein und hatte eine nasale, drängende Stimme. Ich sah zu meinen Freundinnen hinüber, die bemerkenswert selbstgefällig und blasiert aussahen, als wäre der Kontrolleur im Zugzwang und nicht wir. Ich sah aus wie eine Person, die versuchte, selbstgefällig und blasiert auszusehen, aber in Wahrheit mit aller Macht ihre Tränen zurückhielt.

Die nächsten drei bis vier Wochen rannte ich jeden Tag nach der Schule von der Straßenbahnhaltestelle nach Hause. So schnell ich konnte, schwitzend, mit mir gegen den Rücken schlagendem Rucksack. Jeden Tag schaffte ich es, das erste Familienmitglied am Briefkasten zu sein. Die einzige Chance, die mir meines Erachtens geblieben war, um einer Katastrophe zu entgehen, war, den Brief mit der Strafzahlung vor meinen Eltern abzufangen, irgendwie 40 Euro zusammenzuraffen und so lebend davonzukommen.

Und jetzt kommt das ultimative Paradox, wie es nur das Leben auf dieser Erde (vermute ich) produzieren kann: Um die 40 Euro, die ich fürs Schwarzfahren bezahlen musste, zusammenzusparen, *musste* ich jeden Tag schwarzfahren. Ich ging morgens zur Schule und spielte nachmittags Tennis, das war mein Tag – da blieb keine Zeit fürs Jobben. Würde ich meine Eltern fragen, würde ich mich verdächtig machen, würde ich meine Schwester fragen, würde sie petzen und ich mich verdächtig machen, würde ich meine Freundinnen fragen, stände ich in ihrer Schuld und der Höllenschlund des elterlichen Zorns wäre im Vergleich hierzu fast begrüßenswert. Also blieb mir nichts anderes übrig, als mein Taschen- und Bahngeld zu sparen.

Als ich die 40 Euro Strafe bezahlt hatte, ein Monat der Panik und Tortur endlich vorbei war, ich nicht mehr jeden Tag nach Hause rennen musste, fühlte ich mich stark genug, meine Ängste mit meinen Freundinnen zu teilen. Wir saßen vorm Fernseher und schauten Tennis. Als ich nachfragte, wie sie die 40 Euro zusammengespart hatten, erntete ich ratlose Blicke. Ein Auszug aus dem Dialog.

»Was meinst du, wie ich das bezahlt habe?«

»Na ja, von welchem Geld?«

Noch mehr ratlose Blicke.

»Meine Eltern haben es bezahlt.«

Entsetzen meinerseits.

»Oh mein Gott, das tut mir leid, sie haben den Brief vor dir gefunden? Was für eine Katastrophe!«

Ausdruckslosigkeit ihrerseits.

»Andrea, was redest du? Als wir erwischt worden sind, habe ich meinen Eltern gesagt, was passiert ist. Ist doch klar.«

Ich nahm die Hände vors Gesicht und flüsterte: »War es sehr schlimm?«

»Keine Ahnung, sie haben halt gesagt, ich soll es nicht wieder tun.«

Fassungslosigkeit meinerseits.

»Und das war's?«

»Ja, das war's, und jetzt sei ruhig, du nervst.«

Was ich zu sagen versuche: Es herrscht eine gewisse Rücksichtslosigkeit bei Menschen, die niemals ernsthafte Konsequenzen für ihre Taten erlebt haben. Sie verwechseln diese Rücksichtslosigkeit mit Mut oder Draufgängertum. Es ist aber leicht, draufgängerisch zu sein, wenn man nichts zu verlieren hat.

Es ist ein bisschen wie im Silicon Valley. Wenn ich mir TED-Talks von Start-up-Unternehmern im Tech-Bereich anhöre, dann nerven mich nicht nur dieser fast schon qualvolle Enthusiasmus und die Denk-positiv-Kalendersprüche. Am meisten nervt mich die Aufforderung zum Scheitern:

Wer nicht scheitert, der lernt nicht.

Wer nicht scheitert, der gewinnt nicht.

Wer nicht scheitert, der lebt nicht.

Natürlich liegt hier ein Körnchen Wahrheit verborgen. Am meisten habe ich stets aus meinen Niederlagen gelernt. Aber es ist leichter für jemanden, der aus wohlhabendem Hause stammt, hochgebildet ist, einen Abschluss von einer Eliteuniversität in der Tasche und bis 30 bei Google gearbeitet hat, eine Firma in den Sand zu setzen, als für einen armen Bauern in Mexiko mit nur einer einzigen Chance.

Und vielleicht ist genau *das* der Grund, warum diese Menschen es im Leben immer irgendwie weit bringen. Sie haben nichts zu befürchten. Sie handeln angstbefreit und selbstbewusst, weil ihre Eltern ihnen vorgelebt haben, dass das Leben gut zu ihnen ist. Der arme Bauer in Mexiko gründet seine Firma mit Furcht im Herzen – egal, wie sehr er an sie glaubt. Scheitern ist für ihn kein kleiner Schritt zurück auf einem gradlinigen Weg zum Erfolg. Scheitern ist für ihn möglicherweise das Ende seiner Existenz.

Wenn das jetzt hart und verurteilend klingen sollte, dann ist es mein Neid, der diesen Ton erzeugt. Ich habe jahrelang alles mit einer immanenten Angst vorm Scheitern gemacht. Ich habe kein Abitur mit einem Durchschnitt von 1,2 gemacht, weil ich so wahnsinnig klug bin. Denn ganz ehrlich, ein gutes Abitur ist nicht immer ein signifikanter Hinweis auf Intelligenz. Manchmal hat man einfach nur das System durchschaut. Oder man hat panische Angst davor, durchzufallen, aufzufallen, wegzufallen – sodass man lieber nächtelang lernt statt eine schlechte Note nach Hause zu bringen. Ich habe Tennis gespielt in der Hoffnung, gut zu werden, aber getrieben von einer durchdringenden Angst vorm Scheitern. Und das ist teilweise sogar okay, denn manchmal steht die Angst vorm Scheitern im Duden neben Durchhaltevermögen und Beharrlichkeit.

Ich fand es immer unglaublich interessant, die wahre Natur einer Person auf dem Tennisplatz ans Licht kommen zu sehen. Tennis ist ein schwieriger Sport, der selten von jemandem einfach so gemeistert wird, selbst von wirklich begabten Menschen nicht. Er kann viel über die Entschlossenheit und das Durchhaltevermögen einer Person verraten, über ihre Stressresistenz, ihre Ängste und wie bereit sie ist, Rückschläge zu akzeptieren.

Auf dem Tennisplatz zu sein und ein Match zu spielen, ist eine mentale und emotionale Herausforderung, egal, wie versiert ein Spieler ist. An einem Punkt im Match wird er immer mit einer tief sitzenden kindlichen Angst konfrontiert werden, vor der er die Augen verschließen, der er aber nicht entkommen kann. Wenn man gut genug im Leugnen seiner Gefühle ist, präsentiert sich diese kindliche Angst in Freud'scher Symbolhaftigkeit oft als simple Furcht.

Die größte Furcht von Philip Roths Brenda auf dem Tennisplatz ist die um ihre Nase, an der sie eine Schönheitsoperation hat durchführen lassen. Sie rennt erst ans Netz, als es dunkel wird und sie die Hoffnung hegt, dass sie weniger gesehen und somit weniger wahrscheinlich von einem Ball getroffen werden kann. Es ist eine vermeintlich simple Furcht, doch in ihr verborgen liegt die tiefer sitzende Angst vor einem Riss in der Fassade, die ihr wichtiger ist als alles andere.

Bei mir waren es nie die kleinen Dinge, ich schlug immer mit der ganz großen, existenziellen Angst um mich. Selbst nachdem ich genügend Geld verdient hatte, um mir ein Haus zu kaufen und mit Trainer und Physiotherapeuten auf Turniere zu reisen, geriet ich oft in Panik, alles wieder zu verlieren. Wenn ich ein, zwei Turniere hintereinander früh ausgeschieden war, stand ich beim dritten Turnier auf dem Platz, als würde mein Leben von diesem einen Match abhängen, als würde draußen der Henker mit der Schlaufe warten, falls ich verlor. Rational und ein, zwei Stunden nach dem Match wusste ich, dass ich spann, aber auf dem Platz befand ich mich im vollen Durchdrehmodus – ein emotional beim Schwarzfahren erwischtes Kind.

Das Gute an irrationalen Ängsten ist, dass sie kleiner werden, je öfter man ihnen begegnet. Bei der ersten Konfrontation auf dem Tennisplatz mit meiner tief sitzenden Furcht vorm Scheitern bekam ich eine Schockstarre. Es war, als hätte man mich in einen überdimensionierten Gefrierschrank gesteckt, kein Muskel ließ sich bewegen. Ich verlor. Bei der zweiten Konfrontation mit meiner Angst vorm Scheitern reagierte ich bereits etwas aktiver. Ich heulte zwar und bekam Wutanfälle, aber irgendetwas in mir schien sich zu wehren. Es mochte diesen Zustand nicht. Ich verlor trotzdem.

Bei der dritten Konfrontation kämpfte ich. Ich kämpfte um Fassung, ich kämpfte um den rationalen Teil meines Gehirns und ich kämpfte gegen meine Gegnerin, die ja doch nur die Inkarnation all dessen war. Mein Herz schlug zwar wie verrückt, meine Beine waren tonnenschwer und ich hatte immer noch Angst. Aber mein System hatte gelernt zu funktionieren. Trotz der Angst. Mit der Angst. Und auf einmal war die Angst nur noch winzig klein. Nicht weg, ganz sicher nicht, sonst wäre ich vor Übermut noch in den Himmel geflogen. Aber sie war klein genug, um sie in meiner linken Hosentasche zu verstecken. So gut wie weg. Und ich gewann.

So einfach kann Tennis sein. Philip Roth, der große literarische Kämpfer gegen die Angst und seine eigene Psychologie, wäre stolz auf mich. Oder es wäre ihm egal, denn am Ende bin ich ja doch »nur« eine Frau. Und von uns Frauen verstand Philip Roth herzlich wenig.

BELGRAD

Ein einfacher, weißer Briefumschlag mit 8000 Euro darin lag auf dem Holztisch zwischen mir und meinem Gegenüber. Der Briefumschlag hatte eines dieser kleinen durchsichtigen Fenster, durch das ich die Umrisse von lila Scheinen erkennen konnte. Ich war 20 Jahre alt und hatte noch nie so viel Geld auf einmal gesehen.

Der ganze Raum war in Holz gehalten. Der Schreibtisch war aus schwerem Walnussholz, der Schrank dahinter ebenso, feine Risse zogen sich durch beide, und ich drückte mit Daumen und Zeigefinger auf den Astlöchern des Tisches herum. Dabei wollte ich nur den Umschlag ergreifen, in meine Tasche schieben und der Tenniswelt für immer den Rücken kehren. Jedes Mal, wenn meine Hände den Umschlag streiften, spürte ich das bizarre Verlangen, wie eine Schlange zu zischen. Aber ich tat nichts Illegales – ganz im Gegenteil sogar –, ich war offiziell vom Tennisverein »Partizan« in Belgrad angefragt worden, für zehn Tage und fünf Matches zur Verfügung zu stehen. Im Gegenzug würde ich 8000 Euro erhalten.

Zu diesem Zeitpunkt hatte ich bereits professionelle Turniere bestritten und hier und da Geld verdient. Aber meistens hatten die Kosten fast das gesamte Preisgeld bereits im Landeanflug des ankommenden Fliegers aufgefressen, und die paar Hundert-Euro-Scheine, die mir – wenn es gut lief –

am Ende in die Hand gedrückt wurden, landeten bei der Deutschen Bahn.

Jetzt hier in Belgrad war das anders: Das Turnier war eine Art serbische Bundesliga, in der einzelne Vereinsmannschaften gegeneinander antraten. Die mit den meisten Siegen spielten am Ende im Finale gegeneinander. Und ich sollte als eingekaufte Nummer eins das Team »Partizan« anführen. Das erste Mal in meinem potenziellen Leben als Tennisprofi begriff ich, dass man mit Tennisspielen Geld verdienen konnte. Ich war eingeflogen worden, alle meine Kosten würden übernommen und obendrauf würde ich 8000 Euro verdienen. Alles, was ich tun musste, war: Tennis spielen. Und möglichst gewinnen, aber das kann man schlechterdings in keinen Vertrag hineinschreiben.

Der Mann, der mich akquiriert hatte, hörte nicht auf zu reden. Ein Sonnenstrahl fand seinen Weg durch die geschlossenen Jalousien und schien in einer perfekten geometrischen Linie auf die Mitte des Tisches, den Briefumschlag nur knapp verfehlend. Der dunkle Raum und das viele Holz gaben dem Gespräch etwas Unwirkliches. Es roch muffig nach abgestandener Luft und die Jalousien strahlten »dauerhaft geschlossen« aus. Ich hatte Marlon Brando mit Schnurrbart und gefalteten Händen erwartet, womöglich eine Katze streichelnd und mit Enttäuschung in der Stimme fragend, warum ich ihn betrogen hatte. Aber vor mir saß ein kleiner Mann in weißem Polo-T-Shirt und Brille mit schwarzem Rand. Der obere Rand der Brille war zu niedrig und weil der Mann niemals zu blinzeln schien, sah es aus, als hätte er keine Augenlider.

Immer wieder haute er mit beiden Fäusten auf den Tisch, wenn er einen seiner Punkte gestisch unterstreichen wollte. Er hatte viele Punkte. Seine Augen wechselten zwischen Intensität und Besessenheit, während er mir vom »ewigen

Derby« erzählte. Das Derby zwischen »Roter Stern Belgrad« und »Partizan Belgrad«, den zwei Sportvereinen, die vom Königreich Serbien übers kommunistische Jugoslawien bis hin zur heutigen Republik Serbien alle Veränderungen überlebt hatten und deren Höhepunkt der Rivalität sich im Fußball entlud, aber durch alle Sportarten hinweg immer da war. Unterm Dach von »Roter Stern« und »Partizan« gab es Volleyballteams, Basketballteams, Tennisteams und eben die prestigeträchtigen Fußballmannschaften. Manche sagten, es sei das am längsten währende Derby der Welt.

Die rivalisierenden Fußballstadien befanden sich keine 100 Meter Luftlinie voneinander entfernt. Regelmäßig kam es zu Streitigkeiten zwischen den Anhängern, die stets haarscharf auf der Grenze zur Gewaltbereitschaft balancierten. Die Fans von Roter Stern Belgrad wurden »Delije« genannt, was mit »Helden« und »junge, gut aussehende Männer« übersetzt werden kann. Die Partizan-Anhänger wurden aufgrund ihrer schwarzen Kluft mit Kapuze als »Grobari« bezeichnet – »die Totengräber«.

Ich war als Totengräber eingekauft worden und der Herr vor mir empfand es als unabdingbar, mich mit der Tradition des Hasses zwischen den beiden Vereinen bekannt zu machen. Ich starrte die 8000 Euro an. Für das Geld würde ich schon ein paar metaphorische Gräber schaufeln können, dachte ich mir.

Ich wurde in einem der ältesten Hotels Belgrads untergebracht. Schon von der Ferne konnte man die Pracht erkennen, die einst geherrscht haben musste. Je näher man dem Ganzen kam, desto offensichtlicher wurde es, dass Vergangenheit und Gegenwart – wie schon immer in Serbien – krachend aufeinandergeprallt waren. Die Farbe der Zierornamente über dem hohen Eingangsbogen bröckelte. Die Uniform des Pagen war blitzeblank, aber aus der Nähe konnte man das billige Polyester riechen. Seine Gesichtsfarbe hatte den gelbgrauen Stich eines Kettenrauchers. »Die werte Frau Tennisspielerin«, rief er mir ironisch, aber nicht unfreundlich zu und deutete dabei eine nicht ernst gemeinte Verbeugung an. An einer Stelle neben der Seitentür konnte man, wenn man genau hinsah, Granateneinschläge in der Wand erkennen.

Mein Zimmer war klein und sauber. Es hatte zwei schmale Einzelbetten mit niedrigen Kissen und einfachem, dünnem, weißem Laken als Decke. Es war Hochsommer. Die Straßen schwitzten und Staub und Dreck lagen über der Stadt wie ein Fluch. In der Ecke stand ein rostiger, stotternder Ventilator. Ich packte meine Sachen aus und reihte sie auf einem der Einzelbetten nebeneinander. Wenn ich aus dem Fenster sah, konnte ich über die Straße hinweg in den Garten eines kleinen Häuschens hineinschauen, in dem ein großer Mischlingsschäferhund erschöpft und mit heraushängender Zunge in der Ecke eines Hundezwingers lag. Ich nahm meine Tennistasche, verschloss sorgfältig die Tür hinter mir und machte mich auf den Weg zum Training.

Ich ging durch hügelige Straßen, die gesäumt waren von hinter Zäunen sitzenden, kartenspielenden alten Männern. Die Hitze wurde vom Asphalt aufgesogen und zurückreflektiert, sodass in mir das seltsame Gefühl entstand, mit der Stadt zu verschmelzen. Die tütentragenden Frauen, die mir entgegenkamen, ächzten unter dem Gewicht ihrer Einkäufe und des Sommers in Belgrads Straßen. Erdrückt von einer Dunstglocke aus Dreck meinte ich ihre und meine Beine in den Asphalt einwachsen zu sehen. Reifen quietschten in der Ferne und ich konnte die aus den Fenstern gerufenen Beschimpfungen erahnen. Unter Sonnenschirmen und künstlichen Pflanzenranken, die den Himmel verdeckten, saßen junge und alte Menschen in Cafés und tranken dunkelschwarzen Kaffee. Manche löffelten Vanilleeiskugeln aus durchsichtigen Schälchen. Ich überlegte kurz, die Straßenbahn zu nehmen, die mich ein ganzes Stück am großen Boulevard entlang mitnehmen würde, entschied mich aber nach reiflicher Hitzeerwägung dagegen (öffentliche Verkehrsmittel in Serbien haben weder Klimaanlagen noch Lüftungen und im Hochsommer sind die Busse und Straßenbahnen die heißesten Orte der Stadt). Meine Tennistasche schnitt mir schmerzhaft in die Schulter und leichte Wasserfälle von Schweiß bahnten sich ihren Weg über meinen Körper.

Ich erreichte den Tennisklub erschöpft und verschwitzt. Es war 10 Uhr morgens. Meine Mannschaft erwartete mich. Sie saßen allesamt um einen metallenen Tisch, große Gläser gefüllt mit Limonade und Eiswürfeln und Teller mit halb aufgegessenen, in Eigelb frittierten Brotscheiben standen herum. Der Tisch war umzingelt von Tennistaschen. Lautes Gelächter und Wortfetzen waren mir, noch bevor ich die Szenerie sehen konnte, entgegengeschallt. Als ich um die Ecke kam und gesehen wurde, erlosch der Lärm für einen Moment und machte einem einheitlichen Starren Platz. Der Trainer der Mannschaft führte mich am Ellbogen an den Tisch heran und sagte kurz und knapp: »Das ist Andrea, unsere Nummer eins für dieses Jahr.« Dabei ließ er meinen Ellbogen nicht los, was seltsam wirkte, weil er deutlich kleiner war als ich. Ich hob die Hand zu einer Art Winken, was ebenfalls seltsam wirkte, weil niemand, der ganz bei Sinnen ist, Menschen zuwinkt, die einen Meter entfernt sitzen. Die Seltsamkeit, die herrscht, wenn Menschen sich zum ersten Mal begegnen in dem Wissen, dass sie die kommenden zehn Tage gemeinsam verbringen würden.

Noch bevor ich meinen Gedanken zu Ende spinnen konnte, hatten alle das Interesse an mir verloren und sich wieder ihrem Gespräch zugewandt. Alle bis auf eine. Sie schaute mich weiter unverhohlen an. Als sie aufstand, um mir auf der Bank neben sich Platz zu machen, und mir in die Augen sah, war es für einen kurzen Moment so, als würde ich in einen Spiegel blicken. Sie war groß und schlank, schlanker als ich, aber hatte mindestens ebenso breite Schultern. Wir trugen die gleiche Haarlänge bei gleicher Farbe, in einen Pferdeschwanz zurückgebunden. Ihr Gesicht war schmal, genauso wie meines, mit hohen Wangenknochen, nur um Millimeter höher als meine, und mit dunklen, braunen Augen, wie meine. Beim Versuch, mich neben sie zu setzen, fiel ich über eine der Tennistaschen, stieß mir mein Schienbein an der metallenen Bank und während ich noch so tat, als wäre nichts passiert, wuchs ein kleines blaues Ei aus meinem Schienbein und glänzte im Sonnenschein.

»Ich heiße Vojislava, aber du kannst mich Vojka nennen.« Sie lächelte leise vor sich hin. Und verließ die nächsten Tage meine Seite nur, um schlafen zu gehen.

Schnell gewöhnte ich mich an die tägliche Routine. Jeden Tag wurde ich frühmorgens per Anruf vom Hotelpersonal geweckt. Ich ging ins Bad, um mir das Gesicht zu waschen und die Zähne zu putzen. Daraufhin packte ich meine Tennistasche mit Extrawäsche zum Umziehen, Saiten und Griffbändern, einem Buch und meinen Tennisschuhen und lief die zwei Etagen hinunter zum Esssaal. Es gab frische Gurken und Tomaten so groß wie meine Faust und so süß wie deutsche Kirschen im Hochsommer. Ich schnitt mir vier Scheiben

Weißbrot ab, bestrich jeweils zwei mit Kajmak (eine Art Schmand, der auf dem Balkan und in der Türkei zu Brot gereicht wird), legte Schafskäse drauf und Gurken und Tomaten so dick geschnitten wie mein Zeigefinger und klappte die verbliebenen zwei Brotscheiben obendrauf. Ich aß eines der beiden Brote und spülte mit schwarzem Tee nach, den ich jeden Morgen zu lange ziehen ließ, und packte das andere sorgfältig in eine der Stoffservietten. Wenn ich aufgegessen hatte, nahm ich meine Tennistasche auf die Schulter und lief um zwei Ecken zur Rezeption, wo Vojka jeden Morgen auf dem gleichen Sessel saß und auf mich wartete. Sie lehnte mit durchgestrecktem Rücken an einer der beiden Seitenlehnen und ließ beide Beine über die andere baumeln. Ich reichte ihr das Brot, das ich für sie gemacht hatte, und sie aß es stehend vor der Tür des Hotels.

Am ersten Morgen traf Vojkas Brotpause zufällig mit der Raucherpause des Pagen zusammen. Wir standen im Kreis und unterhielten uns über das Wetter, während der Page auf den Boden links neben mir aschte und Vojka rechts neben mir krümelte. So kam es, dass wir jeden Morgen um acht in die Hitze Belgrads traten, die Schatten an den Wänden spielten und der Mann in der glänzenden Uniform uns erwartete. Manchmal fragten sie mich über Deutschland aus und ich malte das Land, in dem ich wohnte, in blühenden Farben, um sie nicht zu enttäuschen. Die Wege waren in Gold gesäumt, jeder Bürger besaß sieben Autos und 15 Kinder und alle hatten genug zu essen. Es lief Bier aus allen Wasserhähnen und Frauen waren blond mit blauen Augen und großen Brüsten. Meistens jedoch sprachen die beiden über das Leben in Belgrad. Über die 300-Euro-Monatsgehälter, über die Stürme, die aus dem Nichts über der Stelle auftauchten, wo die Donau auf die Sava trifft. Über Männer mit Muskeln, Glatzen und Goldketten, die Autos klauten. Über Frauen mit langen Haaren, kurzen Kleidern und hohen Schuhen. Wir nickten einander zu, wenn Vojka und ich uns auf den Weg machten.

Niemals wieder schaffte ich es, für zwei Wochen dermaßen in eine Einheit mit dem Leben um mich herum einzutauchen. Alles war im Fluss, alles fügte sich. Wir trafen uns morgens an einem der Tennisplätze, wenn der Schatten die Grundlinie noch berührte, und liefen Runden zum Warmmachen, unsere Füße im einheitlichen Rhythmus zu imaginierter Marschkapelle. Wir dehnten die Hinterseiten unserer Oberschenkel am Netzpfosten und hüpften unbeholfen auf einem Bein, um die Vorderseite zu erreichen. Wir spielten, bis die Sonne hoch über uns am Himmel stand. Der rote Sand fraß sich in unsere weißen Tennissocken und hinterließ Spuren in unseren Gesichtern, wenn wir uns mit den Rückseiten unserer Hände den Schweiß wegwischten. Meine Bewegungen wurden Tag für Tag natürlicher, organischer, perfekter.

Ich hatte mein Abitur zwar bereits vor zwei Jahren gemacht, aber nach einem halben Jahr auf Tour – mehr amateurhaft als profilike – riss mein Kreuzband im rechten Knie und warf mich ein Jahr zurück. Jetzt war ich wieder da und versuchte in meinem neuen Profi-Leben zurechtzukommen. Nach Belgrad war ich gekommen, um die Sache hinter mich zu bringen und das Geld zu verdienen, das ich brauchte, um zu Turnieren fahren zu können. Aber jetzt, da ich hier war, vertiefte ich mich in das Training, die Matches, die jeden zweiten Tag stattfanden, und meine Teamkameradinnen, die nie ein anderes Leben gekannt hatten als dieses eine auf dem Tennisplatz, nahmen mich an der Hand und mit in ihre Welt. Wir machten Sprungseilintervalle, sprinteten Seite an Seite die Linien des Tennisplatzes entlang, spielten Matches mit- und gegeneinander oder schlugen einfach nur stundenlang den Ball hin und her – ohne Sinn, ohne Verstand, aber irgendwie war genau das der Punkt.

Wenn die Schatten wieder ihren Weg über die roten Sandplätze fanden und die Sonne sich langsam zurückzog, um am nächsten Morgen in voller Stärke wieder aufzusteigen, duschten wir uns in rostigen Duschen mit kaltem Wasser und schwachem Druck die Müdigkeit des Tages vom Körper.

Die ersten paar Nächte fühlte sich das Schlafengehen an wie in Ohnmacht fallen. Kaum hatte mein Gesicht das Kopfkissen berührt, wurde mein Bewusstsein ausgeschaltet. Der Weg war kurz, denn mein Bewusstsein bewegte sich auf Sparflamme. Die einzigen kohärenten Gedanken, die ich hatte, drehten sich um Essen, Trinken und Schlafen.

Meine liebsten Augenblicke des Tages kamen dann, wenn dieser im Begriff war, sich zu verabschieden. Vojka und ich machten uns auf den Heimweg und auf etwa halber Strecke, dort, wo der große Boulevard eine weite Rechtskurve macht, hielten wir an einer kleinen Bude, aus der dichte Rauchschwaden herauskrochen. Es lief blecherne Roma-Musik aus einem einzelnen Lautsprecher und es roch nach rohen Zwiebeln und gegrilltem Fleisch. Ein Mann in weißem Unterhemd mit prachtvollem schwarzem Haar stand in der Bude und verkaufte Ćevapčići. Jeder Kunde wurde angehalten, einen kurzen Pflaumenschnaps mit ihm zu trinken – unabhängig davon, was und wie viel er kaufte. Wir bestellten jeden Tag zwei mit Olivenöl beträufelte gegrillte Fladenbrote, gefüllt mit rohen Zwiebeln, einer weißen Soße, die wie flüssiger Kajmak mit Knoblauch schmeckte, und zehn Ćevapčići. Die Hackfleischröllchen waren würzig und

weich und in Kombination mit dem knackigen Fladen-
brot, den scharfen Zwiebeln und der milden Soße war und
blieb es für mich das beste Mahl meines Lebens. Wir nipp-
ten an dem Pflaumenschnaps und schütteten die Hälfte in
den Staub am Wegesrand neben der niedrigen Bank, auf der
wir saßen. Er schmeckte stechend scharf, feurig in der Ou-
vertüre und mild im Abgang. Meistens reichte ein kurzes
Nippen, um uns nach langen Trainingstagen schummrig im
Kopf zu machen. Die Welt um uns herum versank in leuchtenden Prismen. An manchen Tagen reichte uns der Mann
mit den tollen Haaren Pflaumen aus seinem Garten zum
Nachtisch. Sie schmeckten nach Sommertagen am Meer,
wenn die Flut voller Fische ist.

Ich ahnte, dass Vojka die Zeit mit mir verbrachte, um nicht
nach Hause gehen zu müssen. Sie erzählte nie ausgiebig,
aber im Laufe der zwei Wochen fand ich heraus, dass sie in
einer kleinen 1-Zimmer-Wohnung mit Mutter, Großmutter
und Freund wohnte. Ihre Großmutter war krank, was sie
genau hatte, erfuhr ich nie. Sie war oft verwirrt und verlegte
Schlüssel und Messer in Öfen und hinter Schränken, und
ich vermute im Nachhinein, dass es Alzheimer war.
Vojkas Freund war ein oberflächliches Arschloch. Das hat
nicht sie gesagt, das sage ich. Jeden Tag in der Mittagspause
oder nach dem Training rannte Vojka zur Maniküre und Pe-
diküre, zur Kosmetikerin oder zum Friseur. Zuerst dachte
ich, dass sie einfach sehr eitel sei. Zudem gab es einen Man-
gel an Männern, die seit dem Krieg alle entweder tot, verletzt oder depressiv waren, und die übrig gebliebenen Frauen
kämpften mit allen Schönheitsmitteln darum, die wenigen
Erfolgreichen an sich zu binden. Anfangs urteilte ich über
diese Frauen von meinem hohen westlichen Ross, das vol-

ler Möglichkeiten für alle beladen war, bis ich begriff, dass es für viele hier die einzigen Wege nach oben waren: Sport oder Schönheit.

Irgendwann stellte ich fest, dass Vojkas Freund darauf bestand, dass sie möglichst perfekt aussah. Auf dem Tennisplatz und bei mir im Hotel saß sie ungeschminkt in Sportklamotten, die Haare nach hinten gebunden. Sie war diejenige, die in den Sand fiel, mit blutigen Knien aufstand und die Wunde niemals auswusch. Aber wenn sie abends nach Hause musste, begann sie ihre Klamotten in meinem Waschbecken auszuwaschen und sich Schminke ins Gesicht zu malen.

Sie hatte immer einen Einwegrasierer dabei, um sich damit noch mal über die Beine zu fahren. »Er sagt, die Haut müsse sich anfühlen wie bei einem Delfin«, sagte sie, als ich nachfragte.

»Er kann Pickel nicht ausstehen«, erklärte sie ein anderes Mal, als sie den Tränen nahe feststellen musste, dass sie ihr Make-up-Beutelchen zu Hause hatte liegen lassen.

Als er ihr nahelegte, dass sie aussehe »wie ein Bauerntrampel«, nachdem ich eine Stunde in einer fragwürdigen Location auf sie gewartet hatte, während ihr drei Frauen gleichzeitig Fuß- und Fingernägel lackiert hatten, war ich bereit für einen Nahkampf mit Fäusten.

»Er mag es halt, wenn ich hübsch bin«, beschwichtigte Vojka.

»Mag er es auch, wenn du klug bist?«, fragte ich wütend.

Sie schaute mich mit traurigem Blick an, als wolle sie sagen, dass Klugheit ein Privileg ist, aufgehoben für Länder, die die Wahl haben.

Wenn man ein Leben lang auf Sparflamme trainiert hat, wirkt sich jedes Extratraining auf einen jungen, aufnahmefähigen Körper aus wie ein Spektakel. Nach fünf Tagen verschlug ich keinen Ball mehr. Es war teilweise beängstigend. Manchmal musste ich mich dazu zwingen, Bälle ins Netz oder ins Aus zu spielen, um zu überprüfen, ob ich noch ein Mensch war. Ich hatte vorher gewusst, dass ich eine gute Tennisspielerin war, aber ob gut für Deutschland oder gut für die Welt, das wusste ich nicht. Ich gewann alle meine Matches. Ich wurde nicht mehr müde, und wenn, reichte eine Nacht guten Schlafs aus, um mich zu regenerieren. Es herrschten die Gesetze der heiligen Jugend voll Klarheit und Kraft und ich kostete sie voll aus.

Am letzten Tag war es dann so weit – wir standen im Finale der nationalen Klubmeisterschaften, genauso wie Roter Stern Belgrad: das »ewige Derby« zwischen Helden und Totengräbern. Um Vorteile für eine Seite zu vermeiden, wurde das Finale auf neutralem Grund ausgetragen. In einem dritten Tennisklub, der weder mit den einen noch mit den anderen etwas zu tun hatte. Unser Trainer war still und distanziert an diesem Tag, unansprechbar, und der Mann, der mich akquiriert hatte, war gar nicht erst aufgetaucht. Sein Herz sei schwach und zu viel Stress sei nicht gut für ihn, raunte man mir hinter vorgehaltener Hand zu.

Das Event selbst war ziemlich unspektakulär. Statt der sonstigen zehn Fans hatten wir zwanzig und davon war die Hälfte Familie von Spielerinnen der Teams. Ich sah einen jungen Mann im Roter-Stern-Trikot und einen älteren Herrn ganz in Schwarz. Später stellte ich fest, dass sich der ältere Herr auf der Suche nach einem in der Nähe liegenden Park verlaufen hatte und einfach gerne Schwarz trug.

Wir gewannen alle Matches. Ob der Mann mit schwachem Herzen am Telefon vor Freude weinte oder aus Trauer darüber, dass er nicht dabei gewesen war, blieb unklar.

Er buchte einen Tisch im angesagtesten Klub Belgrads, um den Erfolg des Teams zu feiern. Der Klub war auf eine in der Donau stehende schwebende Holzfläche gebaut. Es war eine sternenklare Nacht und eine frische Brise wehte über dem Fluss. Den Briefumschlag mit dem Geld, den ich endlich in Empfang hatte nehmen dürfen, versteckte ich in meinem Buch zwischen T-Shirts und Shorts. Ein extra Hundert-Euro-Schein wurde mir mit den Worten »Amüsier dich heute« beim Händedruck in die Handfläche geschoben.

Als Nicht-Tennisklamotte hatte ich nur eine Jeans und ein T-Shirt mitgenommen und die Hälfte des Abends damit verbracht, über meinen Modestil zu verzweifeln. Ich schnitt die Ärmel des T-Shirts ab, steckte es mit Klammern am Rücken fest, um es körperbetonter zu machen, und versuchte verzweifelt die Jeans ohne Bügeleisen glatt zu bekommen. Die Turnschuhe – andere Schuhe hatte ich nicht dabei – zogen das zweifelhafte Outfit nochmals mehr in den Mode-Abgrund. Ich bin mir ziemlich sicher, dass ich niemals in den Klub gekommen wäre, wäre ich nicht die Nummer eins des Teams gewesen. Nachdem auch ein Föhnversuch gründlich in die Hose ging, band ich mir die Haare nach hinten und sah am Ende nicht viel anders aus als auf dem Tennisplatz auch. So konnten die Leute mich wenigstens erkennen, tröstete ich mich.

Vojka wartete in der Lobby des Hotels auf mich. Sie sah umwerfend aus. Sie hatte ein eng anliegendes, silbern glitzerndes Minikleid an, dazu Sandalen mit hohem Absatz. Die Haare hatte sie in einen Mittelscheitel geteilt und geglättet und ihre Augen mit dunklem Lidschatten betont. Sie hatte ihren Freund dabei.

»Wow, Vojka, du siehst aus wie ein Supermodel!« Ich umarmte sie. Sie war auf einmal einen Kopf größer als ich.

»Sag das nicht, sonst hebt sie noch ab«, kommentierte er ohne Humor in der Stimme. »Marko.«

Er reichte mir die Hand. Ich drückte so fest zu, wie ich konnte. Er ließ sich nichts anmerken. Er war klein und muskulös, mit hübschem Gesicht und tief stehenden Augenbrauen. Diese Augenbrauen gaben ihm einen finsteren Blick, den er wie ein Raubtier auf seine Mitmenschen fixierte.

Wir drei saßen nebeneinander im Taxi. Vojka in der Mitte. Sie hatte Schwierigkeiten, ihre langen, braunen Beine mit den hohen Schuhen damenhaft zu platzieren. Sie versuchte es mit rechts und links neben der Mittelkonsole und erntete sofort einen vernichtenden Blick von Marko, dem es scheinbar nicht passte, dass sie im kurzen Kleid breitbeinig dasaß. Sie machte Anstalten, sich anders hinzusetzen, drehte sich dabei zu mir um. Wir sahen uns kurz in die Augen – und sie blieb breitbeinig sitzen. Ich habe sie nie gefragt, aber bis heute glaube ich fest daran, dass sie mit mir neben sich den Mut aufbrachte, sich zu widersetzen. Wenn auch nur für einen Augenblick.

Alles an diesem Klub überwältigte und überforderte mich. Die laute beat- und bläserlastige Turbofolkmusik, die es unmöglich machte, ein Wort zu verstehen. Die Enge und Nähe fremder, schwitzender Körper. Die Langeweile in den Gesichtern. Frauen, die wie gephotoshopt aussahen und mir mit ihrer Schönheit den Atem raubten. Alle hatten lange Haare, lange Nägel und kurze Röcke. Es war, wie durch ein Museum für klassische weibliche Attribute zu laufen.

Ich fühlte mich hässlich, klein und fremd. Ich begriff, dass die Dynamiken zwischen Männern und Frauen in Serbien andere waren als diejenigen in Deutschland. Während die Frauen aussahen, als hätten sie stundenlang in Badezimmern und Kleiderschränken verbracht, bevor sie aus dem Haus gingen, konnte ich mindestens drei Männer ausmachen, die im Trainingsanzug auf der Tanzfläche standen. Ich sah mindestens zwei einen Packen Bargeld in die Höhe halten und unzählige mit fetten Zigarren im Mund und fetten Plauzen über der Hüfte. Auf ihren T-Shirts stand Dolce & Gabbana, Prada und Gucci – und mindestens einmal Guhcci.

Hatte ich in Deutschland manchmal das Gefühl, nicht dazuzugehören, wenn in Streitigkeiten zu verständnisvoll und rational miteinander geredet wurde und kaum jemals jemand schrie (wenn keine Teller zu Bruch gehen, war es dann ein Streit?), so kapierte ich jetzt, dass ich auch nicht nach Serbien gehörte, obwohl ich schrie, wenn ich mich stritt, meine Schläger über den Zaun warf, wenn ich wütend war, und immer sang, wenn ich betrunken war. Ich wanderte auf einem Pfad zwischen zwei Welten, der immer zugunsten der einen ausschlug, wenn ich mich in der anderen befand. Ich wollte irrational schreien, wenn ich in Deutschland war, und bedächtig über Gleichberechtigung referieren, wenn ich in Serbien war. Vielleicht lag die Lösung für mich darin, rationale Gedanken schreiend vorzutragen und irrationale Emotionsausbrüche bedächtig zu erklären. Wer wusste das schon.

Ich weiß nur, dass in einem Moment – es war weit nach drei Uhr morgens, es wurden alte slawische Lieder gespielt, alle waren betrunken und alle sangen, ich sah nicht wenige mit Tränen in den Augen, Nostalgie war alles, was wir hatten, wir lagen uns in den Armen und die Nacht war kurz, dabei brauchten wir die längste unseres Lebens, Gott, sei unser

Freund und dreh die Zeit zurück – dass in dem einen Moment Marko einen Geldschein verlor. Und als er sich hinunterbeugte, um ihn aufzuheben, streckte ich meine Rückseite weit nach hinten, sodass mein Po an seinen schlug und er kopfüber nach vorne fiel.

Er fand niemals heraus, was passiert war.

Ich flog am nächsten Morgen von Serbien nach Österreich zu einem der ersten WTA-Turniere, in denen ich direkt im Hauptfeld stand. Bad Gastein lag 900 Meter in der Höhe und der Ball flog durch die Luft wie ein Geschoss. Er war kaum kontrollierbar. Ich gewann das erste Match mit Ach und Krach nach abgewehrten Satzbällen, Hoffen, Jammern und Beten. Das zweite Match gewann ich bei strömendem Regen und es war ein Wunder an österreichischer Sandplatzbaukunst, dass das Match nicht abgebrochen wurde. Ich stand im Viertelfinale. Nach Schwierigkeiten, die Bälle in der Höhe zu kontrollieren und nach langen Ballwechseln zu Atem zu kommen bei den ersten beiden Matches, fühlte ich mich inzwischen wieder so, wie ich mich in Belgrad auf dem Platz gefühlt hatte. Ich wusste nicht mehr, wie es sich anfühlte, einen Ball ungezwungen zu verschlagen. Ich hatte den Zustand, bei dem ich auf einem stabilen Floß in der Mitte eines metaphorischen Flusses direkt auf mein Ziel zusteuerte, 810 Kilometer bis nach Österreich hinübertransportiert.

Mir fällt es immer schwer, anderen Menschen zu erklären, was passiert, wenn man ein Match gewinnt, geschweige denn ein ganzes Turnier. Es ist wie ein Spiel ums Leben, das immer zu deinen Gunsten ausgeht. Ein Strom, der dich mit sich reißt, dich ohnmächtig zurücklässt, es aber okay ist, ohnmächtig zu sein. Es ist ein Billardspiel, bei dem alle Kugeln in die richtigen Löcher rollen. Darts, wenn die Pfeile immer ihre Ziele finden. Ein Wandeln zwischen einer Welt, in der physikalische Gesetze gelten, und einer, in der sie von dir ausgehebelt werden.

In Bad Gastein war es so, wie das Leben immer sein sollte. Alles machte Sinn. Die verlorenen Punkte waren nur dazu da, um die nächsten zu gewinnen. Jedes Teilchen fügte sich in seinen genauen Platz der Geschichte. Ich war voller Freundschaft, voller Musik, den Geruch von Pflaumen in der Nase. Als hätte ich das erste Mal in meinem Leben eine Brille aufgesetzt. Ich sah klar.

Ich gewann meinen ersten WTA-Titel in Bad Gastein. Meine Eltern waren da, meine Schwester war da. Bei allen herrschte Euphorie, Ungläubigkeit und das Wissen: Ich war angekommen. Endlich.

Aber keine Angst: Chaos wartete bereits hinter der nächsten Ecke. Denn Chaos ist der Urzustand der Welt.

KALEIDOSKOP EINER
GRAND-SLAM-KARRIERE

Um den Beruf eines Tennisprofis anzustreben, muss man entweder größenwahnsinnig sein oder wenigstens an erheblicher Selbstüberschätzung leiden. Fünf Millionen Menschen spielen Tennis – in Deutschland. Als globale Sportart kommen da leider noch ein paar Konkurrenten mehr hinzu – allein 8,7 Millionen aus unserem Nachbarland Frankreich. Als Kind war man sich all dessen faktisch nicht bewusst, bekam aber früh den bissigen Wettkampf zu spüren.

Und ich war früh überzeugt, dass bei einem Match zwischen zwei Spielern auf dem ungefähr gleichen Niveau der Glaube an sich selbst den Unterschied über Sieg und Niederlage macht. Man kann mit unbändigem Glauben und mentaler Stärke sogar regelmäßig Spieler schlagen, die eigentlich besser sind. Novak Đoković zum Beispiel. Đoković führt im direkten Vergleich mit Roger Federer 26 zu 23. Er gewann drei Mal nach abgewehrten Matchbällen, davon zwei Matches in Grand-Slam-Finals. Und Roger Federer ist der talentierteste Tennisspieler, der jemals auf diesem Planeten geboren wurde!

Während unsereins, die Normalsterblichen, noch überlegten, ob es sinnvoll ist, das Abitur zu machen oder gleich nach der Mittleren Reife Profi zu werden, kaufte Novak für seine Eltern Wochen im Voraus Flugtickets für die Finalwochenenden. Er wusste immer, wo er hinwollte, und ahnte damals schon, wo er hingehörte.

Nicht jeder kann ein Novak Đoković sein, aber alle Tennis-spieler wissen – ob intuitiv oder bewusst –, dass der anfangs auf nichts als Luft und Liebe aufgebaute Glaube an sich selbst unabdingbar ist, um eine erfolgreiche Karriere im Tennis zu bewerkstelligen. Gleichzeitig sind wir paradoxerweise die Sportler, die die meisten Zweifel mit sich herumtragen. Dafür gibt es zwei Gründe.

Nummer eins: Wir verlieren jede Woche. So wie der Tur-nierkalender aufgebaut ist, kann man als Tennisspieler jede Woche irgendwo auf der Welt ein Turnier spielen, von Januar bis November – und meistens verliert man am Ende. Bis auf das Masters am Ende des Jahres funktionieren alle Tennis-turniere per K. o.-System, was bedeutet, dass man nach einer Niederlage raus ist. Ich habe in meiner 13 Jahre während en Karriere sechs Turniertitel gewonnen, den Rest der nach Ab-zug von Urlaub und Trainingswochen über 500 Wochen also immer verloren.

Falls meine Karriere für manch einen zu durchwachsen scheint, um als Beispiel herzuhalten, ein Vergleich: Meine Freundin Angie Kerber ist seit 2003 Profi und hat bis heute zwölf Turniere gewonnen. Und sie war zwischenzeitlich so-gar die Nummer eins der Welt. Trotz atemberaubender Kar-riere hat also auch sie meistens einmal in der Woche verlo-ren. Ob das in der ersten Runde oder erst im Finale geschieht, ist letztlich egal: Die Turnierwoche endet in 99 Prozent der Fälle mit einer Niederlage für (fast) alle Beteiligten.

Grund Nummer zwei: Wir stehen allein auf dem Platz. Es gibt keine Teamkameraden, die schuld sind, keine Schieds-richter, die dir Tore aberkennen. Wenn wir verlieren, verlie-ren *wir* – samt Selbstwertgefühl, Überzeugungen und Grö-ßenwahn. Keine Ausreden: Wir sind im buchstäblichsten Sinne des Wortes an allem *schuld*.

All das steigert sich bei Grand-Slam-Turnieren Match für Match exponentiell. Bereits die erste Runde erhält mehr Aufmerksamkeit und enthält mehr Spannung als jedes andere Finale. Bei mir war der Stand des Nervenflatterns nur mit Fed-Cup-Partien zu vergleichen, bei denen ich für mein Land spielte. Je näher ich dem Ende des Turniers kam, desto größer wurde der Druck, der sich wie eine aufziehende Sturmwolke über mir aufbaute. Ich weiß nicht genau, was es war. Vielleicht die wachsende Anzahl der Medienleute bei den Pressekonferenzen, die größeren Plätze, auf denen ich spielte, oder all die Menschen auf meinem Handy, die mir nie nach einer bitteren Niederlage schrieben, aber immer, wenn sie Karten für eins der Turniere brauchten (ja, ich beobachte euch und weiß, wer ihr seid …). Ein ungreifbares Etwas im Unterbewusstsein, ein Wissen, dass ein Sieg bei so einem Turnier mein Leben verändern würde.

Wenn alles vorbei war – mit positivem oder negativem Ausgang –, herrschte eine wüstenhafte Leere in meinem Inneren. Ein gewaltiges, weitläufiges Nichts gefangen in einem Körper, der morgens zum Training aufbrechen musste, aber nur im Bett Schokoladeneis essen wollte. Eine Trennung, vier Mal im Jahr, ohne Laura Dern als Scheidungsanwältin an meiner Seite, die sich um alle Formalitäten kümmern würde.

Australian Open

Die Australian Open und ich waren in einer dysfunktionalen Beziehung, bei der sich beide Partner liebten, aber nicht gut füreinander waren. Auf der einen Seite hatte ich in Melbourne das erste Mal das Viertelfinale eines Grand Slams erreicht. Hatte das erste Mal auf dem Center Court eine

Favoritin auf den Titel (Maria Sharapova) geschlagen. Hatte das erste Mal in meinem Leben daran geglaubt, ein Grand-Slam-Turnier gewinnen zu können. (Es gibt eben einen Unterschied dazwischen, einen Traum zu haben oder an diesen zu glauben.)

Auf der anderen Seite riss ich mir bei den Australian Open das rechte vordere Kreuzband, brach mir den Rücken und fiel hinten auf Platz 5 in Ohnmacht. Eine interessante Art, Liebe zu zeigen?

In der Nacht bevor ich mir das Kreuzband riss, hatte ich nicht geschlafen. Es war mein erstes Grand-Slam-Turnier, bei dem ich direkt im Hauptfeld stand, und ich war in Runde eins gegen die damalige Nummer fünf der Welt, Anna Tschakwetadse, gelost worden. Wir spielten morgens um elf in der Hisense-Arena. Meine Gedanken schwankten zwischen »Ich werde sie schlagen und für eine Sensation sorgen« und »Ich verliere 6:0, 6:0 und kann mich nirgendwo auf der Welt jemals wieder blicken lassen«. Ein tennisspezifischer Wesenszug (siehe oben), der mich meine ganze Karriere hindurch begleitete: gnadenlose Selbstüberschätzung vermischt mit gnadenlosen Selbstzweifeln. Und so lag ich schlaflos im Bett, bis es durch die Hotelvorhänge hindurch dämmerte, und wusste nicht, in welche Richtung es am nächsten Tag für mich gehen sollte: Ruhm und Ehre oder ewige Nacht?

Es wurde weder das eine noch das andere. Beim sechsten Punkt im Match, 40:30, eigener Aufschlag, riss mein rechtes vordere Kreuzband. Es sah ziemlich unspektakulär aus, wie ein Model auf dem Laufsteg, dessen Absatz abbricht, dessen Fuß kurz wegknickt und dessen Schuh kaputt ist. Bei mir war's: kurz weggeknickt und das Knie war kaputt. Es folgten neun Monate Reha-Zeit.

Die Sache mit dem gebrochenen Rücken passierte genau genommen abseits des Platzes. Ich hatte monatelang Rückenschmerzen gehabt und ging in Australien dann endlich zur Kernspintomografie, weil ich mit meinen jugendlichen 24 Jahren nicht mehr ohne Hilfe aus dem Bett aufstehen konnte. Mein Iliosakralgelenk hatte eine Stressfraktur, die so ausgeprägt war, dass sie faktisch einem Bruch gleichkam. Es folgten vier Monate Reha-Zeit.

In Ohnmacht auf Platz 5 fiel ich, weil ich vor meinem Match tagelang mit 40 Grad Fieber und Grippe im Bett gelegen hatte. Das Fieber war am Matchtag zwar weg, hatte sich aber auf die Außentemperatur in Melbourne übertragen. Ich führte 7:6 und 4:3, als mir schwindlig wurde. Ich dachte, ich müsse mich nur kurz mal hinsetzen. Als Frau ihres Wortes setzte ich mich auf die Grundlinie, um mich auszuruhen. Ich hatte das unbezwingbare Verlangen, kurz die Augen zuzumachen. Wie ein Sekundenschlaf bei einer Autofahrt durch die Nacht, wenn einen die entgegenkommenden Scheinwerferlichter blenden. Doch die Ärzte sagten mir hinterher, ich sei in Ohnmacht gefallen. Es war scheinbar nicht okay, während des Matches ein kurzes Nickerchen auf der Grundlinie zu machen. Schade eigentlich. Reha-Zeit: zwei bis drei Wochen.

Wir kamen der Sache mit der Liebe zwischen den Australian Open und mir schon näher.

Das erste Grand-Slam-Turnier des Jahres macht es uns Tennisspielern eigentlich einfach, es zu lieben. Wir kommen aus der Winterpause und selbst die größten Tourhasser vermissen die dramatische Atmosphäre eines Grand Slams. Die gesamte nördliche Halbkugel befindet sich in tiefem Winterschlaf, während wir in der Sonne brutzeln und in der Player's

Lounge Koalas streicheln dürfen. Und das Meer ist weniger als eine halbe Stunde entfernt.

Außerdem sind die Australian Open ein gesamtgesellschaftliches Happening, das mitten in der Stadt stattfindet. Erinnern Sie sich an das Sommermärchen, die Fußball-WM in Deutschland 2006, als das Land sich im Ausnahmezustand befand, die Menschen einander liebten, die Sonne immer schien, alle irgendwie in den Ferien zu sein schienen und es für kurze Zeit keine Nazis gab? So ist es jeden Januar in Melbourne, wenn die Randsportart Tennis die Stadt in ihren Fängen hält (merke: nicht überall ist Tennis eine Randsportart).

Auf dem Platz mitten in der Stadt, wo sich alle treffen, die Gemeinschaft suchen, wird ein großer Bildschirm aufgebaut, auf dem 24 Stunden am Stück Tennis läuft. Die Anlage ist zwei Straßenbahnstationen entfernt und öffentliche Verkehrsmittel sind in Melbourne gratis. Die Leute kommen in Scharen. Sie tragen Picknickkörbe, in denen unter zwei Packungen Chips literweise Alkohol zu finden ist, hüllen sich in Länderfahnen und singen vor der Mittagssonne Lieder, die sie nach der Mittagssonne grölen werden. Auf den Rängen ist es immer laut, immer heiß und immer eng.

Oberkörperfreie Männer umarmen uns nach Siegen und unser schöner, reiner Wasserschweiß mischt sich mit dem Bierdunst von Fans. Die Frauen fragen uns nach Outfits und Trainingsroutinen und sind spätestens am frühen Abend krebsrot verbrannt. Das Obst im Spielerrestaurant ist immer frisch, die Salatbar immer gut gefüllt und überall stehen Avocados herum. (Tennisspieler sind leicht zufriedenzustellen.) Die Plätze sind azurblau und reflektieren das gleißende Sonnenlicht ungefiltert in die Augen. Abends wundert man sich über die konstanten Kopfschmerzen über der linken Schläfe.

Alle Menschen sind wahnsinnig nett. Das weiß man, obwohl man sie meistens nur halb versteht. Australier sind eine seltsame Mischung aus Briten, die gerne Amerikaner wären, und meist wahnsinnig weißen Menschen, die aus irgendeinem Grund auf dem heißesten Flecken der Erde gelandet sind. Überall steht Sonnencreme herum. Plakate an Toilettentüren erinnern daran, sich einzuschmieren. Der botanische Garten von Melbourne hortet alle Pflanzenarten dieser Erde. Alles ist neu. Man findet mindestens 100.000 Arten asiatischen Essens, deren Schärfe einem die letzten Schweißtropfen des Tages abtrotzt. Australier sind besessen von Kaffee. Sie geben ihm lustige, unsinnige Namen und verreisen oft mit eigener Kaffeemaschine (true story). Und sie lieben Frühstück, Sport und Patriotismus. Man kann sein Land lieben oder man kann das Gefühl, sein Land zu lieben, lieben. Australier gehören zur zweiten Sorte. Ein ganzer Kontinent glüht für einen Monat im Jahr im Tennisfieber – und ist dabei stets gut gelaunt und eingecremt.

In einem Jahr gewann ich auf Platz 2 ein Drei-Stunden-Match gegen Petra Kvitová 9:7 im dritten Satz. In den letzten zwanzig Minuten des Matches dachte ich, dass das Stadion bersten und die Fans in unseren Armen landen würden.

Ich habe heute noch die Pfiffe und Buhrufe im Ohr, als Venus Williams beim Stande von 1:0 im ersten Satz gegen mich aufgibt.

Ich sehe heute noch den Vorhandvolley von Anne Keothavong vor mir, der Qualifikantin, gegen die ich in der zweiten

Runde Matchbälle abwehren musste. Sie spielte ihn im wichtigsten Moment des Matches seitlich ins Aus. Ich sehe die Verzweiflung und Hoffnungslosigkeit in ihrem Gesicht und meine zu spüren, wie sie in sich selbst zusammenbrach. Ich höre meinen Vater und meinen Trainer schreien, als ich gewinne, sehe sie einander in die Arme fallen, die Fäuste gen Himmel recken. Ich fühle ein nie da gewesenes Hochgefühl, das Philosophen Glück nennen, Adrenalin rauscht in meinen Ohren, meine Ratio verkümmert.

Ich erinnere mich an Nächte, in denen ich – glücksverliebt in mich selbst, meinen Erfolg und mein Leben – vor lauter Freude nicht schlafen konnte. Ich erinnere mich an die salzigen Tränen auf meinen Lippen, als alles ein jähes Ende auf dem Schläger der Chinesin Li Na fand, spüre die Wut über das weggenommene Glück, begreife, wie Gott im Himmel über die Wolken rollt vor Lachen über meinen jugendlichen Übermut.

Ich habe gelernt. Jedes Jahr in Australien habe ich gelernt. Und die Sonne schien mir dabei unerbittlich ins Gesicht. Wenigstens war ich (fast) immer gut gelaunt. Und eingecremt.

French Open – Roland Garros

Roland Garros war das erste Grand-Slam-Turnier, das ich jemals spielte. Ich war 19 Jahre alt und stand in der Qualifikation, dem Turnier vor dem Turnier, bei dem drei Siege für die Teilnahme am Hauptfeld vonnöten waren.

Es hatte drei Tage ununterbrochen die Sonne geschienen. Ich spielte in der finalen Qualifikationsrunde vor wenigen Zuschauern gegen die Finnin Emma Laine. Zwei Wochen zuvor erst hatte ich sie bei einem Sandplatzturnier in Kroatien geschlagen. Ich wusste um die große Chance und ein unsichtbarer Betonklotz lag zwischen meinen Schulterblättern. Ich lag 1:4 hinten und schimpfte in lauten Selbstgesprächen unentwegt mit mir selbst. Zweimal flog der Schläger (mir aus der Hand – haha) und der Schiedsrichter maß mich mit langen, vorwurfsvollen Blicken.

Während des Seitenwechsels saß ich mit dem Handtuch über den Knien auf der Bank und sah stur geradeaus. Mein Blick fiel auf einen jungen Mann mit langen, bis zu den Schultern reichenden Haaren und Vollbart. Er strahlte Zuversicht und Ruhe aus und ich entspannte mich. Um ehrlich zu sein, erinnerte er in seinem Aufzug, Haarkleid und Ausstrahlung an Jesus und ich wollte mich nicht völlig danebenbenehmen, wenn Gott seinen Sohn vorbeischickte. Es war aber dann doch nicht Jesus, sondern der serbische Tennisspieler Dušan Vemić, der sich die Deutsche mit serbischem Namen mal näher angucken wollte. Wir wurden Freunde und später, als er aufhörte, wurde er mein Trainer. Mein Zen-Master, wie ich ihn nannte. Ob mit 19 Jahren oder mit 30 Jahren – oft war er der Einzige, der mich zur Ruhe bringen konnte. »Andrea«, sagte er immer, »vertraue dem Prozess.«

Eines Tages fragte ich ihn: »Dušan, welchem Prozess eigentlich?«

»Dem Prozess des Lebens«, antwortete er und schaute dabei verträumt an meinem linken Ohr vorbei in eine ferne Zukunft (vermute ich).

Ich gewann damals 6:4, 6:1 gegen Emma Laine. Als ich den Matchball verwandelt hatte, begann es zu regnen und hörte drei Tage nicht mehr auf. Kein Spielbetrieb möglich.

Am selben Abend hatte ich Blut im Urin. Ich kämpfte mit einer Blasenentzündung, die ich bis dahin geflissentlich ignoriert hatte, um das erste Grand-Slam-Turnier meines Lebens nicht zu gefährden. Der Regen war wie vom Himmel gesandt, denn mit meinen 19 Jahren reichten drei Tage zur Genesung aus. Die Jugend und das heiße Bier mit Honig, das mich Barbara Rittner, die Trainerin des deutschen Fed-Cup-Teams, jeden Abend zu trinken zwang. Daher rührt wohl auch meine endlose Liebe für Bier und Barbara.

Ich gewann auch die erste Runde im Hauptfeld, was für mich in meiner jugendlichen Unschuld eine Sensation war, bevor meine Perspektive von Gier und Ehrgeiz verzerrt wurde. Gier und Ehrgeiz, Teufel und Teufel auf den Schultern von Athleten, und beide flüstern einem die gleichen Sätze ins Ohr.

Mit dem ersten Grand Slam verhält es sich wie mit der ersten großen Liebe: Man vergisst sie nie, trotz oder gerade wegen der Schmerzen, die sie einem zufügt. Ich habe die emotionalsten Matches hier in Paris gespielt. Die schmerzvollsten und die euphorischsten.

Eines der schmerzvollsten mag repräsentativ für alle anderen stehen. 2010, zweite Runde gegen die Russin Swetlana Kusnezowa, auf Platz 1.

Der Platz 1 bei den French Open war mein absoluter Lieblingsplatz. Er war lange Zeit der einzige Tennisplatz auf der Welt, der im Aufbau rund wie eine Stierkampfarena war und die Fans dazu anregte, spanische Gesänge anzustimmen, die auf »Olé« endeten. Er war berühmt dafür, die verrücktesten, längsten und emotionalsten Matches zu bieten.

Swetlana Kusnezowa ging 2010 als Titelverteidigerin ins Turnier, traf aber bereits in der ersten Runde gegen eine unbekannte Gegnerin auf Schwierigkeiten. Ich hatte davor oft mit ihr trainiert, wusste, dass mir ihr Spiel lag, und witterte eine Chance. Von Anfang an sah ich, dass sie nervös war und mit sich haderte. Sie spielte zu kurz und ihre Vorhand, die sie normalerweise mit viel Topspin zwirbelte, hatte nicht den Biss, den sie an guten Tagen hatte. Ich nahm die Bälle früh und setzte sie unter Druck. Tennis ist ein ständiges mentales Abtasten des Gegners. Als sie sah, dass ich keine Angst vor ihrem Namen hatte und mich auf großer Bühne wohlfühlte, wurde sie fahrig und fing an, Fehler zu machen.

Tennisfans fühlen sich magisch von Matches angezogen, die kurz davor sind, einen Favoriten oder eine Favoritin aus dem Rennen zu werfen. Die Stierkampfarena wurde immer voller und die Atmosphäre immer hitziger. Ich dachte an nichts, mein Kopf war leer. Ich befand mich in einer Zone außerhalb von Raum und Zeit, in der nur der gegenwärtige Moment zählte. Es war den ganzen Tag bedeckt gewesen und in meinem außerirdischen Zustand meinte ich, die Wolken über mir grollen zu hören.

Beim Stand von 6:4, 5:4 und 40:0 für mich bei eigenem Aufschlag störte etwas die Ruhe in meinem Zen. Ein Gedanke. Ich weiß nicht mehr genau, welcher.

Ein weiterer Gedanke. »Ich kann hier die Titelverteidigerin rausschmeißen.«

Noch einer. »Was sagen wohl meine Eltern? Werden sie stolz sein?«

Und dann: »Wo serviere ich hin? Auf die Rückhand, oder? Die ist schlechter bei ihr. Aber sie erwartet ihn auf die Rückhand, dann überrasch ich sie auf der Vorhand. Geh ich auf Ass? Lieber einfach rein und auf Ballwechsel gehen. Geh ich drauf, spiel ich sicher? Mach ich das, mach ich jenes, was wird er denken, was wird sie denken, bin ich im Fernsehen, wie viele Leute gucken zu?«

Der erste Gedanke war ein kleiner klebriger Stein gewesen, an dem etwas Schnee haften geblieben war, doch als ich mich an die Grundlinie stellte, um zum Matchball aufzuschlagen, hatte der kleine Stein eine Lawine ausgelöst, die geradlinig auf mich zukam und mich mit sich in die Schlucht riss.

Ich verlor die nächsten drei Punkte.

Einstand.

Noch ein Matchball.

Einstand.

Ich verlor das Spiel.

Und die nächsten drei.

Das Grollen über mir wurde lauter. Ich sah nach oben: Es war keine Einbildung gewesen. Ein großer Tropfen kalten Regens traf mich im Gesicht. Beim Stand von 5:7 wurde abgebrochen. Wir gingen zurück in die Umkleiden. Ich zog mir frische Klamotten an, redete mir ein, dass alles okay sei, doch als ich rausging, um weiterzuspielen, war mir das Match längst entglitten. Kusnezowa war wie verwandelt zurückgekommen. Sie spielte länger und zwingender, und obwohl ich um mein Leben (und meinen Ruf) kämpfte, hatte die Lawine mich längst mit sich fortgerissen.

Nach diesem Match lag ich fünf Tage im Bett und wollte nicht mehr aufstehen. Ich tat mir wahnsinnig leid, aber in Wirklichkeit war ich sauer auf mich selbst. Ich hatte mich von unwichtigen Dingen ablenken lassen.

Die French Open hatten im Mai stattgefunden, und bis Oktober konnte ich das Geschehene nicht hinter mir lassen. Bei jedem Matchball, den ich in diesen Monaten hatte, kamen Gedanken an die Stierkampfarena in mir hoch.

Bis ich im Oktober in Tokio wieder gegen Kusnezowa antreten musste. Ich führte wieder. Diesmal 6:3 6:5, 40:0. Ich ging an die Aufschlaglinie, Gedanken kamen in mir hoch, ich schob sie rabiat dahin zurück, wo sie hergekommen waren. Ich tippte den Ball vor meinem linken Fuß auf. Ich atmete. Ich warf ihn hoch und streckte mich nach ihm, bis mein Schläger den Himmel berührte – und schlug ein Ass durch die Mitte. Trauma beerdigt. Das nächste bitte.

Die French Open haben sicherlich das fachkundigste Publikum – und manch einer (ich) würde sagen: auch das schönste. Die Männer haben tolle schwarze Locken, die ihnen modisch in die Stirn hängen, tragen dunkelblaue Blazer bei allen Temperaturen und oft einen lässig um den Hals gewickelten Schal. Rauchen ist in Deutschland verpönt, in Paris ist es okay. Die Damen tragen Wein in kleinen Trinkgläsern herum, roten Lippenstift und offene Haare. Interessante Geschichten werden kommentiert, indem man die Augen gen Himmel rollt und dabei kraftvoll Luft durch die Lippen bläst. Klischees, natürlich, aber hinter jedem Klischee steht ein rauchender Franzose mit Halstuch und gut gepflegten Haaren.

Ich spielte bei den French Open in allen Wetterlagen. Bei trockener Hitze, die den Tennisball zum Geschoss macht und den Platz zu Beton. Bei kaltem Nieselregen. Im Nebel, während Krähen über mir kreisten und mich anschrien. Bei so starkem Wind, dass ein eigentlich ins seitliche Aus gehender Lob bei einem wichtigen Punkt von einer Böe zurück ins Feld getragen wurde. (Wenn die Kirche scheitert, kann der Tennissport so manch einen vom Atheisten zum Gläubigen konvertieren.)

Das Match, das ich nie in meinem Leben vergessen werde, spielte ich 2019 auf Platz 14. Es war ein neu gebauter Platz, der die Zuschauer näher heranholte und eine direkte Energieübertragung zwischen Spielern und Fans ermöglichte. Ich spielte gegen die an Nummer 25 gesetzte Taiwanesin Su-Wei Hsieh. Das Match begann am späten Nachmittag und würde bis in die frühen Abendstunden dauern.

Su-Wei war außergewöhnlich talentiert, manche munkelten mindestens ebenso faul, aber sie liebte das Spiel – das sah man an jedem Spielzug, an jedem Schlag. Sie war eine Künstlerin, die auf der Leinwand des Tennisplatzes malte, eine Magierin mit dem Schläger als Zauberstab. Kreativität floss in jeder ihrer Adern. Ich konnte mir schon vorstellen, dass sie strikte, sich täglich wiederholende Trainingseinheiten verpönte.

Ich war das genaue Gegenteil von ihr. Ich liebte die langen Trainingseinheiten, bei denen ich alles um mich herum vergessen durfte, das Gehirn für einen Moment ausstellen konnte, die Wiederholungen, die in Fleisch und Blut übergingen, Muster, an denen ich mich in heiklen Momenten festhielt. Im Gegensatz zu Su-Wei hasste ich es zu improvisieren. Das hieß nicht, dass ich es nicht konnte, ich mochte es nur nicht. Bei ihr war es genauso: Nur weil sie Disziplin nicht ausstehen konnte, hieß das nicht, dass sie ihrer nicht fähig war. Es war, als würde ein uns verbindendes Band über das Netz hinweg gespannt und als würde ich ihre Stärken über dieses Band in mir aufnehmen und umgekehrt: Ich musste kreativ sein, um sie zu schlagen, sie musste diszipliniert sein, um mich zu schlagen. So standen, sprangen und rannten wir stets einen Meter neben unserer Komfortzone und schwangen uns zu ungeahnten Höhen.

Die Architektur des Platzes übertrug das feingliedrige Netz an Energie, das wir Spielerinnen miteinander geflochten hatten, auf das uns immer frenetischer bejubelnde Publikum. Im dritten Satz beim Stand von 0:1 kämpfte ich über zwanzig Minuten wie eine feuerspuckende Furie um mein Aufschlagspiel. Als ich bei Spielball ein Ass ins äußere Eck schlug und sich das Publikum inzwischen hilflos in den Fängen einer leibhaftigen griechischen Tragödie befand, rauschte ein solch betörender Lärm über die Ränge bis in mein Blut hinein, dass mir Tränen in die Augen schossen und sich alle Haare auf meinem Körper aufstellten, um nachzusehen, was gerade passierte. Ich reckte die Faust gen Himmel und schrie, bis sich meine Stimmbänder überschlugen. Die Schreie von den Tribünen verschmolzen mit meinem Schrei und transportierten ihn in die Weite.

Die Spielerboxen, in denen Team und Familie der Spielerinnen untergebracht werden, lagen direkt nebeneinander. In einem Moment, nach einem besonders verrückten Ballwechsel – ich weiß nicht mehr, wer ihn gewann – schaute ich zu meinem Team – nur um sie in Umarmungen mit Su-Weis Team und Familie zu entdecken.

Sieg und Niederlage gingen unter in Gesängen, »Allez«-Rufen und stehenden Ovationen. Ich wandelte durch einen Nadelwald der Extreme und kam erst wieder zu mir, als ich beim Stand von 7:6 im dritten Satz (der dritte Satz wird bei den French Open ausgespielt) zum Match servierte. Ich wurde ruhig, war im Einklang mit mir, meiner Umgebung und meiner Gegnerin. In den Tiefen meiner Seele wusste ich, dass es vorbei war. Ich musste nur irgendwie am Leben bleiben.

Den ersten Matchball schmetterte ich ins Netz.

Zweiter Matchball. Ich schlug auf und sie returnierte in dem für sie typischen Winkel, der den Platz weit öffnete, auf meine Rückhand. Ich zwang meine übersäuerten Beine noch zu einem letzten schmerzhaften Spagat und überraschte sie mit einer langen defensiven Rückhand kurz vor die Grundlinie. Sie zog sich zurück in die Defensive, mit Argusaugen auf einen meiner kraftvollen Angriffsschläge wartend. Ich spielte einen Stopp. Die Frau der Disziplin schlug die Frau der Magie mit einem gefühlvollen, kurz hinters Netz gespielten Ball.

Su-Wei zuckte mit keinem Muskel. Wir umarmten uns am Netz, eins miteinander, dem Publikum und unserem Sport, der immer wieder Humor beweist. Ende der Szene.

Wimbledon

Wimbledon.

Wimbledon. Wimbledon.

Das einzige Grand-Slam-Turnier, bei dem ich nie über die dritte Runde hinauskam und trotzdem Mitglied des legendären Last-Eight-Klub wurde, weil ich aus Versehen und dank starker Partnerin mal im Doppel-Halbfinale gestanden hatte. Was für eine Ironie.

Alle kennen Wimbledon. Die Krönung der Tennisschöpfung, der Tiger im Wald, der Löwe auf dem Felsen, der Adler in den Wipfeln.

Etwas subtil Royales hängt in der Luft, wenn man über die Anlage spaziert. Alle Spieler und Spielerinnen sind in Weiß gekleidet und man trifft überraschend viele Männer in dreiteiligen, pastellfarbenen Anzügen mit vergoldeten Spazierstöcken statt Dame an der Hand. Vielleicht liegt es auch an den reklamefreien dunkelgrünen Banden, die in einer gesättigten Werbewelt eine aufmüpfige Überheblichkeit ausstrahlen. Es gibt akkurat geschnittene Pflanzen, die die Wege säumen, und eine ungewöhnliche Ruhe, die dank des Rasens herrscht, der das Ploppen der Tennisbälle in seinen Anfängen erstickt. Das Innere der Anlage ist in hellem Holz gehalten, mit beigen Möbeln, braunen Kacheln und dunkelgrünen Geländern. Die Damen sind dezent geschminkt und elegant frisiert. Der Geruch von frischen Erdbeeren liegt in der Luft und der elitär klingende Oxford-Akzent flüstert leise aus allen Ecken.

Die ersten Male fühlte ich mich in den heiligen Hallen Wimbledons fehl am Platz. Meine elfenbeinweiße Garderobe änderte nichts an der Tatsache, dass es sich immer noch um einen Trainingsanzug handelte. Das hinter Höflichkeit und Fragen nach dem Wetter versteckte Klassenbewusstsein der Engländer, in dem man vor allem etwas gilt, wenn man in die richtige Familie hineingeboren wird, war mir fremd. Unverständlich für jemanden, der sich ein Leben auf dem Glauben an seiner eigenen Hände Kraft aufgebaut hatte.

Und doch liebte ich die Atmosphäre. Ich liebte England mit all seinen Eigenheiten. Vielleicht gerade, weil ich nicht dazugehörte und mein ganzes Leben nach Zugehörigkeit strebte. Ich bewunderte die Perfektion der Höflichkeitsformen, das Understatement, mit dem Komplimente mit wegwerfender Handbewegung entgegengenommen wurden, und die Leichtigkeit des Small Talks, den jeder Engländer beherrscht. Ich hingegen lachte zu laut über nie erzählte Witze oder verwandelte das Gespräch in ein Verhör, indem ich zu viele, zu private Fragen stellte.

Ich liebte es, ab 17 Uhr nachmittags in Pubs zu sitzen und Menschen aller Ethnien und Altersklassen dabei zu beobachten, wie sie versuchten, sich von ihrem Leben abzulenken. Was tat ich anderes? Ich saß vor einem Pint Stella, das ich über den Abend verteilt genüsslich schlürfte, schaute über die Seiten meines Buchs hinweg, das ich als Tarnung in den Händen hielt, und sah die beiden alten Männer in der Ecke, die Schach spielten und sich nach jeder Partie mit feierlicher Ernsthaftigkeit die Hände schüttelten. Die Frauen am Schank, die nach einem langen Arbeitstag ihre hochhackigen Schuhe in flache tauschten und ihre Laune gleich mit. Den jungen Mann im immer gleichen grauen Anzug und mit baumelnden goldenen Ohrringen, der jedes Mal an der Biegung der Bar saß und John-Keats-Gedichte las.

Ich mochte den wässrigen Kaffee zum Frühstück und den starken schwarzen Tee am Nachmittag. Ich aß Spiegeleier auf in Dreiecke geschnittenem, labbrigem Toast. (Von den gebackenen Bohnen hielt ich allerdings Sicherheitsabstand – man musste es mit der »Britishness« ja nicht gleich übertreiben.)

Und doch bekam ich auf englischem Boden keinen großen Wurf hin.

Es hatte sicher etwas mit meiner komplizierten Beziehung zu Rasen zu tun. Ich war als junges Mädchen sehr schnell in die Höhe gewachsen und hatte, bis ich etwa 15 war, mit meinen langen Armen und Beinen zu kämpfen. Ich hatte oft Schulter- und Knieschmerzen. Meine Koordination war auf dem Stand von: Meine Arme funktionieren, meine Beine gehen, aber wenn beides zusammenkommen soll, muss ich aufpassen, nicht hinzufallen. Mehr Kraft als die allermeisten anderen Mädchen in meinem Alter hatte ich, aber diese Kraft in einen stromlinienförmigen Schwung (vor allem beim Aufschlag) zu übersetzen, fiel mir nicht immer leicht. Und als ich in die Pubertät kam (was bei mir vergleichsweise spät war), legte sich eine geburtsfreudige Fettschicht über meinen langen Körper, die mich komplett aus dem Konzept warf.

In diese Zeit fielen meine ersten Gehversuche auf Rasen.

Rasen verlangt einem eine ganz eigene Art des Tennisspiels ab. Die Bewegung auf Gras ist anders als auf anderen Belägen. Man muss tief stehen und eher über den Platz schleichen als rennen. Jede explosive Bewegung kann auf dem lebenden Boden, der schnell rutschig wird, für einen Sturz sorgen. Die Technik bei den Schlägen muss angepasst werden, die Ausholbewegung verkürzt. Spielerinnen und Spieler, die einen guten sogenannten Treffpunkt haben und das Tempo eher mitnehmen als selbst erzeugen, haben auf Rasen Vorteile. Der Ball bleibt niedrig im Absprung und gleitet über das glatt geschnittene Gras durch den Treffpunkt hindurch.

Um es sich bildlich vorzustellen: Würde man auf Beton einen Ball mit Aufsprung nach vorne werfen, würde dieser der Kraft entsprechend nach oben und vorne springen. Mit der gleichen Kraft geworfen wird der Ball auf Rasen nach vorne durchrutschen. Dadurch kann sich der Treffpunkt nach hinten verschieben, wenn man nicht früh genug ausholt oder nicht früh genug am Ball steht.

Es ist grundsätzlich leichter für »weiche« Spielerinnen und Spieler, sich auf Rasen schnell wohlzufühlen. Jemand wie Roger Federer, Novak Đoković oder Nick Kyrgios bei den Herren, Angie Kerber oder Agnieszka Radwańska bei den Damen. Profis, die mit Timing arbeiten, deren Muskeln eher lockerer sind als fester, die die Schläge schwingen statt schlagen. Die sich katzenartig bewegen, als würden sie auf Schlittschuhen über den Platz gleiten. Spielertypen wie Rafael Nadal oder auch meine Wenigkeit (haha, Gelegenheit perfekt genutzt, um mich mit Rafael Nadal in einem Atemzug zu nennen), die mit Kraft spielen, deren Muskulatur man beim biologischen Funktionieren förmlich zusehen kann, deren Talent es ist, sich in Matches hineinzubeißen, brauchen länger. Es kann funktionieren, wie man an Rafael Nadals zwei Wimbledonsiegen sieht, es kann aber auch zehn Jahre dauern, bis man sich auf Rasen nicht fühlt wie ein neugeborenes Kalb auf einer Wiese. Es kann aber auch daran liegen, dass ich nicht Rafael Nadal bin.

So elitär dieser Belag auf mich auch wirkte, so naturverbunden ist er gleichzeitig. Es ist die Zeit des Jahres, wenn wir Spieler nach dem Aufstehen als Erstes ans Fenster gehen, um in den Himmel zu sehen. Ein einziger Tropfen Regen kann für Verzögerungen des Turnierablaufs sorgen. Schon Luftfeuchtigkeit macht den Rasen nass und rutschig, zu gefährlich, um darauf zu rennen. Dieser Teil der Saison findet zur Hälfte auf dem Platz und zur anderen Hälfte wartend in der Umkleide im Keller statt. Wenn es mal heiß ist und die Sonne ein paar Tage scheint, trocknet das Gras, wird schrumpelig und braun, Kahlstellen aus grauem Sand entstehen, die den Aufsprung des Balles verändern. Es ist eben ein lebender Belag, an den man sich Tag für Tag, manchmal Stunde für Stunde, anpassen muss. Eine Herausforderung für einen Menschen, der es sich gerne in vorgefertigten Strukturen gemütlich macht.

Die ersten Jahre sträubte ich mich mit Händen und Füßen, wenn es in die Rasensaison ging. Die sowieso schon kürzeste Belagssaison konnte für mich nicht kurz genug sein. In den letzten Jahren trat dann allmählich eine Veränderung bei mir ein. Nach so vielen Jahren des Misserfolgs auf Rasen fand ich mit dem Fatalismus einer Gescheiterten Spaß an der Sache. Ich rannte ans Netz wie Stefan Edberg zu seinen besten Zeiten, packte einen Rückhandslice nach dem nächsten aus meiner Steffi-Graf-Schlägertasche und schmiss mich nach aussichtslosen Gewinnschlägen wie Boris Becker auf den Boden.

Anfangs kam noch nicht viel zusammen – ich rannte in den falschen Momenten nach vorne, setzte die Slices zu hoch an, und schmiss ich mich einmal auf den Boden, kam ich nicht wieder hoch. Doch irgendwann begann ich das Spiel besser zu lesen, die Absonderlichkeiten auf Rasen zu verstehen. Ich verbesserte meinen Aufschlag, lernte die Bälle im Steigen mitzunehmen und das Tempo meiner Gegnerinnen für mich auszunutzen.

Im Wimbledon-Training 2019 verlor ich kein Match. Eine Woche lang schlug ich Spielerinnen, die vor mir in der Rangliste standen, Spielerinnen, die mir nicht lagen, Spielerinnen, die besser waren als ich. Ich ging voller Mut in meine Erstrundenbegegnung mit Monica Niculescu.

Die Auslosung gegen die Rumänin, eine der unorthodoxesten Spielerinnen der Welt mit Lieblingsbelag Rasen, war kompliziert. Sie spielte auf der Vorhandseite einen einzigartig von rechts angeschnittenen Slice, paarte diesen mit einem fast hoch gespielten Rückhandspin und hantierte mit Reflexen am Netz wie bei einem Schwertkampf. Trotz meiner neu gefundenen Liebe zum Rasen verzweifelte ich an ihr.

Wir verzweifelten aneinander. Im fünften Spiel des ersten Satzes sah ich echte Tränen an ihren Wangen herunterlaufen. Bei 5:5 im dritten Satz riss meine mühevoll aufgebaute Ich-liebe-Rasen-Fassade ein ganzes Stück ein, Monica Niculescu zwängte ihre beidhändigen Schläge dazwischen und zerbrach sie dann endgültig.

Ich verlor das Match nach einem Break im dritten Satz 7:5.

Das Schwierige daran war nicht das verlorene Match. Ich hatte so viele Matches auf Rasen verloren, dass eines mehr oder weniger keinen Unterschied machte. Es war die Erwartung an die Welt, dass mir diese – nur weil ich mich mit einem in erster Linie selbst kreierten Problem versöhnt hatte – nun eine Belohnung schuldete. Dabei lag die Belohnung im bewältigten Problem selbst, in der Freude aufs nächste Jahr – und darin, dass in Zukunft vielleicht alle meine Schläger die Rasensaison überleben würden. Hoffen durfte man ja.

Ich stehe auf der Straße und sehe auf meine Turnschuhe. Es ist heiß und laut. Autos rasen an mir vorbei und Bellboys hieven Koffer für Koffer auf graumetallene Wagen, die sie Hotelgästen in die Lobby meines Hotels hinterherschieben. Das Café, ein Starbucks, ist nur einen kurzen Anlauf über die Straße hinweg entfernt. Ich muss einatmen und Mut sammeln, bevor sich die Turnschuhe unter mir in Bewegung setzen. In meiner rechten Hosentasche halte ich den genauen Betrag für einen Pfefferminztee bereit, bestelle in wackeligem Englisch und sage, mein Name sei »Andy«.

Als ich den Becher über der Theke entgegennehme, steht »Handy« drauf.

In meinem ersten Jahr in New York traute ich mich zwei Wochen lang nicht weiter als einen Block von meinem Hotel weg. Der Lärm, die Hektik, die Unbarmherzigkeit in den Gesichtern der New Yorker ließen mich jedes Mal auf der Straße vor meinem Hotel erstarren. Es war eines der großen Kettenhotels auf der 57th Street in Midtown mit 40 Etagen und ich verbrachte die meiste Zeit damit, in meinem Zimmer Mut für ein Zusammentreffen mit der Welt vor meinen Fenstern zu sammeln. Diese waren fest verschlossen, um Suizide zu verhindern. Wenn es zu stickig wurde, musste man die Klimaanlage anmachen, die das Zimmer augenblicklich in eine Eiszelle verwandelte und dabei bedrohlich brummte. Drückte ich meine Stirn ans Glas und drehte meinen Kopf in einem 45-Grad-Winkel nach rechts, sah ich zwei Bäume, die zum Central Park gehörten.

Im Laufe der Jahre wanderte ich in meiner Hotelwahl tiefer und tiefer in Richtung Downtown, bis ich letztendlich in Brooklyn ein zweites Zuhause fand. Inzwischen schiebe ich genauso erbarmungslos genervt Touristen zur Seite, beschwere mich über die unregelmäßig fahrenden, überfüllten Züge nach Manhattan und blicke nicht von meinem Buch hoch, wenn sich jemand nackt oder – schlimmer noch – im Star-Wars-Kostüm neben mich setzt.

Jahre waren vergangen, seitdem ich meinen ganzen Mut hatte zusammennehmen müssen, um mir im Starbucks gegenüber einen Pfefferminztee zu bestellen. Ich hatte damals an dem langen, hohen Tisch gesessen, dessen Stühle dem Fenster zugewandt waren, und hatte mir vorgenommen, mich mit Fremden in Small Talks über ihre Hunde und Lieblingsfilme anzufreunden, aber meistens hatte ich in einem mitgebrachten Buch gelesen, in dem die Charaktere keine andere Wahl hatten, als meine Freunde zu werden.

Inzwischen war ich von dem Kettenhotel in der 57th Street in ein hippes Trendhotel in der 29th gezogen, war von einer Qualifikations- zu einer Top-10-Spielerin aufgestiegen. Der Hotelmanager übernahm die Kosten für mein Zimmer im Gegenzug für Boxtickets zu meinen Matches und einer der Bellboys fiel mir nach jedem Sieg in die Arme. Der Manager checkte mich unter falschem Namen ein, damit, wie er sagte, »meine Gegnerinnen keine Shenanigans (Schandtaten) mit meinem Schlaf trieben«, und ließ den von mir gewählten Künstlernamen Haruki Foster auf meine Kopfkissenbezüge nähen. (Ich las damals die Bücher von Haruki Murakami und David Foster Wallace – und Haruki Foster führte Fantasie und Logik schön zusammen, fand ich.)

Wie bei den anderen Grand-Slam-Turnieren spiegelte sich in erschreckend fehlender Subtilität der Charakter der Stadt an jedem Verkaufsstand, jedem Essenszelt auf der Tennisanlage, auf jedem Platz und komischerweise vor allem in der

Modeauswahl der Fans. In Australien sah man viel nackte Haut und weiße Männerunterhemden, Sandalen und Flip-flops. In Paris sah man Damen in fließenden Sommerkleidern und Männer mit lässig übergeworfenen dunkelblauen Blazern und bis zum Brusthaar geöffneten Hemden. In Wimbledon saßen Damen in strengen Kostümen und mit royalen Hüten auf dem Kopf, die den dahintersitzenden Fans die Sicht versperrten. Die bereits erwähnten Spazierstöcke und pastellfarbenen Dreiteiler der Männer waren nur außergewöhnlich, wenn sie Schauspieler wie Gerard Butler oder Bradley Cooper zierten, ansonsten täglich Brot in SW19 London.

In Queens/New York lief der amerikanische Traum auf Nike-Turnschuhen. Man sah mehr als bei anderen Turnieren Jungs und Mädchen in den aktuellsten Tenniskollektionen der jeweiligen Marken herumlaufen. Von Kopf bis Fuß, von Stirn- bis Schweißband, vom Schuh bis zu den Socken einheitlich in den Outfits ihrer Lieblingssportler gekleidet. Mittelalte Männer trugen Turnschuhe zu weißen Tennissocken und verzierten das Ganze mit Baseballmützen der Yankees, Jets oder Giants. Sie hatten Cargoshorts an, in deren Seitentaschen sie Geld, Kreditkarten und den Rest ihres Lebens aufbewahrten. Zahllose weiße T-Shirts wanderten ziellos von Stand zu Stand. Der Geruch von Popcorn und Frittiertem lag als Schleier über der Anlage. Ich sah Menschen frittiertes Hähnchen essen, frittierten Teig, frittierte Kekse und frittierte Pizza (?). Der Geruch verbrannten Fettes zog manchmal als mahnender Dunst einer Arterienverstopfung an unseren Trainingsplätzen vorbei.

Meine Freunde fand man immer im »Heineken Café«. Wobei »Café« schlicht und ergreifend ein Euphemismus für »Bar« war. Derjenige, der die Idee hatte, ein Zelt mit dem Namen Heineken familienfreundlicher zu machen, indem man »Café« hinten dransetzte, muss befördert worden sein.

Da war Coach Michael, der aus Boston stammte und beschämt seine Red-Sox-Mütze abnahm, wenn er sich durch die Menge der US Open schob. Wir nannten ihn Coach, weil er eines Jahres die Akkreditierung meines Vaters an sich genommen hatte, nachdem dieser vorzeitig abgereist war, und weil er unentwegt »Wir müssen unseren Kopf unten halten, uns fokussieren und unser Bestes geben« vor sich hinsagte.

Da war Matt, der bleiche Waliser, der beim ersten Mal und bei 40 Grad Außentemperatur in einem schwarzen, eng anliegenden Anzug erschienen war, weil er als Kind Männer in pastellfarbenen Anzügen auf den Tribünen Wimbledons im Fernsehen gesehen hatte und ein schwarzer der einzige Anzug war, den er besaß. Er ließ sich nichts anmerken, aber schwitzte beeindruckend und verbrannte sich heillos die Schnute. Er erzählte mir, dass seine Freunde die nächsten Wochen endlos verwirrt waren, wenn sie ihn sahen. Sie hatten ihn in zehn Jahren in New York noch nie sonnengebräunt (bzw. -gerötet) erlebt. Seine wunderschöne Freundin Emily mit fantastischen Haaren und lebhaftem Temperament hielt sich stoisch und stolz an seiner Hand fest. Sie war eine talentierte Künstlerin. Ich entdeckte ihre großartigen Zeichnungen zufällig in ihrem Zimmer, als sie meine Mitbewohnerin in Brooklyn wurde und ich mir einen Föhn von ihr leihen wollte.

Da war die Band Tennis, mit der ich für eine Reportage auf Tour gewesen war, die sich nicht davon abbringen ließ, jedes Jahr von Denver für einige Tage nach New York zu kommen, um meine ersten beiden Matches zu sehen. Die Frontsängerin hatte einen natürlichen, blonden Afro, war resolut und angriffslustig, hieß Alaina und schrieb wunderschöne

Liedtexte. Patrick war eine Hipster-Kopie von Boris Becker, der netteste Mensch, den ich kannte, und am gleichen Tag wie ich geboren (was leider nichts an meiner Nicht-Nettigkeit änderte). Er war früher ein guter Tennisspieler mit Collegeaspirationen gewesen, bis er sich in Alaina verliebt hatte, mit ihr auf einem Boot gen Sonnenuntergang fuhr (wirklich) und danach eine Band mit ihr gründete.

Da war Jesse, der Jahre später mein Freund werden sollte und der der einzige echte Sportfan war, was er tapfer hinter Tattoos und Rockstarattitüde verbarg.

Und da war Sean, das Fotomodell, das waschecht in weißem Polo-T-Shirt erschien, sich einen hell- bis dunkelblauen Pullunder über die Schultern drapierte und wirklich wahnsinnig gut aussah. Er sagte immer, dass er in einer Werbeagentur tätig sei, und dachte ernsthaft, dass Menschen ihm das abnahmen. Kein Mann mit so zarten Händen, blaugrünen Augen und der Haut einer Porzellanfigur hat jemals in einer Werbeagentur gearbeitet.

Sie alle saßen, wenn ich spielte, verschlafen und verkatert in meiner Spielerbox, versteckten ihre Augenringe hinter großen, dunklen Sonnenbrillen und schwitzten. Wenn ich nicht spielte, saßen sie im »Heineken Café« und tranken von meinem Vater ausgegebenes (ich vermute stark Heineken) Bier. Er saß mittendrin und trank mit, bis er müde wurde, die Emotionen des Tages ihn einholten und er mit dem Stadtbus ins Hotel fuhr, um ein Mittagsschläfchen zu halten.

Für eine Tennisspielerin, in deren eigenem Land es kein Grand-Slam-Turnier gibt, die für ein Land spielte, in dem kaum noch große Tennisturniere stattfanden, waren die US Open die nächstbeste Alternative zu einer Heim-WM. Ich sah in meine prall gefüllte Spielerbox und mein Vater, mein Team und meine Freunde standen und schrien, feuerten mich lautstark an, trugen mich zu Siegen, trösteten mich bei Niederlagen. Als ich gegen Jelena Ostapenko im Louis-Arm-strong-Stadion den zweiten Satz nach 3:6 und 1:4 Rückstand noch drehte, reichte Aufspringen nicht mehr und sie beugten sich dermaßen übers Geländer, dass drei von ihnen fast auf den Platz plumpsten. Als ich gegen Petra Kvitová, die Nummer fünf der Welt, auf demselben Platz gewann, munkelte man später, dass sogar den Briten unter ihnen die Freuden-tränen in den Augen gestanden hätten.

Meine Freunde waren nicht besonders sportbegeistert und hielten sich überwiegend in ihrem sicheren 15-Block-Radius im East Village auf. So spannend und romantisch es sich an-hört, ein Künstlerdasein in New York zu führen, so träge und deprimierend war es meistens. New York ist teuer und im-mer und überall fehlte es an Geld. In einer Welt des Inter-nets und der sozialen Medien ist es schwierig, Geschehnissen künstlerische Bedeutung abzugewinnen, wenn sie in Echtzeit kommentiert und verlinkt werden.

Sie hatten gute Phasen, in denen sie kreativ waren, aber oft traf ich sie in der gleichen Bar, vor dem gleichen Bier, mit den gleichen Geschichten und ohne Ideen. Sie tranken zu viel, und wenn das nicht reichte, griffen sie zu mehr. Die Leere wurde mit Ironie und Wortwitz überspielt. Ich war die Exotin, die einzige Sportlerin im Freundeskreis, die von Da-vid Foster Wallace früh gelernt hatte, dass Ironie all die un-angenehmen Gefühle kaputt machte – aber mit ihnen auch die guten, schönen.

Die US Open waren unser gemeinsamer Urlaub. Es gab etwas, für das es sich lohnte, mit dem dreckigen, heißen Zug nach Queens zu fahren. Es gab etwas, für das man sich be-geisterte, etwas, das manchmal eben Tränen hervorrief – die gute Art, aber auch die unangenehme. Es war etwas, das Bedeutung hatte. Zwar beschränkt auf eine überschaubare Zeit und Fläche, aber dennoch Bedeutung. Das spürten meine Freunde, das weiß ich, obwohl sie bis heute nicht ganz kapiert haben, wie die Zählweise im Tennis funktioniert. God bless them.

HOTDOGS UND HOCHZEITSTORTEN

Doctor, what should I rid myself of,
tell me, the hatred ... or the love?
(Philip Roth, Portnoy's Complaint)

Wir liebten es, wenn es Hotdogs gab. Nicht die typisch amerikanischen, wie man sie aus dem Fernsehen kennt. Meine Mutter kaufte helle Brötchen, die wie geschrumpfte Baguettes aussahen, beschmierte die eine Seite dick mit Mayonnaise, legte einige Blätter Eisbergsalat auf die andere, klemmte für meinen Vater zwei Wiener Würstchen und für sich, meine Schwester und mich jeweils eins zwischen die beiden Hälften – und fertig war unser aller Lieblingsessen. Die Ironie an der Sache war, dass sie dieses Gericht nur in äußerster Zeitnot zusammenwarf. An den meisten Tagen stand meine Mutter stundenlang in der Küche, klopfte Schnitzel, kochte Kartoffeln, wickelte Kohlrouladen und wusch Salate in kaltem Wasser, jedes Blatt einzeln dreimal. Sie machte die besten Pfannkuchen der Welt, ganz dünn und fettig und mit Nutella beschmiert, das in dem warmen Pfannkuchen zerfloss. Ihre Bohneneintöpfe mit großen Stücken Speck darin lernte ich erst als Erwachsene zu lieben.

Mit der Zeit machten die alten Balkangerichte Platz für moderne Küche und gesundheitsbewusste Ernährung. Aber niemals reduzierte meine Mutter den Zeitaufwand, den sie in die Essensvorbereitung investierte.

Von der 7. bis 12. Klasse lebte ich ein Leben im Dauerlauf. Ich schlief unterm Dach, dort, wo die Hitze im Sommer am stärksten war. Mein Schreibtisch stand unterm Fenster gen Westen und mein Bett unter dem anderen Fenster gen Osten. Ich hatte es mir so ausgesucht, weil es zum Bett um die Ecke ging und ich in meinem jugendlichen Verfolgungswahn meine Privatsphäre so besser gewahrt sah. Dass dort morgens die Sonne hineinschien und mich weckte und sie nachmittags, wenn ich lernen musste, meine Schulhefte in Brand zu setzen versuchte, verstand ich erst, als es zu spät war und meine Eltern sich weigerten, mein Bett für mich umzustellen: »Du wolltest es so. Stell's selbst um, wenn es dich stört.«

Aber dazu war ich zu faul. Und so weckte mich im Sommer die Sonne, die etwas gegen mein Gesicht zu haben schien, und im Winter mein Vater, indem er meine Tür öffnete – in der Erwartung, dass das reichen musste, wenn man etwas im Leben erreichen wollte. Eine bemerkenswert effiziente Art und Weise, Teenager zu wecken, die wie Zombies aus den Löchern kriechen, wenn ihr heiliges Reich gefährdet ist.

Wollte ich an manchen Tagen weniger erreichen, brüllte meine Mutter von unten: »Es ist Zeit AUF-ZU-STEHEN! Ich sag's dir nur dreimal: noch einmal und das letzte Mal!« Dann hörte ich sie über meine Faulheit grummeln, denn die Tür stand ja offen.

Ich ging ins Bad, betrachtete neu gesprossene Pickel und Mitesser, putzte mir die Zähne, kämmte mir die Haare über die Stirn bis in die Augen, weil wir in der Zeit alle Emos waren, zog mir Klamotten für Jungs an und ging nach unten. Das Frühstück stand bereits auf dem Tisch. Es gab Quark und Butter und Käse, weil wir damals noch daran glaubten, dass Milchprodukte das Wachstum förderten, gut für die

Knochen und generell wahnsinnig gesund waren. Wenn ich Glück hatte, nahm mich mein Vater mit in die Schule. Aber an den meisten Tagen lief ich durch Wind und Wetter bis zur Straßenbahnhaltestelle Wagenhalle.

Damals gab es keine Podcasts, die die Zeit verkürzt hätten – oder man nannte sie Hörspiele: Benjamin Blümchen und Bibi & Tina, Die drei ???. Aber das war mir zu deutsch. Ich kannte keine Menschen, die aus Spaß Pferde ritten, und selbst wenn, ich hätte sowieso weder Walkman noch Discman gehabt, um Hörspiele abzuspielen. Also stiefelte ich vor mich hin, gefangen in den Abgründen eines jugendlichen Gehirns, jeden Tag an den gleichen Häusern vorbei, jeden Tag den fünften Baum zählend, dann war es nicht mehr weit, jeden Tag an der Dönerbude vorbei, deren Geruch mich morgens mit Übelkeit strafte und mir nachmittags das Wasser im Mund zusammenlaufen ließ. Es gab Morgen, an denen war es so dunkel, dass der einzige flimmernde Lichtstreifen die verpasste Straßenbahn war.

Wenn ich sie nicht verpasste, saß ich in der Straßenbahn und sah im Halbschlaf aus dem Fenster. Bunte Hochhäuser, verlassene Spielplätze und Lindenbäume flogen vorbei. Kinder und Jugendliche lärmten, Punks mit rotem Irokesenschnitt stiegen ein und wieder aus und ältere Menschen dösten in der wohltuenden Wärme der Sitzheizung.

Eine Zeit lang – ich las gerade Bücher über Zauberer – versuchte ich mithilfe von Telepathie die Menschen um mich herum zu kleinsten Bewegungen zu zwingen. Ich starrte sie an, konzentrierte all meine mentale Energie auf eine Hand, einen Fuß oder ein Knie und stellte mir vor, wie sie sich bewegten. Wenn es manchmal aus Versehen klappte, fühlte ich mich den ganzen Tag über unbezwingbar, hätte aber niemals gewagt, meinen Versuch zu wiederholen.

In der Schule stand ich mit meinen Freundinnen auf dem Gang vor den Klassenzimmern herum und erzählte von meinen Reisen auf Turniere. Ich ließ die uncoolen Parts weg – wie den Moment, als ich vor Heimweh ins Handtuch geheult hatte. Ich war nicht das beliebteste Mädchen in der Klasse, aber auch nicht das unbeliebteste. Ich war zu wenig da, um so wichtig zu werden, dass man mich lieben oder hassen musste.

Nach der Schule wartete meine Mutter auf dem von Schlaglöchern durchzogenen Parkplatz hinter der Turnhalle auf mich. In Tupperdosen brachte sie ihr stundenlang gekochtes Essen mit: bereits in bissfertige Happen geschnitten, mit einer in Küchenpapier eingewickelten Gabel dazu. Hungrig fiel ich über das Essen her und schlief nach dem letzten Bissen auf dem Beifahrersitz ein. In Offenbach angekommen, schlurfte ich über das Kopfsteinpflaster zum Training. Meine Mutter nahm etwas weiter entfernt Platz, aber immer so, dass ich sie mit Buch und Brille auf einem weißen Plastikstuhl sehen konnte.

All die Tage, die mich meine Mutter nach dem Training in Offenbach antrieb, ins Auto zu steigen, um schnellstmöglich nach Hause zu fahren, murrte und grummelte ich. Es war für mich geklaute Zeit, die ich mit meinen Freunden auf dem Tennisplatz verbringen wollte. Mir war nicht bewusst, dass meine Mutter zähneknirschend auf dem Gelände saß, in der Hoffnung, mich in meinen Tennisambitionen zu unterstützen, aber gleichzeitig mit der Verzweiflung darüber, meine Schwester zu Hause zu vernachlässigen.

Es ist ein Wunder, wie wenig Kinder von den Sorgen ihrer Eltern mitbekommen, wenn diese entschlossen sind, nichts zu verraten. Erst als Erwachsene begriff ich, dass sich meine Mutter in einem andauernden Stresszustand befand. Sie war als junge Mutter nach Deutschland gekommen, ohne ein Wort Deutsch zu sprechen, hatte Studium, Freunde und Familie in Bosnien zurückgelassen. In einem neuen Land mit kleinem Kind und einem Ehemann, der von morgens bis abends arbeitete, um seine Familie über Wasser zu halten, wurde sie in die Rolle einer Hausfrau gedrängt, die sie – aufopfernd bis zur Selbstaufgabe – erfüllte. In ihrem Inneren aber lebte sie wahrscheinlich eine Utopie aus, in der ein Leben nicht von äußeren Umständen abhing und man studieren und arbeiten und Kinder haben konnte – und der Ehemann ab und zu im Haushalt aushalf, auch wenn er Serbe war.

Den traditionellen Erziehungsmethoden des Balkans folgend, hielten meine Eltern alles Problematische oder Verstörende von uns Kindern fern. Wenn ich später in meinem Leben vorgeworfen bekam, Probleme nicht früher angesprochen zu haben, erklärte ich immer, dass man in unserer Familie schwieg und wartete, bis alle Beteiligten vergessen hatten, warum das Problem überhaupt aufgetaucht war. Problem erledigt.

Ich kann nur erahnen, wie es für meine Eltern gewesen sein musste, in Deutschland zu sein, während Tuzla, mein Geburtsort und ihre Heimatstadt, die in einem Tal liegt, von den sie umgebenden Hügeln aus bombardiert wurde. Ich erinnere mich vage an eine Zeit, in der mein Onkel in unserer ersten kleinen Wohnung auf dem Sofa schlief, bis meine beiden Cousinen mit meiner Tante auftauchten und wir sie dann nur noch am Wochenende sahen. Irgendwann war erst die eine Großmutter da, dann die andere, ganz zum Schluss kam auch mein Großvater in Deutschland an und wir mussten umziehen. Sie weigerten sich, Deutsch zu lernen, oder waren zu alt, vor allem aber glaubten sie fest daran, wieder in ihre Heimat zurückkehren zu können, die immer mehr im Chaos versank. Wohnungen wurden beschlagnahmt oder zerstört, immer mehr Verwandte und Freunde waren auf die Hilfe meiner Eltern angewiesen, um dem Krieg zu entfliehen. Andere waren zu stolz oder zu stur oder zu verzweifelt, einen Neuanfang zu wagen. Nicht allen konnte geholfen werden.

Meine beiden ältesten Cousinen waren alt genug, um die Flucht aus dem damaligen Jugoslawien bewusst erlebt zu haben. Sie erzählten mir vom nächtlichen Hämmern an Türen, verzweifelten Suchen nach Dokumenten und Pässen und überhasteten Fluchten in die umstehenden Wälder. Sie erzählten von nassen, kalten Kasernen, wo kein Licht eindrang, und von Schüssen und Explosionen und Gebrüll hinter den dichten Bäumen. Sie erzählten, dass sie getrennt wurden und bei unbekannten Verwandten unterkamen, die kaum ihre eigene Familie zu ernähren wussten, geschweige denn abgegebene Kinder.

Meine Eltern müssen sich schuldig und erleichtert gefühlt haben. Schuldig, weil sie im Sicheren saßen und im Begriff waren, sich eine neue Existenz aufzubauen, während ihre Freunde um ihr Leben bangten. Erleichtert, weil sie im Sicheren saßen und im Begriff waren, sich eine neue Existenz aufzubauen, während ihre Freunde um ihr Leben bangten.

Meine Schwester und ich bekamen wenig mit. Wir gingen in den Kindergarten und die Grundschule, wir kamen aufs Gymnasium und ich spielte Tennis. Ein bürgerliches Leben. Meine Mutter erzog uns streng – Widerworte wurden genauso wenig geduldet wie moralische Verfehlungen. Mein Vater saß erschöpft beim Abendessen oder schlief mittags auf der Couch.

An Wochenenden jedoch, wenn die ganze Familie zusammenkam – meine Onkel und Tanten, meine Cousinen (wir waren acht Mädels!) –, fiel alles von ihnen ab. Es wurde viel gegessen und viel gestritten. Laut und vehement, mit Schimpfwörtern und auf dem eigenen Standpunkt beharrend. Streiten um des Streitens willen, seine Argumente in der Reibung schärfend; und wenn alles nichts half, dann brüllten sie und liefen rot an. Irgendwann später mieteten sie sich gemeinsam einen Schrebergarten – so deutsch – und grillten dort Ferkel am Spieß – so serbisch. Dort konnte man lauter brüllen und schiefer singen.

Die einzigen Momente, in denen ich mitbekam, dass meine Familie ihre Heimat vermisste, waren, wenn alle zu viel getrunken hatten und mein Onkel – der mit dem Herzen so groß wie sein Bauch – seine »zufällig« mitgebrachte Gitarre auspackte und alte jugoslawische Lieder sang. Eine Wolke der Nostalgie legte sich über die Gemeinschaft und alle bekamen einen verschleierten, in die Ferne gerichteten Blick. Mein Onkel spielte immer die gleichen fünf Lieder mit ihren poetischen, am Rande zum Kitsch balancierenden Texten. In einem der Lieder forderte Goran Bregović seine Geliebte dazu auf, »ihn zu gebären wie ein Reh im Schnee« und dann »zu vergessen, wenn sie könne«. Schwierig, wenn du als Frau ein Reh, das gleichzeitig dein Lover ist, im Schnee zur Welt gebracht hast.

Aber ich liebte all diese Lieder, am meisten jenes von Bajaga über blaue Saphire.

Ansonsten verbrachte ich jede freie Minute auf dem Tennisplatz. An Wochenenden spielte ich Turniere oder war zu Lehrgängen eingeladen, und in den wenigen freien Stunden, die ich hatte, saß ich nachmittags, wenn die Sonne hineinschien, an meinem Schreibtisch unter dem Fenster und lernte. Ich starrte auf den Parkplatz vor unserem Reihenhaus und versuchte mich zu konzentrieren. Der Hase meiner Schwester klopfte im Garten unablässig an die Holzwand seiner Behausung. Zahlen und Buchstaben verschwommen vor meinem Auge, aber mein Ehrgeiz hielt mich über Wasser.

Die unterschiedlichen Mentalitäten meiner zwei Heimaten zeigten sich oftmals in Kleinigkeiten. Der Hase meiner Schwester draußen im Garten war so eine. Tiere auf dem Balkan waren Nutztiere, man hielt sie nicht zur Belustigung oder als Freunde. Meine Eltern hatten sich daher mit Händen und Füßen gegen ein Haustier gewehrt, dann aber unter der »Es kann von mir aus im Garten wohnen«-Bedingung nachgegeben. Doch natürlich war am Ende mein Vater derjenige, der nachts aufstand und den Hasen in seinen Armen wiegte, wenn dieser Angst hatte und gegen die Holzwand klopfte. Und natürlich war am Ende meine Mutter, die der schwarzen Nachbarskatze jahrelang die Tür vor der Nase zugeschlagen hatte, diejenige, die Hühnchen für sie kochte. Ihre Ausrede war, dass man dieser Katze eben die Intelligenz in den Augen ablesen konnte. Der Einstein der Katzen war also zufällig bei unseren Nachbarn aufgewachsen.

Wenn die Sommerferien begannen, weckten meine Eltern meine Schwester und mich um zwei Uhr morgens und luden uns ins Auto. Sie starteten die 1264 Kilometer nach Novi Sad, wenn die Nacht am dunkelsten war und wir Kinder noch schliefen. Wir schwitzten in Unterhemden in der Hitze des Sommers und warteten in Kolonnen bunter Autos stundenlang an der Grenze. Manchmal klopften Soldaten an die Fenster und kontrollierten unser Spielzeug und den Kofferraum. Oft wurden wir durchgewinkt, wenn sie meine Tennisschläger entdeckten. Die Soldaten riefen dann »Monica Seles« und zeigten uns hochgereckte Daumen.

In den brennenden Hochsommern des Balkans zerfiel der Tag in zwei Teile. Früh am Morgen, vor der grellen Mittagssonne, saßen meine Eltern auf der Terrasse, lasen Zeitung und tranken Kaffee, während ich verschlafen den roten Sand aus meinen Tennisschuhen klopfte. Ich trug weiße Shorts und Mütze. Dann fuhren mein Vater und ich auf Fahrrädern mit Tennistaschen auf dem Rücken Richtung Tennisklub, an orthodoxen Kirchen mit ihren runden Dächern vorbei und streunenden Hunden und Katzen davor. Alte Frauen mit Kopftüchern und fehlenden Zähnen verkauften Wassermelonen und Sonnenblumenkerne am Straßenrand. Wenn wir rechts auf die staubige Sandstraße mit ihren Schlaglöchern, die so groß wie die Wassermelonen der alten Frauen am Straßenrand waren, abbogen, war es nicht mehr weit.

Ich sah zu, wie mein Vater mit dem aufsteigenden Staub kämpfend den Platz bewässerte. Das Training mit ihm in den Sommerferien glich einer morgendlichen Meditation. Wir gingen durch alle Schläge: Vorhand cross, Rückhand cross, Vorhand longline, Rückhand longline, Volleys, Returns, Aufschläge – und ich hatte keine Schulaufgaben, keine Termine, keine Gedanken. Die Linien des Tennisplatzes waren die einzigen Umrandungen meiner Welt.

Wenn ich heute von meiner Tenniskarriere erzähle, sind es meist die großen Matches, die ersten Erfolge, die Verletzungen und die Turniersiege, die ich erwähne. In Wirklichkeit besteht der Großteil eines Sportlerlebens aus den stillen Momenten in Krafträumen, wenn es draußen dunkel, der Raum kalt ist und alle anderen nicht da sind. Es besteht aus Routinen und Ritualen, aus Schattenspielen auf dem Platz und aus verschwitzten, dreckigen Klamotten und Schuhen. Sportler ist man, wenn man immer Hunger hat und viel zu oft duscht. Wenn man seinen Körper liebt und hasst, mit ihm will und ohne ihn nicht kann. Man schindet ihn, treibt ihn über Grenzen, die keine Soldaten der Welt bewachen, und er schlägt mit dem einzigen Mittel zurück, das er hat. Aber Schmerzen sind bloß die Herausforderung zum Duell, denn die besten Momente warten dort, wo es wehtut, dann, wenn man heillos übermüdet ist. Es sind diese Augenblicke, die den Großteil eines Sportlerlebens ausmachen: die Einsamkeit auf dem Platz, im Kraftraum, auf der Laufbahn – allein mit seinem Atem und dem Rauschen des Blutes im Ohr.

Nach dem Training zogen mein Vater und ich den Platz ab. Ich mochte es, mit dem großen Netz über die Spuren meiner Beinarbeit zu fahren, Glätte zu hinterlassen, wo Unruhe geherrscht hatte, und mit einem Besen über die vom Sand befleckten Linien zu fahren, die im gleichen Moment in Weiß erstrahlten. Manchmal saßen mein Vater und ich danach auf der Terrasse des Tennisklubs und tranken Limonade oder ich durfte mir ein Eis aussuchen, aber meistens fuhren wir nach Hause. Mein Vater kaufte eine Wassermelone am Wegesrand und balancierte sie geschickt auf dem Gepäckträger seines Fahrrads – optisch hatten wir uns dem Staub der Stadt angeglichen.

Die Mitte des Tages gab es nicht. Wir saßen hinter zugezogenen Jalousien in der wohltuenden Kühle des Hauses, lasen oder dösten, tranken Blaubeersaft, der Zähne und Zunge färbte, und warteten, bis die grollende Hitze des Tages besänftigt war. Wenn der Nachmittag sich dem Abend beugte, wuschen meine Cousinen, meine Schwester und ich uns die Schläfrigkeit des Tages in der trüben Donau vom Körper. Es hieß, die Donau sei durch die Bombardierung Serbiens verseucht worden, und so duschten wir nach dem Schwimmen und rieben und scheuerten unsere Haut, bis sie rot war – im Glauben, dies würde Oxide und Dämonen vertreiben.

Später, als es ernst wurde mit dem Tennis, verpasste ich diese Urlaube. Ich ging zur Schule und hielt meine Noten in Ordnung, und wenn es Ferien oder Feiertage gab, fuhr ich auf Turniere. Ich saß abends allein bei Pizza und Apfelschorle in kleinen Hotelzimmern, schaute Fernsehen in Sprachen, die ich nicht verstand, und wickelte neue Griffbänder auf meine Schläger. Ich saß in Bussen und Zügen und Flugzeugen auf dem Weg zum nächsten großen Ding.

Ich war nicht da, als meine älteste Cousine heiratete. Ich war nicht da, als meine anderen beiden Cousinen heirateten. Ich verpasste alle drei Geburten meiner Neffen (die nächste Generation scheint als ausgleichende Gerechtigkeit der Natur nur aus Jungs zu bestehen). Als meine kleine Cousine heiratete, setzte ich mich direkt nach dem verlorenen Halbfinale in Linz ins Auto und fuhr ohne Pause nach Hause und konnte um zwei Uhr morgens eine Festgesellschaft in den letzten Zügen erleben und ein letztes Stück der Hochzeitstorte ergattern.

Es war nicht immer einfach, in einer großen, vermutlich traumatisierten Familie aufzuwachsen, die in einem ihr fremden Land lebte. Die Eltern mussten zusehen, wie ihre Kinder die neue Kultur aufsogen, untereinander Deutsch sprachen und Fächer studierten, die sie nicht alle zu Ärzten und Anwälten machten. Sie heirateten später und hatten weniger Kinder, manche von uns wussten gar nicht, ob sie jemals Kinder haben wollten.

In einer großen Familie wurde immer übereinander geredet und sich überall eingemischt. Die Eltern klammerten sich an ihre Deutungshoheit über das Leben ihrer Kinder, weil ihnen das Land, in dem sie wohnten, manchmal fremd blieb. Einige von uns flohen in andere Städte, andere flohen hinaus in die Welt, wieder andere blieben genau da, wo sie waren. Partner wurden vergrault mit zu vielen Familienmitgliedern und zu viel unverdünntem, selbst gebranntem Pflaumenschnaps. Der wurde gereicht vor dem Essen, nach dem Essen, während des Essens, wenn die Lieder am besten klangen, wenn sie am lautesten waren, wenn man Fieber hatte, wenn man eine stressige Zeit hatte, wenn man Kopfschmerzen hatte. Pflaumenschnaps ist die serbische Antwort auf den britischen Tee in allen Lebenslagen. Es gab monatelange Funkstille zwischen Vätern und Töchtern, weil die Töchter sich eisern weigerten, ferne Verwandte, die Mütter und Väter ferner Verwandter und das restliche Dorf zu ihren Hochzeiten einzuladen. Die Welt in Deutschland drehte sich weiter – manchmal unschlüssig und langsam, manchmal unerbittlich und schnell.

Aber eine Sache hatten und würden wir immer gemeinsam haben: unseren Sport. Wir trafen uns zum Tennisspielen und zum Tennisgucken. Unsere Eltern hatten sich ihren Platz in der deutschen Gesellschaft mithilfe von Tennis erarbeitet. (Nicht nur mein Vater, auch zwei meiner drei in Deutschland lebenden Onkel waren Tennistrainer – und der dritte war Konditionstrainer im Tennisklub). Tennis schuf Kontakte und initiierte Freundschaften. Es zwang unsere Familien aus ihrer serbischen Haut herauszutreten und auf das neue Land zuzugehen, in das sie gekommen waren, um sich ein neues Leben aufzubauen.

Das Reihenhaus, in dem ich aufwuchs, das Gymnasium, auf das ich ging, die Freunde, die ich hatte, meine Familie: All das stand solide auf der viereckigen Form eines Tennisplatzes. Und wenn ich auf den großen Tennisbühnen dieser Welt spielte, floss daheim noch ein wenig mehr Pflaumenschnaps als sonst – er wirkte nämlich gleichermaßen als Trostspender und Getränk des Ansporns.

Manche Dinge blieben für immer Balkan. Als mein Onkel einen Herzinfarkt hatte und seine Töchter und Ehefrau durchdrehten vor Angst und Sorge, waren sie alle zur Stelle. Die Tanten und Onkel und Cousinen standen, saßen und schliefen draußen auf den Krankenhausfluren. Sie verarbeiteten Sorgen und Kummer, wie man es seit Jahrhunderten bei uns getan hatte: Sie kochten Essen, tranken Schnaps, stritten, heulten, brüllten und standen allen im Weg. Denn eine Sache begriff ich viel zu spät im Leben: Wenn deine Familie dir nicht im Weg herumsteht und du bei jedem Schritt über sie stolperst, wie kannst du dann wissen, dass sie immer für dich da ist?

Ich war damals nicht im Krankenhaus. Ich war in Amerika auf einem Turnier. Mir wurde in alter Tradition nichts gesagt, um mich vor meinem Match gegen Venus Williams nicht zu beunruhigen. Ich heulte Tage später in der Umkleide hinter einem Handtuch, dort, wo es sicher war und niemand mich sah. Ich wusch mir die Hände und das Gesicht mit kaltem Wasser, band mir einen strengen Zopf am höchsten Punkt meines Kopfes, zog mir meine Tennisschuhe an und ging zum Training. The show must go on.

Unbesuchte Krankenbetten, ungegessene Kuchenstücke, nicht getanzte Hochzeitstänze – das war der Preis, den ich zahlte für ein Leben in der Welt da draußen, wo immer Sommer war.

DANIELLE

hello to my own blue soul. hello, blue soul. hello.
(Mary Szybist)

Ich saß an der Bar eines Fischrestaurants und der metallene Sitzboden fühlte sich kalt an. Die aneinandergereihten Flaschen hinter der Bar blitzten und blinkten, poliert und beleuchtet wie ein religiöser Schrein. Es war kurz vor Mitternacht und die Küche hatte bereits geschlossen. »Ich kann dir eine Fischsuppe bringen lassen«, ließ mich der Bartender wissen, nachdem er sich in der Küche vergewissert hatte.

»Danke, du bist mein Lebensretter.« Ich lächelte müde, aber dankbar.

»Du bist wahrscheinlich der erste Mensch, dem eine Fischsuppe das Leben rettet«, sagte jemand zwei Plätze weiter. Dort saß eine etwa 45 Jahre alte Frau in einem schneeweißen Männeranzug und passendem Hut. Unter dem Hut quoll eine riesige Lockenmähne hervor. Sie sah kurios aus. Wie hatte ich sie nicht gleich bemerken können?

»Was trinkst du?« Die Frau rückte auf den Platz direkt neben mir.

»Noch trinke ich Wasser.« Ich schüttelte mein Glas und die Eiswürfel klirrten.

Sie lachte. »Na, dem ist schnell Abhilfe geschaffen.«

Der Bartender kam zurück und ich bestellte einen Whiskey mit Zitronensaft und Honig.

»Der geht auf mich«, sagte meine Sitznachbarin an ihn gewendet und hielt mir dann die Hand hin: »Danielle.«

»Andrea. Cooler Aufzug.«

»Wirklich? Findest du? Bin ich nicht etwas zu, hm, exzentrisch ausgefallen?«

»Es kommt drauf an. Was treibst du denn im Leben so?«

»Ich bin Künstlerin.«

Ich lachte lauthals auf. »Eindeutig: nicht nur cooler, sondern perfekter Aufzug.«

Sie lächelte verschmitzt. »Und was bringt dich …«, sie schaute auf ihr Handy, »… zehn Minuten vor Mitternacht, alleine und ich nehme an europäisch?« Sie zog kurz beide Augenbrauen fragend in die Höhe, ich nickte, warf »Deutsch« ein, sie hob eine Hand theatralisch auf ihre Brust: »Was bringt dich in ein Fischrestaurant in Charleston, South Carolina?«

Ich seufzte. »Das Herz«, antwortete ich, ließ hilflos das Die-Sorgen-einem-Fremden-an-der-Bar-anvertrauen-Klischee zu und erzählte von meinen letzten Wochen.

Im Leben eines jeden Menschen sitzen von Zeit zu Zeit Krisen auf der Türschwelle. Man versucht sie wegzuschubsen oder sich an ihnen vorbeizuschleichen. Wegschubsen hilft für den Tag, ist aber ein Bumerang, der am Abend wieder vor der Tür sitzt. Vorbeischleichen fühlt sich in etwa so an, wie sich zwischen zwei nackten Menschen im Türrahmen durchzuquetschen – unangenehm und falsch. Es gilt also, der Krise ins rote, wabernde Auge zu blicken, sie zu konfrontieren, zu überwinden und weiterzumachen. Dazu bedarf es Mut und Energie.

Im Leben eines Tennisspielers entstehen Krisen alle zwei bis drei Wochen. Ein, zwei unglückliche Niederlagen und die Welt bricht in Donner und Blitzgewitter über einem zusammen. Es nisten sich Zweifel ein, die den Arm weniger entschlossen schwingen lassen, weitere Niederlagen folgen, neue Zweifel schlüpfen und es wird zu einem Kreislauf des Verderbens. Oft fehlt es an Mut, diesen zu überwinden, immer fehlt es an Energie. Die Höhen und Tiefen in einem Sport, dessen Saison elf Monate lang ist, sind beide gleich erschöpfend. Die Höhen sind zu hoch und zu kurz, um dem Tief, das folgt, von der Schippe zu springen.

Ich hatte in Indian Wells und Miami, den zwei größten und wichtigsten Turnieren neben den Grand Slams, als Top-20-Spielerin beide Male in der ersten Runde verloren. Beiden Matches lag eine eigene Dramaturgie zugrunde, aber beide ergaben dasselbe Resultat.

In der Wüste von Indian Wells spielte ich gegen Wind und Hagel und eine kreative Gegnerin – bei Weitem kreativer als ich. Ich führte haushoch, aber jedes Mal, wenn ich den Feind hätte über die Klippe stoßen sollen, hielt eine höhere Kraft meine Hand zurück. Ein Platzregen fiel. Ein weißer Plastikstuhl wurde vom Wind auf den Platz geschleudert. Ein Zuschauer brach im Publikum zusammen. Es hagelte. Die stärkste Kraft, die mich davon abhielt, zu gewinnen, war jedoch mein Unvermögen, all das zu ignorieren, obwohl ich der Ignoranz sonst durchaus mächtig war. Ich verlor das Match mit 7:5 im dritten Satz, lange nachdem die Sonne untergegangen war. Nach dem Match saß ich fassungslos enttäuscht, allein, bestürzt und ungläubig im kalifornischen Wüstenwind auf einem Stuhl, starrte abwechselnd auf meine Hände und die Berge in der Ferne und wollte nur noch nach Hause.

Das Match in Miami fand bei 35 Grad im Schatten statt. Wenn ich mir an die metallenen Haarnadeln fasste, die meinen Pony zurückhielten, verbrannte ich mir die Finger. Dunkle Gewitterwolken tobten und tollten am Horizont, blieben aber dort, wo sie waren. Feuchtigkeit lag in der Luft und hüllte alles in einen allumfassenden, bis hinter die Augen reichenden Nebel. Die lila Farbe des Platzes schmerzte mich auf einer unbewussten Ebene des Grauens.

Aber ich spielte: So. Verdammt. Gut. Es war eines der seltenen Matches, in denen beide Spielerinnen in der Lage waren, gleichzeitig und über lange Zeit auf ihrem besten Niveau zu spielen. Die Zuschauer uuhten und aahten sich durch das Match, während sich eine magische Hand schützend über uns Spielerinnen legte und uns der Gegnerschaft befreite. Wir fielen in eine Art Paartanz, eine paradoxe Symbiose, bei der die eine ohne die andere sterben würde, aber nur eine leben durfte.

Ich verlor im Tiebreak des letzten Satzes. Mein Gegenüber, nun wieder Gegnerin, streckte ihre Arme waagerecht zur Seite und drehte sich im Kreis um sich selbst. Als wir uns am Netz die Hände schüttelten, war ihre Hand feucht und seltsam lose und ich konnte nicht begreifen, dass diese Hand mich soeben besiegt hatte.

Unter der Dusche rieb ich mir Shampoo in die Augen, um zu verbergen, dass ich heulte. Danach mischte ich mich unter einer Mütze verborgen in die Menge der Tennisfans, überquerte die Straße vor der Anlage und ging hinüber an den leeren Strand von Key Biscayne.

Die Sonne ging gerade unter. Ich sah große, schwarze Vögel aufsteigen, die für mich wie Geier aussahen. Ich sah aufs Meer hinaus. Meine Haare waren noch nicht ganz trocken und die kalten Tropfen in meinem Nacken gaben mir eine Gänsehaut. Ich fühlte mich verlassen und allein und dachte, dass zwei solch dramatische Niederlagen eine ebenso dramatische Geste erforderten, um die Balance im Universum wiederherzustellen. Ich beschloss, nach Hause zu fliegen. Von Miami nach Frankfurt für zwei Tage und wieder zurück nach Amerika: nach Charleston, South Carolina, wo das nächste Turnier stattfinden sollte.

Es war nicht die klügste Entscheidung in meinem Leben, aber dramatisch war sie. Ich zuckte mit den Schultern und dachte: No drama, no fun. Schließlich war ich zur Hälfte Serbin.

Während des Flugs überlegte ich mir, wie ich körperlich möglichst unversehrt diesen Kurztrip nach Europa überstehen könnte. Wenn ich meine Mahlzeiten und Schlafzeiten im amerikanischen Rhythmus beließ, könnte ich zu Hause sein und emotional auftanken ohne zu großen körperlichen Performanceverlust. Ich kam mir wahnsinnig klug vor mit meinem ausgeklügelten Plan.

In der Praxis saß ich nachts in meinem Zimmer und starrte an die Wand, schlief bis zwei Uhr nachmittags, aß Frühstück um drei und stritt mich mit meiner Mutter, die mich für verrückt erklärte und sich weigerte, mir kurz vor Mitternacht ein volles Mahl zu kochen. Da die Kochkünste meiner Mutter Teil des Planes waren, emotional aufzutanken, war das schon mal ein herber Rückschlag.

Ein weiterer Rückschlag war die Tatsache, dass ich an einem Sonntag geflogen war, das heißt erst montagmorgens zu Hause war und bereits am Mittwoch wieder zurückmusste. Meine Freunde waren normale Menschen, die montags und dienstags arbeiteten und keine Zeit hatten, mir um drei Uhr nachmittags beim Frühstücken zuzuschauen und sich zu fragen, ob ich eine Schraube locker hatte. Ich ging in die 17-Uhr-Vorstellungen unseres Kulturkinos, saß in der letzten

Reihe und ersetzte die Kochkünste meiner Mutter mit Popcorn. An Training war nicht zu denken, weil ich zu müde war. An Schlaf war nicht zu denken, weil ich zu wach war. Der klassischste Flop eines Planes, seit die USA geglaubt hatten, sie hätten was in Vietnam zu suchen. Oder alle europäischen Länder jemals in Russland.

Der Flug nach Charleston, South Carolina, war lang und zermürbend. Ich sah in Tolstois »Anna Karenina«, aber las nicht, seichte Filmkomödien liefen auf dem Bildschirm vor mir, und ich schaute ab und zu aus dem kleinen ovalen Fenster. Draußen herrschte reinstes Weiß ohne jegliche Textur. Waren zuvor nur meine emotionalen Reserven aufgebraucht gewesen, so waren es jetzt auch die physischen.

Am Abend lud das Turnier zu einer Willkommensparty im Aquarium der Stadt ein. Ich zog das einzige Kleid an, das ich dabeihatte. Es war kurz, aus Wildleder und in einer Art indianischem Stil gehalten. Ich hatte es vor einigen Jahren in einer engen, staubigen Pariser Straße im Schaufenster einer Boutique entdeckt, anprobiert und, ohne auf den Preis zu gucken, gekauft. Ich flocht meine Haare nach hinten, umrandete meine Wimpern mit schwarzem Kajal und setzte zwei dunkle Punkte in die Mitte unterhalb meiner Augen. Je dunkler mein Make-up war, desto dunkler war meist auch der Schatten auf meiner Seele; und die zwei Punkte sollten Exotik ausstrahlen. Oder die metaphorischen Tränen im Knopfloch meiner Existenz sein. Am kleinen Finger meiner linken Hand trug ich einen großen, goldenen Siegelring, den ich in Montreal auf der Straße für 14 kanadische Dollar gekauft hatte.

Als ich am Aquarium angekommen aus dem Auto stieg und den langen Vorplatz in der Schwüle Charlestons überquerte, war ich in düsterer Stimmung. Mein Aussehen befand sich in friedvoller Einheit mit meinem Innenleben. Und die Melancholie, der ich einen trotzigen Stolz abgewann, schmiegte sich mühelos in das moderne, wunderschöne Gebäude mit Fassaden aus Glas und Beton, hohen Decken, offenen Räumen und geschwungenen Ecken. In der Mitte des Hauptraums befand sich eine riesige, bis zur Decke reichende, blau beleuchtete Säule, in der Fische, Schildkröten und kleine Haie schwammen. Ich ging langsam an ihr entlang und ließ meine Fingerspitzen über das kühle Glas gleiten.

Der Raum war in überraschend helles Licht getaucht und Stände mit regionaler Küche der Südstaaten Amerikas säumten die Ränder. Ich sah lachende Menschen mit Weingläsern in der Hand frittiertes Zeug in sich hineinstopfen. Die anderen Spielerinnen trugen kurze, enge, farbenfrohe Kleider mit hohen Schuhen und langen Locken zur Schau. Die vereinzelten Männer schauten den sie meist überragenden Sportlerinnen fassungslos hinterher und rammten sich gegenseitig verschwörerisch die Ellbogen in die Seiten.

Gerade als ich mich wieder den Fischen widmen wollte, sah ich *ihn*. Den schönsten Mann der Welt. Ich war hellwach. Er saß auf einem weißen Plastikstuhl und passte nicht hierher. Er hatte blonde Haare, die sich tapfer gegen den Seitenscheitel wehrten, mit dem er versucht hatte, sie zu bändigen. Er trug ein einfaches weißes T-Shirt mit Brusttasche und verwaschene Jeans, die seltsame blaue Farbkleckse am rechten Wadenbein hatten. Tattoos, die selbst gezeichnet und selbst gestochen aussahen, schmückten seine Arme. Sein Aufzug sah aus, als würde er darin schlafen, arbeiten und baden.

Aber sein Gesicht strahlte. Seine Augen hatten die Farbe blauer Hortensien und seine Zähne schienen aus Elfenbein geschnitzt. Die Nase sah weich aus – als würde sie nachgeben, wenn man sie berührte. Er strahlte Wärme aus, Freude, Jovialität, den Geruch warmer Zimtplätzchen an einem schneeverhangenen Nachmittag im Februar. Ich stand regungslos am Aquarium, ein gerader Strich. Meine linke Hand suchte Stabilität am kühlenden Glas. Mein Trainer war vom Bierholen zurückgekehrt und stand jetzt neben mir.

»Wer ist das?«, fragte ich ihn.

»Wer ist was?«

»Der Typ mit dem Whiskeyglas und den Tattoos.« Ich nickte unauffällig in seine Richtung.

»Keine Ahnung, sieht nicht so aus, als würde er zum Tennis gehören.«

»Okay, cool, ich geh rüber.«

Ich griff nach der Bierflasche meines Trainers und nahm einen großen Schluck.

»Äh, wie bitte, was machst du?«

Aber ich war schon auf dem Weg.

Auf halber Strecke verließ mich der Mut und ich kehrte kleinlaut zurück.

Denselben Tanz absolvierte ich an diesem Abend etwas unter 700 Mal. Jedes Mal nahm ich all meinen Mut zusammen, machte mich auf den Weg zu ihm, um ihn anzusprechen, ihn zu fragen, was er auf einer Tennisparty machte, was er im Leben machte und warum ich ihn nicht kannte und warum er mich nicht kannte. Und jedes Mal auf halber Strecke verließ er mich wieder, der Mut. Ein-, zweimal schaffte ich es bis auf fünf Meter in seine Nähe, bevor ich doch wieder auf dem Absatz kehrtmachte und zurücklief.

»Er muss schwul sein.«

»Weil er dich ignoriert, muss er schwul sein?«

»Absolut. Ich trage mein *bestes* Kleid.«

»Du trägst dein *einziges* Kleid, Andrea.«

Ich warf meinem Trainer einen missbilligenden Blick zu.

Ich benahm mich wie ein pubertierendes 15-jähriges Schulmädchen, das auf eine Mädchenschule gegangen war und nun mit Jungs konfrontiert wurde. Ich stand immer in seiner Nähe. Ich lachte zu laut. Ich tanzte zu wild. Und ich starrte verzweifelt auf seinen blonden Haarschopf in der Hoffnung, er würde mir nur einen Blick zuwerfen, mein Pocahontas-Kleid sehen, die zwei Punkte unter meinen Augen als Symboltränen begreifen, meine Hand nehmen und mich aus diesem Leben befreien. Aber ich bekam: nichts. Keinen Blick, keine Hand, kein neues Leben.

Als ich das Gebäude verließ, sah ich ihn sein Whiskeyglas aus der Hand legen und herzhaft in einen Haufen blauer Zuckerwatte beißen, die größer und buschiger als sein Kopf war. Als ich in mein Hotelzimmer zurückkehrte, machte ich Spike Jonzes Film »Her« an. Zwei Stunden und sechs Minuten lang frönte ich einer digitalen, ausgedachten Einsamkeit und widmete mich im Anschluss meiner eigenen analogen. Ich sah auf meine Hände. Ich hatte meinen goldenen Fakesiegelring verloren.

Nachdem ich Danielle die Misere meiner letzten Wochen erzählt hatte, schaute ich sie erwartungsvoll an.

»Du hast Herzschmerz wegen eines Jungen, den du nicht kennst? Oder weil du in Miami und Oakland verloren hast?«

»In Indian Wells. Ich habe in Indian Wells verloren.«

»Ja, Indian Wells.«

»Weder noch. Beides. Ich weiß es auch nicht.«

Danielle lachte. »Das sind die drei Optionen.«

Ich lächelte. »Ich glaube, in Wahrheit ist es eine klassische Erzählung von Einsamkeit. Weißt du? Wenn du einsam bist, aber nicht wirklich weißt, *dass* du einsam bist. Und wenn du es am wenigsten erwartest, taucht jemand auf, der dir die Möglichkeit der Uneinsamkeit aufzeigt.« Ich machte eine kunstvolle Pause, um meiner Erkenntnis Nachdruck zu verleihen. »Dann begreifst du erst, dass du die ganze Zeit verdammt einsam warst. Und wenn es nicht funktioniert, ist es schlimmer als zuvor. Wie früher, als wir fantastisch ohne Handys auskamen, und jetzt halbe Nervenzusammenbrüche erleiden, wenn wir es im Auto vergessen.«

»Uneinsamkeit?«

»Ja, die Abwesenheit von Einsamkeit.«

»Meinst du etwa Zweisamkeit?«

»Zweisamkeit, von mir aus.«

Danielle legte die Stirn in Falten. Meine Fischsuppe war stechend scharf, ölig und fantastisch. Kleine weiße Brocken Filetfisches in rotem Brei zerliefen auf meiner Zunge.

Die Wahrheit war: Am Tag nach der Willkommensparty hatte Benjamin, so hieß der schönste Mann der Welt, mir eine Nachricht zukommen lassen. Sie lautete: »Ich war nicht betrunken genug, um dich anzusprechen. Du musst gegangen sein, als ich blaue Zuckerwatte aß.«

Er war Künstler aus New York und hatte die Eröffnung seiner Einzelausstellung in einer Galerie für moderne Kunst um die Ecke gehabt. Sammler seiner Kunst waren die Hauptsponsoren unserer Willkommensparty. So war er im Aquarium gelandet. Er sagte, es hätte all seines Willens und der Hälfte seiner Geduld bedurft, um an meine Nummer zu kommen. Entweder hatte er sehr viel Geduld oder einen erschreckend limitierten Willen.

»Doch nicht schwul«, kommentierte mein Trainer lakonisch, als ich ihm die SMS zeigte.

Noch am gleichen Abend gingen wir zusammen aus. Ich war so nervös, dass ich, kurz bevor ich das Hotel verließ, ernsthaft in Erwägung zog, abzusagen. Auf der Autofahrt führte ich Selbstgespräche wie vor einem wichtigen Match. Andrea, du kannst das, du bist klug, du bist lustig, du bist charmant. Wenn du Halbfinale bei den French Open spielen kannst, dann kannst du verdammt noch mal auch ein läppisches Date überstehen, ohne dich zu blamieren. Ich meditierte und atmete und schwitzte und als ich aus dem Auto stieg, war ich die beste Version meiner selbst. Selbstbewusst, aufrecht, klar.

Das Restaurant, das er ausgesucht hatte, war ein umgebautes altes Zugabteil mit langer Bar in der Mitte und genau vier Tischnischen. Als ich eintrat, saß er an der Bar mit dem Rücken zu mir. Teelichter standen kreuz und quer auf allen Tischen. Mehr Licht gab es nicht. Ich fühlte mich wie eine Schauspielerin, die ein Filmset betritt. Licht aus, Spot an.

Ich umarmte ihn sanft von hinten und vergrub für einen kurzen Augenblick meine Nase in seinem Haar. Es war weich und dünn und roch nach Seife. Als ich wieder auftauchte, hatte ich meinen Gesichtsausdruck unter Kontrolle. Er hingegen verlor die Fassung, stotterte, lachte. Und fing sich dann. Wir aßen Salat und halb rohe Steaks und blieben in dem Restaurant, bis es zumachte. Die Petersilie im Salat war mir zu bitter und Benjamin fragte mich nach meinem Siegelring, den ich im Aquarium verloren hatte.

Anschließend gingen wir in eine Bar in der Nähe. Wir saßen in der Ecke auf Holzstühlen und tranken Bier aus der Dose. Ab diesem Zeitpunkt begann alles schwammig zu werden, nebelig, stickig wie die schwüle Hitze South Carolinas. Benjamin erzählte von Fischern, die in Charleston Harbour auf See gingen und nie wieder zurückkehrten. Ich erzählte von Hitze und Schweiß.

Wir blieben auch in dieser Bar bis zum Schluss. Und gingen dann in eine alte Kneipe, die einzige, die noch offen hatte, und etwas weiter weg lag. Benjamin humpelte und sah im Dunkeln aus wie ein Greis. Die Kneipe war voller betrunkener alter Männer. Wir setzten uns an einen Tisch zwischen Jukebox und Toilette. »Wild Horses« von den Rolling Stones wurde gespielt. Mir fiel auf, dass seine Finger zu kurz waren für seine Hand. Nach und nach überließen auch die letzten alten Männer die Nacht sich selbst und die Kneipe leerte sich.

Als wir in den Morgen hinausgingen, war die Feuchtigkeit in der Luft noch genauso drückend wie am Tag zuvor. Die Nacht über uns war schwarz und mondlos, aber am Horizont begann es bereits zu dämmern. Die metallene Jalousie schepperte in meinen Ohren, als der Bartender sie zuwarf.

Ich sah Benjamin erst zwei Jahre später wieder. Die Nachricht, die er mir drei Tage nach unserem gemeinsamen Abend schickte, lautete: »Ich wünschte, wir wären in einer anderen Zeit und an einem anderen Ort. Und wir wären andere Menschen … wäre das nicht die Definition unendlicher Glückseligkeit?«

Ich antwortete nicht. Ich musste weiter. Weiterspielen, weiter gewinnen, weiter verlieren. Weitermachen.

Und Danielle? Sie hatte mir Tipps gegeben, wie ich meine Denkweise neu erfinden konnte. Ich sollte alle meine Routinen über Bord werfen und neue kreieren. Das würde mir gestalterische Energie auf dem Platz geben. Ich sollte ihre Hellseherin anrufen. Ich sollte mehr auf astrologische Gesetze achten. Ich lachte, nicht ganz sicher, ob sie es ernst meinte.

Ich rief ihre Hellseherin nicht an. Ich achte bis heute nicht mehr auf astrologische Gesetze als früher. Aber als ich Danielle das nächste Mal am Abend an einer Bar traf, vertraute ich meine Sorgen nicht mehr klischeehaft einer Fremden an. Sondern einer Freundin. Trotz astrologischer Gesetze.

Und Benjamin blieb immer irgendwie in der Peripherie meines Daseins. Manchmal schickte er mir Nachrichten, die bei mir nachts um vier eintrafen und keinen Sinn ergaben. Einmal sah ich sein Profil in einem Kunstmagazin. Ich stand an einem Kiosk auf einer lauten Straße mitten in New York und ein Rauschen schoss durch meinen Kopf.

Als ich ihn wiedersah, war er verlobt. Er war immer noch wunderschön. Aber er war zu einer Zeit in mein Leben gekommen, als in meinem Herzen nur ein einziges großes schwarzes Loch der Einsamkeit geherrscht hatte. Er hatte es nicht schließen können, aber etwas hatte sich doch geändert: Das Loch hatte sich in einen Mond gewandelt. Nicht ideal, aber wenn es Licht zu reflektieren gab, war er zuverlässig da.

Und er hatte recht: Wären wir andere Menschen gewesen zu einer anderen Zeit in einem anderen Leben, hätten wir Pfirsiche auf einer windgeschützten Veranda essen können, wo die Feuchtigkeit in der Luft niemals aufhört. Aber wir waren Benjamin und Andrea, zwei Irrende, die zu sehr mit ihrem eigenen Leben beschäftigt waren, um einen anderen hineinzulassen. Und irgendwie war das okay so.

ÜBER RIVALITÄT

Genius is not replicable.
Inspiration, though, is contagious ...
(David Foster Wallace, String Theory)

»Es ist okay. Genug davon. Ich habe ihn im Grab gesehen und er ist tot. Es ist vorbei. Ich bin die Nummer eins.«

Der Maler Willem de Kooning sagte diese Sätze nach der Beerdigung seines Freundes und Rivalen Jackson Pollock, der – an Alkoholismus und Depressionen leidend – sein Auto betrunken gegen einen Baum gesetzt hatte und dabei gestorben war.

Pollocks damalige Freundin Ruth Kligman überlebte den Autounfall und kam ein Jahr später mit de Kooning zusammen. Vielleicht hatte dieser für einen Moment wirklich gedacht, dass es vorbei war, dass er gewonnen hatte. Doch Ruth Kligman veröffentlichte einige Zeit später ein Buch mit dem Titel »Love Affair – A Memoir of Jackson Pollock«. Sie schrieb: »Willem hörte niemals auf, ihn zu beneiden – selbst Jahre nach Jacksons Tod war er eifersüchtig auf ihn.«

Autsch.

Neid ist ein faszinierender menschlicher Abgrund. Vielleicht der faszinierendste.

Willem de Kooning und Jackson Pollock sind heute weltberühmte Künstler, Pioniere des abstrakten Expressionismus, einer Bewegung, die im New York der 1940er-Jahre ihren Anfang nahm. Gemeinsam revolutionierten sie die moderne Kunst mit ihren riesigen Gemälden, die ganze Wände in Museen bedecken. Sie konzentrierten sich darauf, Emotionen auszudrücken – mit wenig Bedacht für technische Fertigkeiten. In gewisser Weise demokratisierten und amerikanisierten sie die bildende Kunst. Amerika mit seiner kurzen Geschichte war damals besessen davon, die Europäer in Kultur- und Kunstfragen einzuholen.

Die richtige Mischung aus unüberbrückbaren Differenzen, Neid und dem stetigen Streben danach, besser zu werden als der andere, macht eine gute Rivalität aus. Richtig interessant wird sie jedoch erst, wenn es einen Aspekt in der Persönlichkeit des anderen gibt, dessen Saat auch in uns selbst liegen mag, aber einfach nicht sprießen will. Dies verleiht dem Ganzen erst die Würze, die in Geschichtsbücher eingeht. Und manchmal setzt sie Energien frei. Auch wenn es wehtut.

De Kooning war ein fantastischer Zeichner, der technisch mit den größten Könnern der Kunstgeschichte verglichen wurde – ein Jahrhunderttalent. Pollock hingegen erledigte seine Aufgaben an der Kunstschule ungeschickt und unkonzentriert. Seine Zeichnungen waren voller Ungenauigkeiten, die seine Lehrer in den Wahnsinn trieben.

Bewundert von seinen Kollegen, litt de Kooning im stillen Kämmerlein jedoch wie ein Hund. Verkopft und stur, verbiss er sich in die Suche nach künstlerischer Authentizität und blockierte damit jegliche Originalität. Jahrelang produzierte er die immer gleichen Bilder, technisch virtuos, aber irgendwie langweilig. Egal, wie er es drehte und wendete, die Blockade blieb.

Bis Jackson Pollock mit seinen »drip paintings« alles veränderte. Seine riesengroßen Leinwände, die er wie in einem kreativen Wahnsinn umwirbelte und mit Farbe bespritzte, kennt heute jedes Kind. Er war handwerklich vielleicht nicht so begabt wie sein Rivale, aber er schaffte es, seine Schwächen zu transzendieren, indem er sich schlichtweg nicht an die Regeln hielt. Was er erschuf, ob man es mag oder nicht, war originell. Es war *neu*. Und mit dieser Neuheit befreite er seinen ewigen Widersacher Willem de Kooning von dessen Blockade. Ausgerechnet de Kooning, der wie kein anderer Maler in New York mit seinen virtuosen Zeichnungen Pollock stets an seine eigenen mangelnden Fähigkeiten erinnert hatte.

Künstler bei der Arbeit sind fundamental einsame Menschen. So viele Assistenten, Berater und Galeriebesitzer auch um sie herumtanzen mögen, tief im Inneren wissen sie, dass jeder Moment des künstlerischen Prozesses ein Moment der tausend Möglichkeiten ist. Jede einzelne Entscheidung, die sie einem noch unbekannten fertigen Kunstwerk näher bringt, birgt die Früchte eines Erfolgs oder Misserfolgs bereits in sich.

Bei Tennisspielern ist es nicht viel anders. Auch Tennisspieler haben Trainer, Manager und Physiotherapeuten um sich herum, aber am Ende stehen sie alleine auf dem Tennisplatz, der unzählige Möglichkeiten und Fallstricke birgt. Dieses Gefühl, wenn ich auf dem Platz stehe, ist das vielleicht paradoxeste, das ich kenne: Ich fühle mich zu gleichen Teilen verlassen und ermächtigt. Triumphierende Momente des Überwindens von Schwächen à la Pollock wechseln sich mit verkopft ausweglosen Situationen à la de Kooning ab. Ein wunderschöner Kampf mit sich selbst.

Diesen inneren Kampf nach außen zu tragen, kann manchmal befreiend wirken. Die Energie, die wir darauf verwenden, mit uns selbst zu kämpfen, kann wirkungsvoller werden, wenn wir sie auf jemand anderen richten können. Ein Vertei-digungsmechanismus gegen gefräßige Selbstzweifel.

Die wundervollste aller Rivalitäten im Tennissport ist für mich diejenige zwischen Rafael Nadal und Roger Federer. Auf der einen Seite der Schweizer Maestro, der niemals zu schwitzen scheint, selbst in den physisch anspruchsvollsten Momenten stets schwerelos und elegant wirkt, eine unend-lich sprudelnde Quelle an Talent und künstlerischer Einfach-heit. Auf der anderen Seite der spanische Stier Rafael Na-dal, der selbst den einfachsten Schlag so aussehen lässt, wie er in Wahrheit ist – das Ergebnis eines Prozesses harter Ar-beit. Tag für Tag, Jahr für Jahr an discipliniertem Training. Er scheint da draußen jedes Mal um sein Leben zu kämpfen, je-der Punkt ein Ultimatum.

Die Sportartikelhersteller, seit jeher Marketinggenies, wussten diese Unterschiede auszunutzen. Sie kleideten Fe-derer in Poloshirts mit Kragen und gedeckten Farben und gaben Nadal ärmellose T-Shirts in grellen Neonfarben, die die Muskeln seiner Arme betonten. So erschufen sie einen riesigen visuellen Unterschied, obwohl die Männer in Wirk-lichkeit einen fast identischen Körperbau aufweisen: gleich groß, gleich schwer, gleiche Spannweite.

Während sich die Tennismedienwelt in die scheinbar him-melweiten Unterschiede zwischen den beiden Topspielern verbiss, wunderte ich mich stattdessen ob der Ähnlichkeiten, ja, der *Gleichheit*. Konnte es sein, dass die zwei gar nicht so unterschiedlich waren, wie uns die Zeitungen weismachen wollten? Beide blühten im Angesicht von Widrigkeiten auf. Es war fast so, als würden sie in den schwierigsten Momen-ten physisch wachsen, so strahlkräftig wurde ihre Aura. Beide hatten einen unstillbaren Hunger nach Siegen, na klar, aber auch danach, sich ständig zu verbessern. Jeden Monat aufs Neue, wenn es zur nächsten Turnierreise ging, hatten Roger und Rafa etwas Neues im Repertoire. Rafa, der Sandplatzspezialist, konnte auf einmal auf Rasen und Hartplatz spielen, weil er sein gesamtes Spiel einen Meter näher an die Linie verlagert und ganz nebenbei die Geschwindigkeit seines Aufschlags um 20 Kilometer pro Stunde erhöht hatte. Und Roger kam irgendwann aus der Vorbereitung zurück und nahm jede Rückhand im Steigen und schwang voll durch, statt seinen geliebten Slice zu spielen.

Aber vor allem konnte man beiden förmlich ansehen, wie sich ihr Denken gegen Ende des Matches vereinfachte, kanalisierte, fokussierte. Ein Zusammenziehen der Augenbrauen, eine schmalere Mundpartie – was immer es war –, man sah beiden an, wenn sie in der *Zone* waren.

Was Roger Federer und Rafael Nadal nach außen hin projizierten, mochte äußerst verschieden sein, aber das Fundament des »inneren« Spiels, der mentalen Stärke, war genau gleich. Und wenn die beiden aufeinandertrafen, hatte ihre Rivalität eine eigene Sprache. Eine Sprache von Liebenden, die nicht zusammen sein dürfen. Oder von Menschen, die sich blind verstehen, aber leider gegenseitig auslöschen müssen, um das eigene Überleben zu sichern. Natürlich nur im übertragenen Sinne – wir sind hier ja nicht beim Eiskunstlaufen.

Auch Willem de Kooning und Jackson Pollock waren sich ähnlicher, als sie sehen wollten oder konnten. Beide waren dem Alkoholismus zugeneigt, zeitweise drogenabhängig und beide lebten in panischer Angst davor, den gewonnenen Ruhm eines Tages wieder loslassen zu müssen. De Kooning fuhr nur weniger Auto.

Manchmal befindet man sich mitten in einer Rivalität, ohne es zu wissen. Nachdem meine gute Freundin Angelique

Kerber ihr erstes von drei Grand-Slam-Turnieren in Australien gewonnen hatte, spielten wir eine Woche später Fed Cup in Leipzig vor Heimpublikum. Die Pressekonferenz drei Tage vor Beginn der Wettkämpfe war brechend voll. Fernsehkameras standen aufgereiht in der letzten Reihe, mit in Schwarz gekleideten Kameramännern daneben, die gelangweilt Kaugummi kauten und ab und zu auf das Display schauten. Vorne in der ersten Reihe schubsten sich erwachsene Fotografen um wie Kinder, um den besten Platz zu erwischen. Journalisten aus dem ganzen Land waren angereist, um Angie nur eine einzige Frage stellen zu dürfen. Die drei, vier eingesessenen Journalisten, die über Tennis auch in Zeiten schrieben, wenn sich keiner dafür interessierte, verdrehten genervt die Augen. Ich glaube, sogar die BILD war da.

Die Fragen gingen ausnahmslos an Angie. Von offensichtlichen, sich selbst beantwortenden Fragen danach, wie es sich anfühle, eine Grand-Slam-Siegerin zu sein, bis zu banalen nach Angies Lieblingsfarbe war alles dabei. Ich saß neben Angie und sah die leichten Ringe unter ihren Augen vom Jetlag und mangelnden Schlaf, sah aber auch das Funkeln in ihrem Blick und das Dauergrinsen in ihrem Mundwinkel. Sie sah erschöpft und glücklich aus. Wunderschön.

Immer, wenn ich lange unterwegs bin, Freunde und Familie vermisse und bewusst versuche, an sie zu denken, stelle ich sie mir in diesem Zustand vor. Erschöpft und glücklich. Angie nach Australien. Mein Vater abends, wenn er die letzte Golfrunde gewonnen hat. Meine Mutter, wenn mein Vater endlich aufhört, von dieser letzten Golfrunde zu erzählen. Meine Schwester, wenn sie von der Arbeit kommt und ich Essen gemacht habe (was sehr selten ist, deswegen der besondere Anblick). Erschöpft und glücklich.

Die letzte Frage auf der PK wurde auf einmal an mich gerichtet. »Andrea, wie ist es für Sie, die Veränderung um Angelique herum mitzuerleben?«

»Absolut fantastisch. Das letzte Mal, als wir diese Pressekonferenz abhielten, war genau ein Mensch da und wir haben's, glaub ich, hinten aufm Klo gemacht. Und grad, wo ich drüber nachdenke: Dieser eine Mensch war unser Teamarzt.«

Der Saal brach in Gelächter aus und die Pressekonferenz war beendet. Beim Hinausgehen zupfte Angie mich leicht am Ärmel. Ich drehte mich zu ihr um und legte einen Arm um sie.

»Ich werde niemals so gut mit der Presse umgehen können wie du. Ist einfach nicht mein Ding«, sagte sie und zuckte mit den Schultern.

»Schwachsinn, Angie, du bist schon viel besser.«

Ich ging in mein Hotelzimmer zurück und legte mich aufs Bett. Ich lag auf dem Rücken und faltete die Hände vor meinem Bauchnabel. Das ist so etwas wie meine Denkerpose, nehme ich an, nur dass Rodin davon keine Bronzeskulptur formen konnte, was ganz offensichtlich ein Verlust für die Menschheit ist. Ich bekam Angies letzten Satz nicht aus dem Kopf. Warum dachte sie an so was gerade jetzt, da sie ihr erstes Grand-Slam-Turnier gewonnen hatte? Wenn so etwas wie eine Rivalität zwischen uns geherrscht haben sollte (und man möge mir glauben: Wenn Angie genauso früh wie ich kapiert hätte, wie gut sie eigentlich ist, wäre davon niemals auch nur die Rede gewesen), dann war sie doch spätestens jetzt zu Grabe getragen worden wie der arme 44-jährige Jackson Pollock.

Es war, als hätte sich für einen Moment ein Tor zu An

gies Bewusstsein geöffnet, in das ich hineingucken konnte. Mir wurde klar, dass in all den Jahren, in denen ich Angie für ihr unglaubliches Tennistalent bewundert und beneidet hatte, für ihre Fähigkeiten, sich allen gegebenen Umständen innerhalb von Sekunden anzupassen, dafür, Wind, Bälle, Sonne, Lücken auf dem Feld zu sehen, die ich nicht einmal in Slow-Motion-Videos auszumachen vermochte – zur Hölle, sie war aufgrund ihrer katzenhaften Effizienz sogar stärker, schneller und ausdauernder auf dem Platz als ich, obwohl ich sie in allen Konditionseinheiten außerhalb des Platzes fertigmachte –, dass in all dieser Zeit genau diese Angie, die mich in unserem langen Tennisleben bestimmt 150 Mal besiegt hatte (ich sie genau dreimal, ich weiß auch noch wann und wo), allem Anschein nach auch mich ein klein wenig beneidet hatte. Je länger ich darüber nachdachte, desto klarer wurde es mir. Ich beneidete Angie für ihr Selbstverständnis als Athletin und ihr Vertrauen in sich als Tennisspielerin. Etwas, das für mich bis zuletzt ein Kampf blieb. Und Angie beneidete mich für mein Selbstvertrauen außerhalb des Platzes, im Umgang mit der Presse und anderen Menschen.

Und noch eine Sache wurde mir klar: Angie hatte sich in den Monaten, bevor sie ihr erstes Grand-Slam-Turnier gewann, weiterentwickelt. Sie war selbstbewusster geworden, freier im Umgang mit fremden Menschen (mit ihren Freunden war sie schon immer locker und lustig gewesen) und entspannter in Interviews und Pressekonferenzen. Mir schien es, als habe sie damit den Grundstein für ihren Erfolg außerhalb des Platzes gelegt.

Und es fiel mir wie ein Schleier von den Augen. Wir beneiden andere Menschen nicht für etwas, das sie haben und wir nicht. Wir beneiden Menschen, die es schaffen, mit ihrer

Handvoll Möglichkeiten Limitierungen zu transzendieren und das Beste zu erreichen, was ihnen möglich ist – während wir selbst vielleicht noch mit unseren Handicaps hadern, statt sie neu zu denken. Eine Schranke, die uns in Selbstmitleid zerfließen lässt, statt dass wir uns ansporn, neue Regeln zu erfinden. So wie Pollock, Gott hab ihn selig. Bloß ohne den Alkoholismus, wenn möglich.

Es gibt eine Passage in Dave Chappelles neuer Stand-up-Show auf Netflix, die mich auf einer meiner letzten Flugreisen so sehr zum Lachen gebracht hat, dass meine Sitznachbarn dachten, ich hätte mich verschluckt und würde ersticken. Mit Tränen und rot anlaufen und allem.

Dave Chappelle ist einer der wichtigsten schwarzen Stand-up-Comedians Amerikas, der es versteht, Humor und Politik so zu vereinen, dass er stets lustig bleibt, ohne bitter zu klingen (auch wenn es für einen schwarzen Mann in Amerika genügend Gründe gäbe, verbittert zu sein, so viel sollte gesagt sein. Im Corona-Pandemie-Sommer sollte diese Wut sich dann nach dem Tode George Floyds während eines gefilmten Polizeieinsatzes in weltweiten Protesten gegen Rassismus und Polizeigewalt entladen. Dave Chappelle fand – wie immer – die richtigen Worte zur richtigen Zeit. Diesmal klang er unendlich wütend).

Chappelle ist vor allem ein guter Geschichtenerzähler. So erzählt er in dem Teil, der mich so zum Lachen gebracht hat, wie sein jugendlicher Sohn zu ihm kommt und ihn um Geld für ein Ticket zu einer Comedyshow bittet. Dave fragt ihn: »Welche Comedyshow denn, Sohn?« Und Sohnemann antwortet: »Kevin Hart, Papa.«

Zum Kontext: Kevin Hart ist ebenfalls ein schwarzer Stand-up-Comedian, bloß fünf Jahre jünger als Dave. Papa

Chappelle kauft also Karten für sich und seinen Sohn und muss feststellen, dass die Karten für Kevin Harts Show 40 Dollar teurer sind als die zu seiner eigenen. Und so geht es Schlag auf Schlag schmerzend weiter: Wie das Publikum lauter über Kevins Pointen lacht (»mit auf den Oberschenkel hauen und allem, Bruder!«), wie er am Ende stehende Ovationen erhält (»es war, als konnte das Publikum kaum erwarten, hochzuspringen, Mann!«), wie Kevin Hart Dave und seinen Sohn nach der Show backstage einlädt und Dave feststellen muss, dass auch dessen Catering deutlich luxuriöser ausfällt als sein eigenes.

Die Geschichte endet quasi ohne Pointe. Denn Dave Chappelle ist zu intelligent, die Pointe laut auszusprechen. Und was ich besonders mag: Er vertraut darauf, dass auch sein Publikum intelligent genug ist, um es unausgesprochen zu verstehen: Ohne Dave Chappelle gäbe es keinen Kevin Hart. Dave Chappelle hat ihm den Weg geebnet.

Ohne Angie Kerber gäbe es auch keine Andrea Petković und umgekehrt. Und das hat nichts mit dem heutigen Stand der Rivalität zu tun (Stand: nicht vorhanden), sondern damit, dass wir bereits mit zwölf Jahren jeden Monat mindestens einmal bei Turnieren gegeneinander spielten – und ich verlor. Und wieder verlor und wieder verlor. Angie war schon damals klar besser, aber sie zwang mich zu versuchen, die Lücke wenigstens kleiner zu machen. Und eine Zeit lang habe ich es geschafft. Und vielleicht dachte Angie sich, ich schlage Andrea in jeder Trainingseinheit und sie gewinnt Turniere und steht unter den besten zehn Spielerinnen der Welt – ich kann das auch.

Ohne Roger Federer hätte Rafael Nadal wohl niemals Wimbledon auf Rasen oder die US Open auf Hartplatz gewonnen, seinen Aufschlag verbessert und sein Spiel näher an die Linie verlagert. Und ohne Rafael Nadal hätte Roger Federer vermutlich niemals eine im Steigen genommene durchgezogene einhändige Rückhand gelernt. Denn mit den hohen Topspinbällen, die Rafa als Linkshänder auf Rogers angeschnittenen Slice spielte, kam er bis dahin einfach nicht zurecht.

Und dass es ohne Jackson Pollock keinen Willem de Kooning gegeben hätte, bedarf, glaube ich, keiner weiteren Erklärung. Er hätte ihm trotzdem nicht unbedingt die Freundin klauen müssen.

Ich starrte in mein Buch und las den letzten Satz zum 25. Mal, verstand ihn aber beim besten Willen nicht. Meine Finger wurden weiß, so fest hielt ich das Buch in meinen Händen.

»Wie viel steht's?«

Mirco, unser Teammanager, wanderte unruhig auf und ab und schaute immer wieder durchs Fenster des Raumes, der über dem Center Court in Brisbane, Australien, thronte. Ich saß auf einem grau gepolsterten Sessel mit dem Rücken zum Platz und starrte in Alexandre Dumas' »Graf von Monte Christo«, als würde mein Leben davon abhängen.

»5:3 für Angie, Stosur serviert, 15:0.«

Die Klimaanlage blies mir direkt in den Nacken, aber ich schwitzte.

Wir spielten um den Einzug ins Finale des Fed Cups 2014, unsere Version einer Mannschaftsweltmeisterschaft. Deutschland gegen Australien. Es stand 2:0 für uns. Angelique Kerber hatte Australiens damalige Nummer zwei, Casey Dellacqua, am Vortag in weniger als einer Stunde vor fassungslosem Heimpublikum vom Platz gefegt und ich hatte zuvor in zwei Sätzen gegen Australiens Nummer eins, Sam Stosur, gewonnen.

Wenn Angie nun ihr Match gegen Stosur gewinnen würde, stünden wir im Finale – zum ersten Mal seit 1992, damals noch mit Steffi Graf.

Barbara Rittner war damals selbst noch als Spielerin im Kader gewesen. Jetzt saß sie als Teamchefin und Cheftrainerin unten auf der Bank und strich sich hektisch die Haare aus dem Gesicht. Wenn Angie allerdings verlor, würde ich direkt im Anschluss den Platz betreten und gegen Casey Dellacqua spielen müssen. Ich war zwischen Euphorie im Angesicht des so nahen Sieges und Nervosität wegen meines eigenen möglichen Matches gefangen, und es verwandelte mich in eine riesengroße Pfütze aus Schweiß.

Ich hatte Barbara in Darmstadt kennengelernt. Sie suchte jemanden zum Training. Ich war 14 oder 15 Jahre alt und stand zur Verfügung. In der Nacht vor dem Training träumte ich, dass ich meine Schläger vergessen hatte.

Wir spielten hinten auf Platz 8, es war bewölkt und windig und ich wollte bei jedem Fehler vor Scham im Boden versinken. Ich trainierte mit einer richtigen, professionellen Tennisspielerin und dachte, ich würde mit meiner jugendlichen Unbeständigkeit ihre Vorbereitung für Grand-Slam-Turniere zerstören – für waschechte Turniere, die im Fernsehen liefen. Mit der Zeit wurde es etwas besser.

Am gleichen Abend lief ich ihr weit nach Mitternacht auf dem Darmstädter Stadtfest in die Arme. Ich tat cool und winkte – dabei wusste ich, dass mein Leben, wie ich es kannte, ein Ende haben würde, wenn meine Eltern meinen nächtlichen Ausflug mitbekamen. 100.000 Menschen – und ich renne in meine zukünftige Teamchefin. Unglücklich.

Einige Jahre später erklärte Barbara ihren Rücktritt als Spielerin und wurde noch im gleichen Jahr Chefin des Fed-Cup-Teams. Sie war vom Deutschen Tennis Bund außerdem mit der Jugendarbeit betraut worden und legte sich ziemlich schnell darauf fest, einen Neustart mit jungen Spielerinnen zu wagen.

Eine davon war ich. Die andere hieß Angelique Kerber. Kein schlechter Riecher für eine Anfängerin.

Ebenfalls zum Kreis gehörten Tatjana Maria (damals Malek), Julia Görges und Anna-Lena Grönefeld, die Einzige, die zu diesem Zeitpunkt schon über zwanzig war.

Das Jahr, in dem wir das Fed-Cup-Finale erreichten, hatte nicht besonders aussichtsreich begonnen. In der ersten Runde mussten wir gegen die Slowakei spielen, und was wir anfangs für ein machbares Los gehalten hatten, wendete sich im Laufe der ersten paar Turniere des Jahres gegen uns. Die Nummer eins der Slowakei, Dominika Cibulková, die bis dahin eine solide Top-20-Spielerin gewesen war, mauserte sich in den ersten Monaten des Tennisjahres zum absoluten Champion. Sie erreichte das Viertelfinale des Vorbereitungsturniers für die Australian Open in Brisbane und dann sogar sensationell das Finale des ersten Grand Slams des Jahres nach Siegen über unter anderem Maria Sharapova, Simona Halep, Agnieszka Radwańska und Li Na. Sie war offensichtlich in Topform und entschlossen, eine Ehrenrunde vor Heimpublikum zu drehen.

Unser Team bestand aus Prä-Grand-Slam-Sieg Angie Kerber, Post-Verletzung Andrea Petković, Bessere-Doppel-als-Einzelrangliste Jule Görges und unserer Doppelspezialistin und guten Seele der Mannschaft Anna-Lena Grönefeld, die übrigens auch mal eine verdammt gute Einzelspielerin gewesen war. Wir spielten auswärts, vor einem euphorisierten slowakischen Publikum, das seine erste Grand-Slam-Finalistin zum Sieg schreien wollte. Auf dem Papier waren wir die Favoriten, aber Dominika Cibulková schaffte es, uns zweifeln zu lassen.

Zweifel sind nicht wirklich eine Erfolgsstrategie im Sport. Aber manchmal ist so ein bisschen Schiss in der Hose gar nicht schlecht. Vor allem, wenn man als Einzelsportler plötzlich von einem Team umgeben ist, mit dem man seine Ängste teilen kann. Für uns Tennisspielerinnen sonst unvorstellbar. Je näher die Tage der Wettkämpfe kamen, desto enger rückten wir zusammen. Je größer die slowakischen Medien Dominika Cibulková und ihren Erfolg malten, desto größer malten wir uns gegenseitig. Barbara hatte uns voll im Griff.

Auf den Moment, als ich nach meinen Abiturprüfungen in Dariushs Auto die ersten warmen Sonnenstrahlen des Jahres auf meinen nackten Armen spürte – offiziell raus aus der Schule, offiziell professionelle Tennisspielerin –, hatte Barbara auf der anderen Seite der Tür gewartet. Sie ließ mich in ihrer Wohnung in Leverkusen wohnen, weil ich einen Trainer in der Nähe gefunden hatte, den ich bezahlen musste, obwohl ich keinen Cent hatte. Ich hinterließ Chaos und Verwüstung bei ihr zu Hause. Sie war da, als ich mir das Kreuzband riss, meine erste große Verletzung. Sie nominierte mich für meine ersten Fed Cups und sah mir von der Seite beim Scheitern zu. Sie stellte mich trotzdem wieder auf und sah mir kurze Zeit später beim Gewinnen zu.

Barbara und ich gerieten oft aneinander. Sie war meine Mentorin und Förderin, aber wie bei wahrscheinlich jeder intensiven Beziehung dieser Art verschwammen irgendwann die Grenzen zwischen Privatem und Beruflichem. Barbara war launisch und schnell genervt. Ich war aufbrausend und undiplomatisch. Ich hatte Probleme mit Autoritäten, weil ich oft dachte, ich wüsste es besser. Nicht sehr sympathisch, ich weiß.

Wir hatten jede unseren eigenen Kopf und versuchten diesen durchzusetzen. Aber in allen Gesprächen und Trainingseinheiten schimmerte immer wieder die Tatsache durch, dass wir aufeinander angewiesen waren. Ich weiß nicht, ob ich als Migrantenkind meine fehlende deutsche Bürgerlichkeit kompensieren wollte, indem ich die Fed-Cup-Partien mit besonderer Bedeutung auflud – oder ob ich als Einzelsportlerin einfach nur zwei-, dreimal im Jahr in Teamumgebungen aufblühte. Jedenfalls wusste Barbara, dass ich mehrere Gliedmaßen für das Fed-Cup-Team opfern würde (aber niemals Teammitglieder, haha) – und jede Mannschaft braucht eine Verrückte, die über Grenzen geht. Wir waren somit mit jeweils einem Bein aneinandergebunden und konnten nur vorwärtskommen, wenn wir im Einklang miteinander liefen. Die Schwierigkeit war, sich auf das Wie zu einigen – das gleiche Ziel hatten wir immerhin.

Teamgeist ist eines dieser wunderlichen, sagenumwobenen Phänomene, das jeder zu kennen scheint, aber niemand zu erklären vermag. Ich habe ihn immer als Strudel an Energie wahrgenommen, der die Frequenz aller beteiligten Menschen auf die gleiche Ebene hievt. Man funktionierte plötzlich nicht mehr allein, sondern als Teil eines größeren Organismus, der bei jeder Vor- oder Rückhand, die man schlug, hinter einem, vor einem, neben einem und in einem zu sein schien. Alles war wie synchronisiert. Man erhaschte genau die Blicke, die man brauchte. Man hörte genau die Worte, die einem halfen. Man traf genau die Entscheidungen, die vonnöten waren. Eine betörende Art von Determinismus, bei dem die Würfel immer zu unseren Gunsten fielen.

Aber Teamgeist war auch ein magischer, zerbrechlicher Vogel. Sowenig man sagen konnte, woher er gekommen war, so verwundert schaute man ihm hinterher, wenn er sich wieder in die weite Welt aufmachte, um das nächste Team mit seiner Anwesenheit zu beglücken. Wie ein launischer Teenager mitten in der Pubertät, wie ein Pferd, das dich nach Jahren sicherer Ausritte in den Graben wirft.

Doch es gibt gewisse Voraussetzungen, die der Teamgeist braucht, um zu entstehen und am Leben zu bleiben. Es bedarf eines ausbalancierten Biotops, das ihm das Überleben sichert.

So hatte Barbara Jahr für Jahr die gleichen Menschen im Team, die die gleichen Aufgaben übernahmen. Es entstand eine dichte Verwobenheit, die nicht von außen durchbrochen werden konnte und die uns Spielerinnen Sicherheit gab.

Dabei musste sich jeder Einzelne im Team in seiner Aufgabe ausreichend gewürdigt fühlen. Sei es der Masseur, der Teammanager oder die Ersatzspielerin, die nie zum Einsatz kam, aber immer dabei war – vor allem diesen Menschen musste das Gefühl gegeben werden, dass sie genauso wichtig waren wie die vermeintlichen Protagonisten, die im Auge der Öffentlichkeit die Punkte für Deutschland holten.

Und es herrschte eine klare Hierarchie im Team. Grabenkämpfe gab es keine. Der Turnierplan von uns Tennisspielerinnen ließ es nicht zu, mehr Zeit miteinander zu verbringen als die eine Trainingswoche vor dem jeweiligen Fed-Cup-Wochenende. Dadurch hätte jeder interne Konkurrenzkampf, der auf lange Sicht Abhärtung und mentale Stärke brachte, kurzfristig Energie gekostet – und den Teamgeist geschwächt.

Außerdem war eine starke, unangefochtene Führungspersönlichkeit als Kopf des Teams ein absolutes Muss. Im Chaos des Wettkampfes – und Wettkampf ist immer Chaos – quellen Emotionen über und rationales Denken wird neblig. Eine

Person an der Spitze beruhigt, indem sie einen klaren Kopf bewahrt und in wichtigen Momenten Entscheidungswillen zeigt.

Zu Hause vor dem Fernseher nach einem langen Arbeitstag den Bundestrainer zu mimen, ist verlockend. Aber in der entsprechenden Situation, wenn alle an einem zerren und das Scheinwerferlicht ins Gesicht scheint, klar zu sehen, ist schwierig.

Vielleicht ähnelt der Mensch ja einem gewissen Tier mehr, als wir wahrhaben wollen. Ein Rudel Wölfe verteidigt seine angegriffenen schwächsten Mitglieder bis zum Tod. Sollte jedoch jemand die Verwegenheit aufbringen, das Alphatier anzugreifen, halten die Wölfe sich zurück und beobachten mit Sicherheitsabstand, wie stark ihr Anführer wirklich ist, um am Ende auf der richtigen Seite zu stehen.

Nicht viel anders ist das bei uns Menschen. Barbara war gleichzeitig Kapitänin, Trainerin und Funktionärin. Die verschiedenen Interessen unter einen Hut zu bekommen, glich einem Seiltanz mit Stöckelschuhen.

All das weiß ich heute. Damals sah ich alles ausschließlich aus der Perspektive der Tennisspielerin und machte Barbara das Leben schwer. Manchmal stellte ich mir vor, dass sie nachts wach lag und sich über mich in Rage dachte. Dass sie an all die Dinge dachte, die sie für mich getan hatte – und wie ich es ihr mit Ungehorsam und Widerrede dankte.

Doch zurück in die Slowakei. Wie in der Politik ein Gegner von außen alle innenpolitischen Grabenkämpfe vergessen machen kann, so ist auch im Sport der vielleicht stärkste Beschleuniger beim Entstehen von Teamgeist ein starker Gegner und möglichst widrige Umstände (Auswärtslose, lange Anfahrten, wenige mitgereiste Fans). Nichts brachte uns schneller zusammen als jemand, der uns an den Kragen wollte.

Um es kurz zu machen: Das Biotop war bereitet und wir siegten gegen die Slowakei. Ich wehrte Matchbälle ab, Angie gewann einen Marathon-Tiebreak – alle umkämpften Spiele, alle entscheidenden Punkte, alle knappen Schläge an die Linie verliefen zu unseren Gunsten. Teamgeist. Strudel an Energie. Glück? Schicksal? Von allem ein bisschen. Wenn der Mensch nicht genau weiß, über was er Kontrolle hat und über was nicht, erfindet er Gründe. Unser roter Faden für die Erklärung unseres Siegs durch alle Interviews war: Teamgeist. Und was als roter Faden begann, endete in einem selbsterfüllenden Versprechen, das, je öfter wir es erwähnten, desto häufiger in Erfüllung ging und das wir deshalb beim nächsten Mal wieder erwähnten.

Zum abschließenden Abendessen saßen wir beim besten Italiener der Stadt, der uns ehrfürchtig empfing – die deutschen Mädels, die Dominika Cibulková auf dem Zenit ihrer Karriere in ihre Schranken gewiesen hatten. Die Stimmung war ausgelassen. Alle zehn Minuten nahm jemand Messer und Wasserglas in die Hände, klopfte, pling, pling, pling, und sagte ein paar Worte. Auch die Schüchternen unter uns vergaßen ihre Befangenheit und erhoben das Glas. Liebesbeschwörungen, die man nur im Wirbelwind der Euphorie von sich gab, postkoital, durchflutet von Hormonen, die alles weichzeichneten: »Ich liebe euch. Das ist das beste Team der Welt. Genau dieses Team, das jetzt hier versammelt ist, genau diese Menschen, will ich für immer in meinem Leben haben« – »Das ist der beste Moment meiner Karriere. Ich würde alle Siege dieser Welt aufgeben, um mit diesem Team den Pott zu holen.« – »Wir haben uns gesucht und gefunden. Es war vorherbestimmt.«

Worte, die man ausspricht, wenn die Nacht am dunkelsten ist und der Morgen noch fern. Wenn das harsche Tageslicht die Haut dann zehn Jahre älter aussehen lässt, nickt man sich peinlich berührt zu und hofft, der andere habe alles vergessen oder wenigstens den Anstand, so zu tun als ob.

Wir dachten, wir hätten eine schwere Prüfung bestanden und würden jetzt belohnt werden. Aber unser Halbfinallos fiel auf Australien. In Australien! Wieder auswärts, aber diesmal kein Dreiviertelstunden-Flug nach Wien und eine halbstündige Autofahrt nach Bratislava, Familie und Freunde zum Wochenende und für obligatorische Umarmungen rechtzeitig da. Sondern 24-Stunden-Flug nach Australien, zehn Stunden Zeitunterschied, mitten in der Saison. Eingequetscht in das Zehn-Tage-Zeitfenster, das wir nach Turnieren in Amerika und vor unserem Heimturnier in Stuttgart hatten. Wie zum Teufel noch mal sollten wir das schaffen?

Es war nicht zu schaffen – physisch unmöglich. Natürlich konnte man von Miami nach Hause fliegen, sechs Stunden nach vorne, zwei Tage schlafen, dann in einen Flieger nach Australien steigen, zehn Stunden nach vorne, dort weniger als fünf Tage trainieren, den Jetlag ignorieren, dann zwei bis drei Matches spielen, noch am gleichen Tag wieder zurück nach Deutschland fliegen, zehn Stunden nach hinten, einen Tag schlafen, Jetlag ignorieren und wieder Match spielen vor Heimpublikum in Stuttgart. Und die nächsten drei Wochen bis zu den French Open einfach so weitermachen, als wäre nichts passiert.

Das konnte man alles so machen, aber wir hatten eine starke Ahnung, dass es nicht funktionieren würde. Irgendwann im Laufe dieses Planes würde die biologische Uhr uns den Vogel zeigen, sich in die Ecke setzen wie ein beleidigtes

Kind und nicht wieder hervorkommen, bis wir ihm sieben Tage ununterbrochenen Schlaf im dunkelsten Zimmer unseres Hauses gaben. (Dabei habe ich übrigens noch gar nicht erwähnt, dass wir auch dreimal die Bodenbeläge wechseln würden – von grünem amerikanischem Sand auf australischen Hartplatz auf rote europäische Asche.)

Es war nicht zu machen, ohne anschließend einen erheblichen Leistungseinbruch miteinzukalkulieren. Und wenn wir richtig rechneten, dann würde dieser während der Sandplatzsaison erfolgen. Wir konnten nur zu Gott beten, dass wir spätestens bei den French Open wieder einigermaßen durch beide Augen gucken konnten.

Vielleicht war Shakespeare in einer ähnlich prekären Situation, als er Hamlet sagen ließ: »Sein oder Nichtsein, das ist hier die Frage.« Denn genau das war unsere Frage. Wollten wir ein Team sein oder wollten wir kein Team sein? Wollten wir wirklich »diesen Pott« holen, wie wir es uns in schummrigem Licht und mit leuchtenden Augen beim Italiener in Bratislava geschworen hatten? Oder wollten wir lieber einzeln glänzen, mehr Geld verdienen und wichtige Punkte für die Rangliste sammeln? Team-Sein oder -Nichtsein, das war hier die Frage.

Wir entschieden uns fürs Sein. Und in der Entscheidung für das Team war gratis der eigene Untergang enthalten. Was uns verleitet hatte, war das Zusammengehörigkeitsgefühl, das wir uns in Bratislava erarbeitet hatten. Es war nichts Greifbares, nichts Materielles – kein Geld, kein Auto, keine Uhr –, das uns überredet hatte. Es war das Gefühl, dass man auch als selbstsüchtige Tennisspielerin einen Teil seiner Selbstsucht aufgeben konnte, um an etwas Größeres zu glauben. Und das Gefühl, dass das Schicksal es uns besonders schwer machen wollte. Wir waren jung, wir waren größenwahnsinnig und wir waren bereit, diesem Schicksal den Fehdehandschuh hinzuwerfen (um stilecht beim Grafen von Monte Christo zu bleiben).

Aus all diesen Gründen – und weil Barbara mich damals in ihrer Wohnung hatte wohnen lassen und mir verzieh, dass ich im Hochsommer vergessen hatte, den Müll rauszubringen (Maden, viele davon), mir auch verzieh, dass ich vergessen hatte, ihr den Wohnungsschlüssel zurückzugeben, und sie deshalb in einem Rechtsstreit mit ihrer Vermieterin landete (lange Geschichte), und weil sie da gewesen war, als ich mir das Kreuzband riss – saß ich jetzt in Brisbane mit dem Rücken zum Platz, starrte in mein Buch und schwitzte, während die Klimaanlage mir in den Nacken blies.

Es stand inzwischen 5:4 für Angie. Samantha Stosur hatte bei 5:3 souverän ihr Aufschlagspiel durchgebracht, aber jetzt servierte Angie zum Match und zum Finale des Fed Cups. Ich hielt es nicht mehr aus. Als ich aufstand, ließ ich einen Schweißfleck in Form meines Hinterns im grau gepolsterten Sessel zurück sowie den Grafen von Monte Christo. Mein Lesezeichen fiel wie eine Feder im Wind zu Boden. Ich sprintete zum Ausgang, hämmerte auf den Aufzugsknopf wie eine Verrückte, entschied mich dann, die Treppe zu nehmen, und rannte so schnell ich konnte nach unten Richtung Platz. Unser Teammanager Mirco versuchte mit mir Schritt zu halten.

Heute kann ich nicht mehr sagen, ob das Spiel eng war oder glatt, ob Angie Gewinnschläge produzierte oder Samantha Stosur Fehler machte. Ich weiß nur, dass ich mich auf den Platz schlich, mich hinten in die Ecke hockte – und Angie mich trotzdem sah. Sie schaute kurz überrascht, denn sie wusste, dass ich mich eigentlich auf mein eigenes Match vorzubereiten hatte. Dann lächelte sie fast unmerklich. Meine Anwesenheit zeigte ihr, dass ich an sie glaubte. Ich lächelte zurück und nickte ihr aufmunternd zu.

In diesem Moment bekam ich die heftigste Gänsehaut, die ich jemals hatte. Sie ging am Nacken direkt unter meinem Haaransatz los und verlief über meinen gesamten Rücken. Und sie blieb, als Angie mit einem Ass den Matchball verwandelte. Sie blieb, als wir alle auf den Platz rannten, nicht wussten, wen wir zuerst umarmen sollten, und uns dann einfach aufeinanderschmissen, wie es gerade passte. Sie blieb, als wir in einer Gruppenumarmung wild durcheinandertanzten und sangen, und sie blieb, als ich nach oben schaute und bemerkte, dass im gesamten Stadion Stille herrschte.

Niemals war Stille so laut wie in diesem Augenblick.

MUT ZUR HÄSSLICHKEIT

Manchmal, wenn es mir so richtig schlecht geht, es mindestens 22 Tage am Stück geregnet hat, das dritte Stück Kuchen nicht mehr so schmeckt wie das erste, Game of Thrones das Saisonfinale versäbelt hat und James Blunt ein neues Album ankündigt, mache ich etwas, das ich keiner Menschenseele jemals verraten würde.

Oh ...

Ich klappe meinen Computer auf, begebe mich schnurstracks zu YouTube und gebe, hektisch hinter mich schauend, Andrea Petković vs. Maria Sharapova in die Suchleiste ein, drücke auf Play und los geht's. Ich schaue auf meine Beinarbeit, die Art, wie ich mich in den Platz hineinbewege, wie früh ich die Bälle nehme und wie entschlossen ich zuschlage – über jeden Zweifel erhaben und voller Selbstbewusstsein. Ich scheine unbeeindruckt davon zu sein, einem der größten Stars des Damentennis gegenüberzustehen, und gewinne in zwei glatten Sätzen. Meistens klicke ich mich dann mittels der rechts vorgeschlagenen Videos, die auf einem Algorithmus basieren, der genau weiß, was ich mag, in einen YouTube-Treibsand hinein und lande vier Stunden später bei einem Make-up-Tutorial für Giraffen.

An einem dieser Tage jedoch – im Video konnte ich mal wieder kaum direkte Fehler von mir erkennen – beging ich im echten Leben einen folgenschweren. Nachdem das Video zu Ende war, scrollte ich nach unten, um die Kommentare zu lesen. Da würden sicherlich sachliche Meinungen zum eben gezeigten Match stehen?

Ähm, nein.

»Immer gewinnen die Hässlichen. ☹« Der schmollende Smiley ein Ausdruck der Enttäuschung über die in der Welt herrschende Ungerechtigkeit.

»Seit wann lassen die Männer in der Damenkonkurrenz zu?«

Ich schaute noch einmal ins Video. Okay, ich war muskulös und dieses Outfit schmeichelte meiner Figur nicht gerade und vielleicht hätte ich die Haare anders binden sollen? Nicht in einen Dutt, der am funktionalsten war, sondern in einen langen, wallenden Pferdeschwanz oder einen geflochtenen Zopf zum Beispiel?

»Stöhnen die beim Sex genauso? ;)«

Freundschaftlicher Tipp: Wenn deine Freundin beim Sex genau solche Geräusche macht wie wir Tennisspielerinnen bei extrem anstrengender sportlicher Betätigung, dann machst du vielleicht etwas falsch?

Durch die Kommentare zu scrollen, war eine langsame Art, Selbstmord am eigenen Selbstbewusstsein zu begehen, und ich kostete sie genüsslich aus.

Als in den 8oer-Jahren Geborene gehöre ich der letzten Generation an, die noch im analogen Zeitalter aufgewachsen ist. Meine Kindheit verbrachte ich draußen im Garten, auf dem Tennisplatz und in Bücher vertieft. Wenn ich meine Freunde sehen wollte, klingelte ich entweder an der jeweiligen Haustür oder rief auf dem Festnetz an und musste ein unangenehmes Zwischengespräch mit einem Elternteil durchmachen. Verabredungen wurden eingehalten, denn absagen bedeutete, den anderen einfach sitzen zu lassen. Meine erste jugendliche Konfrontation mit elektronischen Geräten und der mit ihnen verbundenen Sucht war der Gameboy, der nach einer Woche exzessivem Spiel von meiner Mutter entwendet und vor mir versteckt wurde. Wir fanden ihn Jahre später beim Auszug im Keller unter drei alten Wintermänteln in einem schwarzen Schuhkarton.

Ich trug meistens T-Shirts meines Vaters, deren Ärmel mir an die Ellbogen reichten und deren unterer Rand bis an die Knie. Man sah mich selten ohne eine alte, dreckige FILA-Mütze, die ich auf dem Kopf trug, um a) meine Haare zu bändigen und b) zu verstecken, dass meine Mutter mir die Haare schnitt und vermutlich Beatles-Fan war. Meine Knie waren zerschunden und blutig, weil ich es liebte, mich wie Boris Becker dramatisch in den Sand zu werfen. Meine Schuhe waren immer zwei Nummern zu groß, um noch hineinwachsen zu können. Meistens sah ich leicht angestaubt aus, denn egal, wie oft ich duschte, der rote Sand des Tennisplatzes ließ sich nie ganz abwaschen.

Ich sah also nicht unbedingt wie ein typisches Mädchen aus. Aber der Vorteil zu meiner Zeit war, dass mir nicht täglich Hunderte von Bildern auf Instagram gezeigt wurden, wie ein typisches Mädchen auszusehen hatte. So zog ich mich an und frisierte mich, wie es am komfortabelsten war.

Als ich nun die Kommentare unter dem Video meines Matches las, fiel ein fußballgroßer Felsen in meine Magengrube und setzte sich fest.

Meine Gegnerin Maria Sharapova war *das* Vorzeigegirl der WTA-Tennistour, seit sie 2004 im Alter von nur 17 Jahren Wimbledon gewonnen hatte. Wir waren gleich alt und so kam unweigerlich der Vergleich zum eigenen Leben auf. Ich dachte damals, ich sei auf einem guten Weg, und das war ich auch. Aber Maria Sharapova war schon immer ihre eigenen Wege gegangen. Sie war groß, blond, hübsch, schlank und alle Tenniskleider sahen wirklich verdammt gut aus an ihr. Außerdem war sie eine der besten Wettkämpferinnen auf der Tour und eine smarte Geschäftsfrau – eine taffe Person im besten Sinne. So würde ich sie in etwa beschreiben. In Zeitungsartikeln las man übrigens ebenfalls, dass sie groß, blond, hübsch, schlank war und alle Tenniskleider wirklich verdammt gut aussahen an ihr. Aber im nächsten Atemzug hieß es, sie sei kalt wie eine Schlange, denn so professionell emotionslos könne ja niemand (keine Frau) sein.

Dieser Sieg gegen Maria Sharapova damals war meine erste größere Begegnung mit der Medienwelt, mit Berichten in überregionalen Zeitungen und im Fernsehen. Ich sah das erste Mal Bilder von mir, die mitten im Schlag aufgenommen waren, auf denen alle Muskeln bis zum Zerreißen gespannt waren, das Gesicht vor Anstrengung hässlich verzerrt, einfach von Kopf bis Fuß unvorteilhaft. Das Selbstbild, das ich von meinem Körper hatte, stand auf einmal in Konkurrenz mit den Bildern, die andere Menschen von mir hatten. Und neben einer Göttin in Blond und mit Wespentaille hatte ich keine Chance.

Ich rief bei meinem Ausstatter an und bat ihn, mir T-Shirts statt ärmellose Tops zu schicken, um bei den Matches meine Oberarme zu kaschieren. Ich flocht meine Haare zu Zöpfen und kleisterte wasserfeste Mascara auf meine Wimpern. Kurz: Ich erlag dem Druck, einem Weiblichkeitsideal zu entsprechen. Und es geschah mit einem sanften Seufzer, nicht, wie erhofft, mit zähnefletschendem Widerstand.

Im Nachhinein ärgert es mich ungemein, dass ich mich so leicht manipulieren ließ und nicht einfach mein Ding durchzog. Und wenn schon, hätte ich sagen sollen, ich habe Muskeln, was soll's, das ist schließlich mein Job. Madonna kam ein paar Jahre später mit gestählten Oberarmmuskeln aus der Versenkung, geformt von zahlreichen persönlichen Fitnesstrainern. Sie schaffte es, einen muskulösen Frauenkörper im Nu zum Trend des Jahres zu machen, und so gesehen war ich meiner Zeit als allbekannte Avantgardistin einfach nur ein paar Jahre voraus ...

Damentennis stand von Beginn an für mehr als nur Sport. In den 20er-Jahren verwandelte Suzanne Lenglen das Viereck des Tennisplatzes in eine Schaubühne, die sie mit offenen Pelzmänteln betrat. Strumpflos unterm fließenden Plisseerock und Kette rauchend besiegte sie ihre Gegnerinnen. Sie trank Brandy in den Pausen und machte Mode zum Teil der Tenniskultur. Lenglen war die erste Frau, die Geld dafür erhielt, Tennis zu spielen, und davon leben konnte, und ist somit vermutlich die erste professionelle Sportlerin der Geschichte. Machte sie Tennis für Frauen gesellschaftsfähig? Ich weiß es nicht. Was sie aber tat, war, Damentennis über die Grenzen der Sportwelt hinweg bekannt zu machen. Und sie sollte nicht die einzige Tennisspielerin bleiben, der dies gelang.

1973 gewann Billie Jean King den »Battle of the Sexes« gegen Bobby Riggs, einen ehemaligen männlichen Tennisprofi, der 55 Jahre alt war und das Abgleiten in die Bedeutungslosigkeit mit sexistischen Sprüchen gegen seine weiblichen Kolleginnen zu verhindern versuchte. Er behauptete, Frauen seien Männern so unterlegen, dass sogar er als 55-jähriger Mann kein Problem damit haben würde, die aktuelle Nummer eins der Damen-Weltrangliste zu besiegen. Mit Leichtigkeit (!!!) zu besiegen. Billie Jean King war zu diesem Zeitpunkt die Nummer eins der Damen-Weltrangliste und befand sich durch Bobby Riggs' Provokationen in einer fast ausweglosen Situation. Wenn sie das Match gegen den alten, spielsüchtigen Possenreißer gewinnen würde, hätte sie, die beste Tennisspielerin der Welt auf dem Zenit ihrer Karriere, einen alten, spielsüchtigen Possenreißer besiegt. Wenn sie nicht antreten würde, gälte sie als Feigling. Und wenn sie verlieren würde, hätte sie gegen einen alten Mann verloren. Eine klassische Lose-lose-lose-Situation.

Aber Billie Jean King war nicht dumm. Sie war eine moderne Frau, die verstand, dass sie die Aufmerksamkeit, die dieses Match erzeugen würde, für ihre eigenen Interessen nutzen konnte. Also nickte sie brav in die Kameras, lachte über Bobbys sexistische Sprüche, besiegte ihn, ertrug die hämischen Sprüche der Männer, die mit Bobby Riggs' Niederlage ein Stück ihres männlichen Egos amputiert sahen – und bereitete im Hintergrund die Gründung der WTA, der Women's Tennis Association, vor, die noch im gleichen Jahr stattfinden sollte. Seitdem sind dort sämtliche Profitennisspielerinnen vereinigt.

Eine Woche nach dem Match verbuchten die öffentlich zugänglichen Tennisplätze Amerikas die höchsten Besucherzahlen aller Zeiten. Und mit der Gründung der WTA war der Grundstein gelegt für das Damentennis, wie wir es heute kennen. Billie Jean King ist eine derjenigen, die dafür gesorgt haben, dass Tennisspielerinnen Jahr für Jahr die Listen der bestbezahlten Sportlerinnen anführen.

Die meisten Tennisspielerinnen, die ich kenne, mäkeln an ihren Körpern herum. Sie versuchen abzunehmen, zuzunehmen und und und. Ein bisschen liegt das in der Natur des Profisports: Unser Körper ist buchstäblich unser Kapital – wenn ein Teil des Systems die Mitarbeit verweigert (bei mir waren es meistens die Knie), stottert und hakt alles. Jedes morgendliche Aufstehen ist mit Fragen verbunden: Wie schmerzfrei bin ich heute? Kann ich mein gesamtes Trainingspensum schaffen? Eine gewisse Fixierung auf den eigenen Körper ist also vorprogrammiert.

Bei uns Tennisspielerinnen kommt aber hinzu, dass unsere Körper ständig von außen beurteilt werden. Wir tragen kurze Röcke und enge T-Shirts, sitzen auf den Präsentiertellern der Welt – und lesen die Quittungen im Internet nach verlorenen Matches.

Es war ein schwingendes Seil über einem steilen Abgrund, das Billie Jean King zu balancieren bereit war. Sie wusste, dass sie eine gewisse Sexualisierung ihrer Mädels zulassen musste, um diese so zu vermarkten, dass die erste professionelle Frauenvereinigung im Tennis überleben konnte. Für sie war Geld bedeutungsgleich mit Macht: Sobald sie genügend davon hatte, konnte sie die Spielregeln bestimmen. Um dies tun zu können, musste sie die Masse der Menschen erreichen. Denn Tennis war vor allem ein Geschäft, eine Marke, die es zu verkaufen galt. Billie Jean King holte Designer ins Boot, die den Frauen kurze Kleidchen auf den Leib schneiderten, und Haarstylisten, die Frisuren für den Tennisplatz erfanden. Im Grunde genommen kreierte sie eine Art Lifestyle, der den Spielerinnen Freiheit und Eigenverantwortung versprach. Kurze Röcke, enge T-Shirts und das Aushalten von (männlichen) Blicken waren der Preis, den wir für diese Unabhängigkeit zahlten.

Bis heute schwankt das Damentennis zwischen Vermarktbarkeit und sportlichem Erfolg. Immer wieder gibt es Fälle wie den von Anna Kournikova, die in einer Phase des Damentennis mehr Geld verdiente als alle ihre Konkurrentinnen zusammen, obwohl sie nie ein Einzelturnier gewann (heute stimmt das nämlich nicht mehr, inzwischen haben sie viele Spielerinnen in der Verdienstliste überholt). Oder Serena Williams, die beste Tennisspielerin aller Zeiten, die elf Jahre brauchte, um Maria Sharapova samt Dopingsperre in der Forbes-Liste der meistverdienenden Sportlerinnen zu überholen.

Serena ist eine schwarze Frau, bei der auf den ersten Blick klar ist, dass sie Sportlerin ist. Sie ist muskulös, breit gebaut, jede Trainingseinheit, jedes Match ihrer jahrelangen Karriere hat sich eingeschrieben in ihren Körperbau. Maria Sharapova und Anna Kournikova sind beide blonde, hochgewachsene Schönheiten mit Modelmaßen. Man kann den beiden keine Vorwürfe machen, dass sie ihr gutes – gesellschaftskonformeres – Aussehen genutzt haben, um Geld zu verdienen. Im Gegenteil, so viel Neid sie unter Kolleginnen auch schürten: Gerade sie trugen zu dem rasanten Anstieg des Preisgeldes im Damentennis bei, von dem alle profitierten. Je mehr Zuschauer sich für unseren Sport interessierten, desto höher stiegen die Preisgelder für alle Spielerinnen auf der Tour.

Nichtsdestotrotz hasse ich es nach wie vor, am Strand oder Pool im Bikini herumzuliegen. Ständig denke ich, dass mich andere Menschen anstarren und meinen Körper beurteilen. Natürlich ist das Quatsch, aber dieser Argwohn hat sich so sehr in meinem Unterbewusstsein festgesetzt, dass ich mich immer latent unwohl fühle. Wenn ich schon in meiner Arbeitszeit mit den Blicken der anderen konfrontiert werde, will ich wenigstens im Privaten meine Ruhe haben. Ich bevorzuge nun mal, ungesehen in Bondgirlmanier aus dem Wasser zu gleiten, die Haare nach hinten zu werfen, die Hüf-

ten zu wiegen – um dann auf eine Muschel zu treten, hinzufallen, Salzwasser zu schlucken und prustend wie eine Robbe
an den Strand gespült zu werden. Mit beiden Beinen gen
Himmel.

Ich habe unzählige Male meine Arme in den gnadenlosen Neonlichtern von Einkaufsgeschäften betrachtet und ge-
wünscht, sie wären schmaler. Ich habe Tausende von Jeans
getestet, in die ich meine muskulösen Oberschenkel quet-
schen konnte – bis ich auf eine Levi's aus den 70ern stieß,
aus einer Zeit, als Frauen noch voluminöser waren. Ich habe
mich gedreht und gewendet, mich vegan und vegetarisch er-
nährt, glutenfrei und zuckerfrei, habe Kohlenhydrate weg-
gelassen und kein Obst gegessen. Ich habe manchmal bis
zum Umfallen trainiert, als wollte ich meinen Körper dafür
bestrafen, dass er nicht so aussieht und nicht so mitmacht,
wie ich es will. Ich habe wieder und wieder meine acht OP-
Narben durchgezählt, bin mit dem Finger drübergefahren
und sie waren jedes Mal da – wie Geister aus der Vergangenheit, eine Unterbrechung der glatten, noch jugendlichen
Haut. Immer wieder haben Verletzungen meine Laufbahn als
Tennisspielerin unterbrochen, die durch etwas sanftere Trainingsmethoden vielleicht hätten vermieden werden können.
Ich war uneinsichtig, kontrollsüchtig und wollte nichts dem
Zufall überlassen. Mein Instrument, um das Schicksal zu manipulieren, war mein Körper. Er war die Ressource meines
Lebens, die ich rücksichtslos ausbeutete, bis sie nicht mehr
mitmachte. Und all das, um etwas zu kontrollieren, das sich
nicht kontrollieren lässt.

Frauen sind das »schöne Geschlecht«, sagt man. Elegant,
sanft, mit weicher Haut und langen, wallenden Haaren. Wir
haben dichte Wimpern und klar, am liebsten klimpern wir

ausgiebig mit ihnen. Wenn wir aber nun Sport treiben, sind unsere Gesichter meist hässlich verzerrt, unsere Muskeln angespannt – und ich habe gehört, Ehrgeiz stehe uns nicht so gut.

Pierre de Coubertin, einer der Gründer des Olympischen Komitees (nicht dass die sich besonders hervortun würden im Schlaue-und-interessante-Sachen-Sagen) behauptete, nachdem er eine Frau beim Bobfahren beobachtet hatte: »Eine Dame in dieser Position zu sehen, mit ihrem Rock nach oben gleitend, die beiden Stangen in den Händen, um das Gefährt zu lenken, ist wahrlich eine Beleidigung für die Augen. Ich habe selten etwas Hässlicheres gesehen.«

Und so kämpfen wir auf den Tennisplätzen dieser Welt nicht nur um Akzeptanz für Frauen im Sport. Nicht nur für gleiches Preisgeld für alle. Nicht nur für finanzielle Unabhängigkeit und radikale Demokratie, in der jede, gleich welcher Hautfarbe, Sexualität oder Nation, eine Chance bekommt. Sondern wir kämpfen vor allem für das Recht, hässlich sein zu dürfen. Hässlich sein zu dürfen in all seinen glorreichen Facetten. Mit Schweiß in den Achseln und Haaren auf den Beinen. Mit Dreck im Gesicht und Blut auf den Knien. Mit auseinanderfallenden Frisuren, verlaufendem Make-up und falsch sitzenden Klamotten.

Und vielleicht schlüpft dann aus all der Hässlichkeit, wenn alles egal ist, etwas Echtes, Reines und steigt zum Himmel. Manche nennen es Hysterie, ich nenne es Charakter.

BEST DAY EVER

Ich lag im Bett und starrte am Fernseher vorbei. Weiß gekleidete Figuren warfen einen schwer aussehenden Ball auf drei kleine Holzstäbchen. Manchmal rannten sie los oder jubelten über mir unverständliche Geschehnisse. Ich lag auf dem Rücken. Ein Schraubstock hatte sich um meinen Brustkorb gelegt und ließ mich kaum atmen. Augenlose Geister drehten ihn Minute für Minute enger zusammen.

Die Wände des Hotelzimmers kamen in Zeitlupe auf mich zu. Die Sonne schien durchs Fenster, der Raum wurde immer heißer, aber ich brachte nicht die Kraft auf, um aufzustehen und die Vorhänge zuzuziehen. Mein Herzschlag glich einem elektronischen Untergrundhit – dumpf, leblos, von Stroboskoplicht zerschnitten.

In meiner knapp 13 Jahre währenden Karriere habe ich zum Glück nur eine Handvoll Vorfälle erlebt, in denen mich eine solch hitzige Panik ergriffen hatte, zugleich rastlos und reglos machend. Bei meinem Gemütszustand vor einem wichtigen Match ist oft nicht zu unterscheiden, ob es sich um simple Aufregung oder latente Angst handelt. Beide Zustände gehen mit schwitzenden Händen, sich häufenden Toilettengängen und Bauchschmerzen einher.

Aber diese Panik war anders. Sie ließ mich nicht funktionieren.

Ich lag in einem winzig kleinen Hotelzimmer in Melbourne, einen Tag vor meiner Erstrundenpartie gegen eine Qualifikantin, und die Stadt vor meinem Fenster taumelte im Hochgefühl dem Großevent eines Grand-Slam-Turniers entgegen. Ich schaute Fernsehen und versuchte gerade Cricket, den australischen Nationalsport, zu begreifen, als meine Gedanken ausrutschten und begannen, in gefährlicher Schnelligkeit auf diverse Hindernisse zuzurasen.

Es endete in einer erbarmungslosen Gedankenspirale, die im besten Fall bei karrierebeendenden Verletzungen stehen blieb, im schlimmsten Fall beim Tod auf dem Tennisplatz. Irrational, natürlich. Ich produzierte kalten Schweiß, der die Schläfen hinablief, Tränen standen mir hinter den Augäpfeln, waren aber zu paralysiert, um zu fließen.

In Phase eins einer Karriere schmeißt man sich mit wilder Unwissenheit in jedes Abenteuer und meistert es mithilfe eines naturgegebenen Instinkts. In Phase drei ist man erfahren genug, Situationen und ihre möglichen Auswirkungen einzuschätzen und damit entsprechend umzugehen. Phase zwei einer Karriere ist die schwierigste. Es ist die Phase, in der man genug gesehen hat, um zu verstehen, was auf einen zukommt, aber zu wenig erlebt hat, um das nötige Handwerkszeug parat zu haben, damit umzugehen.

Ich schloss die Augen. Die Dunkelheit brachte keine Linderung. Ich versuchte tief einzuatmen, aber der Sauerstoff kam nicht bis zur Lunge durch. Ich öffnete die Augen und sah mich um. Auf der Suche nach Ablenkung.

Mein Blick fiel auf meinen Nachttisch. Ein Buch lag darauf, unberührt, sein Titel starrte mich auffordernd an: »Schuld und Sühne«. Der Name über dem Titel schreckte mich ab – hatte mich schon die letzten zwei Wochen davon abgehalten, das Buch in die Hand zu nehmen. Fjodor Dostojewski.

Dunkle Wolken assoziierte ich mit diesem Namen, Melancholie, Zarentum und Religion, ein Schießkommando, dem der Autor in letzter Sekunde von der Schippe springt. Eine andere Welt, eine intellektuelle, zu der ich nicht dazugehörte.

Ich klappte das Buch auf. Als ich den ersten Satz las, legte sich eine allumfassende Ruhe über mein Gemüt. Ich befand mich augenblicklich in St. Petersburg an einem heißen Sommertag. Saß in der engen Kammer Raskolnikows, die einem Schrank glich. Ich spürte der Enge und der Ausweglosigkeit seiner Situation in meiner nach. Und je tiefer Raskolnikow sich in seine Bredouille hineinmanövrierte, desto befreiter fühlte ich mich von meinen eigenen Sorgen.

Heute weiß ich, dass ich »Schuld und Sühne« damals wie einen simplen Kriminalroman las, der mich am richtigen Gefühl gepackt und abgeholt hatte. Die philosophischen Untertöne, die Moralvorstellungen Einzelner im Verhältnis zur Gesellschaft – all das ging damals an mir vorbei. Ich hatte mich Hals über Kopf in die Figur des Raskolnikow verliebt, den bitterarmen Studenten, der miesepetrig in seinem Zimmer saß und über die Welt nachdachte. Eigensinnig war er, ein Außenseiter, der Wertvorstellungen hatte, aber nicht wusste, wie er sie einfangen sollte in einer Gesellschaft, die ihn vergessen hatte. Dass er auch hochnäsig, unbelehrbar, selbstgerecht und egoistisch war, verstand ich erst Jahre später, als ich das Buch mit erwachsenen Augen noch einmal las.

Ich erwachte aus meinem literarischen Rendezvous mit Raskolnikow, weil mir der Magen knurrte. Draußen war es dunkel geworden. Ich rief bei der Rezeption an und bestellte mir eine Tomatensuppe mit Knoblauchbrot. Die Rezeptionistin hatte einen so starken australischen Akzent, dass ich sie kaum verstand. Ich setzte mich ans Fenster, schaute in die

Nacht und wartete auf mein Essen. Die Scheibe war kühl, als ich meine Stirn dranlegte. Die Lichter der Hochhäuser Melbournes glitzerten und funkelten und stahlen den Sternen die Show. Ich konnte die Rod-Laver-Arena von meinem Hotelzimmer aus sehen und wusste, dass ich morgen funktionieren würde. Die Beklemmung, die ich am Nachmittag gespürt hatte, war nur noch ein bitterer Nachgeschmack auf meiner Zunge. Wie damals, als ich halb verdurstet drei große Schlucke einer sauer gewordenen Milch getrunken hatte.

Literatur wurde von diesem Zeitpunkt an zu meiner persönlichen Flucht vor Stress und Ängsten. Ich hatte zwar als düsterer Emo-Teenager »Werther« gelesen, mir Zitate in mein Notizbuch geschrieben und die ersten Tränen über einem Buch vergossen. Ich hatte mich über Fausts Midlifecrisis geärgert. Aber das waren vergängliche Momente gewesen, die niemals Teil meines Seins wurden. »Schuld und Sühne« war anders. Ich kaufte mir anschließend alle Bücher von Fjodor Dostojewski und nach und nach sickerten die auf Papier gedruckten Buchstaben in mein Leben.

Jahre später saß ich auf einer Holzbank in einem Park. Wobei Park vielleicht ein zu freundliches Wort ist für einen umzäunten Platz mit acht Bäumen und einem winzigen Viereck Rasenfläche – der Rest war Beton. Rechts neben mir lag ein halb aufgegessenes Pizzastück auf einem vom Fett durchfeuchteten Stück Pappe. Jungs mit übergroßen Hosen fuhren auf Skateboards um mich herum und ein asiatisch aussehender Teenager mit der Haut aus tausend Elfenbeinen warf einen Basketball auf den Korb aus metallenen Ketten.

Links neben mir saß ein junger Mann, der vor langer Zeit mal Pigmente von Veilchen mithilfe eines chemischen Verfahrens extrahiert und mit ihnen die nun vertrockneten Blumen auf eine Leinwand gezaubert hatte. Er trug eine blaue Anzugshose, dazu Sneakers und ein ziemlich alt aussehendes T-Shirt.

Ich redete mich um Kopf und Kragen. Egal, was ich sagte, er brummte bloß. Manchmal lächelte er zynisch oder verdrehte die Augen. Das ging seit Wochen so. Wenn ich keine Lust mehr hatte und ging, schickte er mir schmachtende Nachrichten und bat um ein nächstes Treffen. Saßen wir uns gegenüber, schaute er auf seine Hände oder wahlweise auf Objekte wie leere Teller und Servietten und schwieg eisern. Keine Liebhaberin von unangenehmer Stille, schwätzte ich ihn konsequent in die Bewusstlosigkeit.

Es dauerte eine Weile, bis ich begriff, dass ich mit Raskolnikow ausging. Er war trübsinnig und selbstgerecht. Finster im Blick auf die Welt und moralisch überlegen – dachte er. Er schwieg und dachte, ich sähe nicht durch ihn hindurch, weil ich jünger war und Sportlerin, weil ich viel redete und gerne Spaß hatte, weil ich Freunde hatte, mit denen ich klatschte und tratschte, und weil mich Celebrity Gossip manchmal bemerkenswert stark faszinierte. Er schaute auf mich herab. Er unterschätzte mich. Doch ich begriff irgendwann, wer er war. Ich ließ es mir nur nicht anmerken.

Warum ich trotzdem verbissen versuchte, seine Zuneigung zu gewinnen (ich mochte ihn nicht mal richtig), ist schwer zu erklären. Er war eine Herausforderung. Er stand für einen intellektuellen Zirkel, dem ich mich nie zugehörig fühlen würde. Er stand für ein Deutschland, in dem ich als Flüchtlingskind mit serbokroatischem Akzent zur Schule gegangen war. Und er war eben Raskolnikow. Meine erste große literarische Leidenschaft.

Als ich ihn verließ, weil es keinen Sinn mehr hatte, war ich nicht traurig. Nur im Stolz verletzt. Ich sah mir Fotos von ihm im Internet an. Auf dem Foto mit den abstehenden Haaren, der fünfeckigen Brille und dem leicht vorstehenden Kinn sah er aus wie David Foster Wallace. Meine zweite literarische Liebe.

Ich hatte David Foster Wallace an einem späten Abend in einem Hotelzimmer entdeckt. Ich hatte meine Jacke an den Haken in der Wand neben der Tür gehängt und wie immer, wenn ich alleine in einem Hotelzimmer schlief, zuallererst den Fernseher angemacht. An guten Tagen linderte das die Einsamkeit.

Die Nachrichten liefen und ich ging ins Bad, um mir die Zähne zu putzen und das Gesicht zu waschen. Ich bürstete mir die Haare und trat dabei zurück ins Zimmer. Ein Mann mit sanfter Stimme, Brille und leichten Aknenarben im Gesicht war in Nahaufnahme zu sehen. Er trug ein dunkelgrünes Cargohemd und sprach von morbidem Humor und Ludwig Wittgenstein. Ich vergaß meine Haare und setzte mich auf die Bettkante meines Bettes, die Bürste immer noch in der rechten Hand. Der Mann wirkte unsicher und selbstsicher zugleich, er fletschte die Zähne, wenn er dachte, er hätte etwas Falsches gesagt, und fragte die Interviewerin, ob es Sinn ergab, was er erzählte. Einmal sagte er: »Ich versuche hier verzweifelt, interessant zu klingen.«

Ehrlich gesagt, verstand ich vieles nicht. Noch ehrlicher: Ich verstand das meiste nicht. Ich wusste nicht, wer dieser Wittgenstein war. Ich wusste auch nicht, wer der Mann auf meinem Bildschirm war. »David Foster Wallace« stand links unten unter einer weißen Linie, »Autor«.

»Das Schlimme an Unterhaltung ist doch, dass es so verdammt unterhaltend ist. Sagen Sie doch selbst, wenn Sie alleine in einem Hotelzimmer säßen und zappten durch die

Kanäle, würden Sie sich lieber einen langatmigen, verkopften Nerd angucken, der über Literatur referiert, oder bleiben Sie bei Pamela Anderson hängen, die halb nackt am Strand Malibus entlangrennt?«, fragte er gerade die Interviewerin.

Ich schrieb seinen Namen mit geschwungenen Buchstaben in mein Notizbuch: David Foster Wallace. Und unterstrich ihn zweimal. Mit Ausrufezeichen dahinter.

Es muss Monate später gewesen sein, vielleicht Jahre später. Ich lief durch eine hell beleuchtete Buchhandlung in Darmstadt, als mir ein weißes Buch mit schwarzen, wie vom Buchdeckel fallenden Buchstaben in die Augen sprang. *Unendlicher Spaß.* Untendrunter: *David Foster Wallace.*

Tief in meinem Unterbewusstsein klingelte es. Ich assoziierte den Namen nicht sofort mit dem jungen Mann, der sich damals in einem Fernsehinterview so schmerzlich seiner selbst bewusst gewesen war. Aber die Rückseite des Buches versprach irgendetwas mit Tennis und ich hatte es mir angewöhnt, in Buch- oder Plattenläden mindestens eine Sache alleine des Designs wegen zu kaufen. Manchmal war es schrecklicher Schrott (70er-Jahre-Blasmusik aus Frankreich, eine Blasphemie für jeden vom Balkan stammenden Menschen), manchmal waren Glücksgriffe dabei (Eve Babitz' fantastischer Roman »Sex & Rage«).

Nachdem ich bezahlt hatte, ging ich ins Bäckerei-Café nebenan, setzte mich in die Ecke auf einen der Barhocker, vor dem ein metallener Tisch stand, der unbegreiflicherweise trotz rundem Boden wackelte, und begann zu lesen. Ein blühendes, stinkendes, von Drogen und Depressionen triefendes, konsumgetriebenes, süchtiges und süchtig machendes Durcheinander schlug mir wie der Geruch einer Kloake entgegen. Ich war verwirrt von den seitenlangen

Fußnoten, von den insgesamt 1545 Seiten, von den skurrilen Charakteren, die überzeichnet waren und immer an irgendwelchen seltenen Behinderungen und Krankheiten litten. Ich las das Buch auf Deutsch, einer Sprache, die ich dachte zu beherrschen, und musste dennoch alle paar Seiten Wörter nachschlagen, die ich noch nie zuvor gelesen hatte. Doch jedes Mal, wenn ich in den nächsten Wochen bereit war, Schluss zu machen, mich von David Foster Wallace zu trennen, ihn zu verlassen wie die Lebensfreude ihn verlassen hatte, holte mich eine verblüffende Idee oder eine zwischen Solarplexus und Magengrube zielende Wahrheit wieder ab. Bilder, die für immer auf meiner Netzhaut eingebrannt blieben.

Die Frau, die ihr Herz in einer Tasche trug und der die Tasche von einem Junkie gestohlen wurde.

Das schönste Mädchen der Welt, das von seiner Mutter mit Säure überschüttet wurde und jetzt einen Schleier trug.

Der Junkie, der sich eine Überdosis setzte, und damit einhergehend die sonderbarste, beste Beschreibung der Relation von Zeit, die ich je in einem Buch gelesen habe.

Die Beschreibungen Tucsons, wenn die Sonne am höchsten stand und unerbittlich auf die Dächer der Stadt schien.

Aber vor allen Dingen waren es die Tennis-Passagen, die mich begeisterten. Ich hatte noch nie jemanden gelesen, der so über Tennis schrieb. David Foster Wallace packte die tägliche Monotonie der Trainingstage am Schopf, riss ihnen den Kopf ab und transformierte sie in eine Wahrheit über das Leben, die ich spürte, aber selbst nicht in Worte fassen konnte. Ja, man lebte in täglicher Monotonie auf große Augenblicke hin, die so schnell vorbei waren, dass man sie nicht greifen konnte. Und so wurde das ganze Leben zu einem einzigen sich wiederholenden Ritual.

Dank Foster Wallace verstand ich, dass Tennis nicht so trivial ist, wie die meisten es darstellten. Den Minderwertigkeitskomplex eines Migrantenkindes hatte ich mit in die große weite Welt des Tennissports genommen – und David Foster Wallace nahm ihn mir. Ich fühlte mich intellektuell ermächtigt. Denn während Kunst, Literatur, Filme mit Bedeutung aufgeladen und in die Gesellschaft eingebettet sind, wird Sport meist belächelt. Natürlich ist ein durchdachtes Konzept eines Films oder eines Kunstwerks nicht mit einem beliebigen Fußballspiel vergleichbar. Aber in jedem Sportler stecken Dekaden an gelebten Werten wie Disziplin, Glaube an etwas (sich selbst), wenn alle anderen ihn verloren hatten, und an Auseinandersetzungen mit den Grenzen körperlicher und physikalischer Natur. Das Überwinden von Hindernissen ist Teil der DNA eines jeden Sportlers. Wenn sich junge Menschen in die Welt aufmachten, um sich selbst zu finden, dachte ich immer: Drei Matches unter Hochdruck sind deutlich preiswerter und effizienter.

Ich kann nicht sagen, dass ich die Lektüre von »Unendlicher Spaß« zu jedem Zeitpunkt genoss – wahrlich nicht –, aber ich kämpfte mich durch, so, wie ich es im Tennis gelernt hatte.

Die Essays von David Foster Wallace waren dann aber das wahre Erweckungserlebnis für mich. Seine Romane waren die Beschreibungen postmoderner, halluzinogener Geisteszustände – seine Sachtexte luzide Gegenwartsabbildungen. »String Theory«, seine gesammelten Essays über Tennis, las ich jedes Jahr mindestens ein Mal. Sie halfen mir, meinen Sport besser zu verstehen und ihn in meinen eigenen Schreibversuchen besser zu erklären.

Ich las von seiner Enttäuschung über die von Plattitüden durchzogene Biografie Tracy Austins.

Ich las sein in Tenniskreisen herumgereichtes Kultporträt über Michael Joyce, einen damals um Position 70 rangierenden Tennisprofi, der wahnsinnig gut war, aber eben nicht so gut wie Andre Agassi und Konsorten. Die seltene Begebenheit, wo der Autor eines Porträts berühmter wurde als das Objekt der Beschreibung.

Ich las seine Anwendung geometrischen Wissens aus der Mathematik auf Tennismatches und über die sich ändernden Winkel im flachen, windverhangenen Illinois.

Am meisten traf mich die Passage über sein erstes Zusammentreffen »mit einer erwachsenen Traurigkeit«, als Foster Wallace begriff, dass er niemals gut genug sein würde, um Tennisprofi zu werden. Da war er 14 Jahre alt. Tennis machte zu früh zu erwachsen.

Und nicht zuletzt las ich über Roger Federers Art, Tennis zu zelebrieren.

Irgendwann erzählte mir jemand, wie Roger Federer es erlebt hatte, den größten Schriftsteller unserer Gegenwart zu treffen. »Ich kann's dir nicht so genau sagen. Er saß zehn Minuten vor mir, starrte mich an, schüttelte mir am Ende die Hand, bedankte sich und ging, ohne mir auch nur eine Frage gestellt zu haben«, sagte er angeblich in seinem weichen, schweizerischen Akzent und lachte.

Ich habe mich nie getraut, Roger danach zu fragen, aber ich hoffe, dass es stimmt.

David Foster Wallace nahm sich am 12. September 2008 das Leben, drei Tage nach meinem 21. Geburtstag. Er hatte ein Leben lang unter Depressionen gelitten, die er mit Medikamenten einigermaßen in den Griff bekam.

Foster Wallace hatte an seinem Roman »Der bleiche König« gearbeitet. Es sollte der nächste große Wurf werden. Er versuchte einen Roman über Langeweile und Monotonie zu schreiben, der nicht langweilig und monoton war. So wie er mit »Unendlicher Spaß« über die Gefahr der Unterhaltung geschrieben hatte, aber selbst dabei unterhaltend geblieben war. »Der bleiche König« trieb ihn in die Sackgasse. Er kam nicht weiter. Er setzte die Medikamente ab, weil er befürchtete, wegen ihnen nicht klar denken zu können. Eine Woche später erhängte er sich in seinem Haus.

»Der bleiche König« wurde posthum als Fragment publiziert und steht mahnend in meinem Buchregal. Ich habe es bis heute nicht über mich gebracht, das Buch zu öffnen.

Wenn ich an all die Reisen denke, die ich hinter mir habe – an die zahlreichen Flughäfen mit ihren grauen, glänzenden Interieurs, die Autos, in denen ich aus dem Fenster sah, die Kettenhotels, in denen ich unterkam –, verbinde ich sie alle mit Stimmungen, die genährt wurden vom Wetter, von der Landschaft – und von den Büchern, die ich las.

Die leere Weite der Wüste New Mexicos, an der der Tourbus der Band Tennis vorbeiflog – und ich versunken war in Roberto Bolaños Roman »2666«.

Von Fieber geplagt in der letzten Reihe eines Flugzeuges – direkt dort, wo die Menschen für die Toilette anstehen –, zitternd in vier Decken eingewickelt, die Stewardess gezwungen anlächelnd in der Hoffnung, sie würde die beginnende Grippe mit Flugangst verwechseln – und »Krieg und Frieden« von Tolstoi lesend.

Auf dem ungefähr gleichen Platz im Flugzeug saß ich, als ich David Sedaris las, es mich vor Lachen schüttelte und ich nach einer Stunde bemerkte, dass die Plätze um mich herum frei geworden waren. Wenn du den Verrückten nicht erkennst, stehen die Chancen gut, dass du der Verrückte bist.

Der Orkan im chinesischen Guangzhou, der uns per Ausgangssperre tagelang ans Hotel band und draußen die Sommermöbel des Hotels zerriss wie ein Raubtier. Ich schlürfte weiche Nudeln aus würzigen Suppen und sah lachende Chinesen und verängstigt aussehende Westler. Ein auf der Schnellstraße vor dem Hotel sich überschlagender Stuhl, dicht verfolgt von einem abgefallenen Palmenblatt, sorgte für besonders große Erheiterung unter den Einheimischen. Ich las »I love Dick«, ein in Tagebucheinträgen Schrägstrich Briefen gehaltener Roman Schrägstrich Autobiografie der Performancekünstlerin Chris Kraus. Dick hieß der schweigsame, allein in der Wüste lebende Cowboy, den sie glaubte zu lieben. Aber das wusste ja nur ich, die das Buch gerade las. Frauen wurden rot, Männer anzüglich, wenn sie mich mit dem Buch herumlaufen sahen.

Ich lag im Krankenhaus, vollgepumpt mit Medikamenten der Narkose, als ich Michail Bulgakows »Meister und Margarita« las und den Leibhaftigen selbst vor meinem Fenster schweben sah. Das konnte an Bulgakows Erzählkunst liegen, aber wahrscheinlicher waren es die Medikamente.

Ich las Paul Auster, wenn ich in New York war, Joan Didion in Los Angeles. Henry Miller in Paris, Haruki Murakami in Tokio. Und ich hatte immer – wie Aspirin – Ernest Hemingway dabei. Ihre Figuren waren meine Freunde, die ich überallhin mitnehmen konnte.

Manchmal reichte die Begeisterung für Literatur in mein reales Leben. Eines frühen Herbstmorgens – ich war gerade aus Peking am Frankfurter Flughafen angekommen – wartete ich bei der Passkontrolle, als mein Handy in der Jackentasche brummte. Push-Nachricht: »Jonathan Franzen heute im Schauspiel Frankfurt, leider keine Karten mehr verfügbar!«

Ich rief meine Freundin Joni in Darmstadt an. Es war acht Uhr morgens, nicht gerade ihre Zeit.

»Geht's noch? Mich so früh anzurufen?« Sie legte auf.

Ich rief wieder an.

Weggedrückt.

WhatsApp-Nachricht: »Joni, geh sofort dran. Sonst komm ich zu dir nach Hause!«

Joni S. hat den Chat verlassen.

Ich rief noch mal an.

Diesmal ging Joni dran, deutlich genervt. »Was. Willst. Du.«

»Jonathan Franzen ist in Frankfurt.«

»Wer?«

»Jonathan Franzen, mein Lieblingsschriftsteller.«

»Ich dachte, David Foster Wallace sei dein Lieblingsschriftsteller.«

»Ja, aber der ist tot. Jonathan Franzen ist jetzt mein neuer Lieblingsschriftsteller.«

»Wenn ich tot bin, vergisst du mich dann auch so schnell?«

»Ähm, nee, aber ich hab auch nicht so viele Freunde. Und es gibt viele gute Autoren.«

Ich hörte in der Stille am anderen Ende, dass Joni im Halbschlaf versuchte, auszumachen, ob das ein Kompliment oder eine Beleidigung war.

»Und was willst du jetzt von mir?«

»Ich hab mir das Ganze so überlegt: Wir fahren nach Frankfurt, können ja vormittags ein bisschen über die Buchmesse schlendern, aber so ab 15 Uhr müssen wir in der Nähe des Theaters sein, es gibt nämlich keine Karten mehr. Haha, ich weiß, aber wir stellen uns einfach am Schalter an und nerven so lange, bis sie uns reinlassen.«

»Nein.«

»Wie meinst du, nein?«

»Mit nein meine ich nein. Ich stehe auf keinen Fall stundenlang vor irgendeinem Theater …«

»… dem Schauspiel Frankfurt.«

»… vor IRGENDEINEM THEATER rum, um IRGEND-EINEN SCHRIFTSTELLER zu STALKEN! Verstehst du das?«

Das war ein überschaubares Hindernis, war ich mir sicher, denn Joni war leicht mit Kuchen und vegetarischen Burgern zu bestechen. Ein paar Stunden später fuhr ich zu ihrer Wohnung und hupte. Sie stieg mit finsterem Blick ein, um zu zeigen, dass es nicht okay war, sie vor acht Uhr morgens anzurufen und mit skurrilen Plänen zu konfrontieren, obwohl ich ganz genau wusste, dass sie wenige Sachen im Leben mehr liebte als skurrile Pläne. Ich »lud« sie auf einen Burger im Frankfurter Bahnhofsviertel ein, den sie bezahlen musste, weil ich nur chinesische Yuans im Portemonnaie fand.

Es war der erste kalte Tag im Oktober. Joni war ganz in Schwarz gekleidet. Sie schickte mich allein an den Schalter im Schauspiel, blieb draußen vor der langen Glasfront am Willy-Brandt-Platz stehen und tat so, als wäre sie nicht da.

»Halloo«, flötete ich, »hallo. Ja, also, ich weiß, es gibt eigentlich keine Tickets mehr für Jonathan Franzen, aber mir würde es wirklich waaaahnsinnig viel bedeuten, wenn ich ihn heute sehen könnte. Und ich mein, ich bin kein verrückter Fan, wirklich nicht, also, falsch ausgedrückt, Fan bin ich schon, aber eben nicht verrückt, nicht verrückter als andere, Sie verstehen schon. Anywayssss, wenn irgendjemand absagt oder zwei Karten frei werden, sagen Sie uns Bescheid, ja? Oder Sie sagen uns, wen wir ermorden sollen!«

Ich machte mit meinen Fingern eine Geste, als ob ich jemand erschießen würde. Die Frau hinter dem Schalter sah mich erschrocken an.

»Das war Spaß. Ich warte da draußen mit meiner Freundin.« Ich zeigte auf Joni, die sich sofort ostentativ mit dem Rücken zu uns drehte. »Die da mit dem langen schwarzen Mantel ist meine Freundin.« Ich zeigte wieder auf sie, diesmal energischer. Joni lugte kurz über die Schulter und drehte sich erneut weg.

Ich ging nach draußen.

»Na, warste wieder psycho unterwegs?«, fragte sie.

»Nö, ich war voll sympathisch.«

Joni glaubte mir kein Wort.

Nach etwa einer halben Stunde klopfte es an die Glasfront. Eine kleine Frau mit Brille und braunem Rock über die Knie winkte uns zu sich.

»Du gehst da allein rein.«

Ich ging hinein und kam triumphierend mit zwei Karten wieder heraus. Wir hatten die besten Plätze, Reihe 5, genau in der Mitte, auf der Höhe des Autors. Joni war besänftigt.

Jonathan Franzen kam auf die Bühne, gekleidet wie ein New Yorker Intellektueller. Nachlässig elegant in abgetretenen Schuhen (niemals neue Schuhen, zeig ihnen nicht, dass es dich kümmert), schwarzer Cordhose, schwarzem Pulli mit schwarzem Sakko darüber und einem weißen Hemd, das am Kragenrand unter dem Pulli hervorlugte. Ich liebte seine Bücher für die Vogelbeobachtungen und für den einen hypermoralischen Charakter in jedem Buch und meine Vermutung, dass er selbst sich für diesen Menschen hielt. Aber vor allem liebte ich die Bücher für die präzisen Beschreibungen zwischenmenschlicher Beziehungen und deren Zerfall. Ich mochte den Autor, weil er seltsam war, eigenbrötlerisch, mürrisch und arrogant – so hieß es zumindest (Raskolnikow hat mich wirklich fürs Leben geprägt). Ich mochte ihn, weil er in seiner Freizeit Vögel beobachtete und weil er ein enger Freund David Foster Wallace' gewesen war. Ich hatte Jonathan Franzen entdeckt, als die beiden zusammen in der Charlie-Rose-Show Rede und Antwort standen über den Untergang von Literatur. Beide trugen die miserabelsten, elendigsten Gesichter zur Schau und noch schlimmere Frisuren – es war spektakulär.

Die Frisur war diesmal deutlich besser, die Laune geringfügig auch. Er sprach Deutsch (er hatte in Berlin gelebt und studiert) und riss Witze, über die Joni und ich lauthals lachten. Nach der Lesung und dem üblichen Frage-und-Antwort-Spiel saß er im Foyer an einem Tisch und signierte Bücher. Ich stellte mich hinten an und zwang Joni, sich neben mich zu stellen, die murrte und grummelte, wie nur Jonathan Franzen selbst es konnte. Irgendwann hielt sie es nicht mehr aus und ließ mich wissen, sie würde an der Tür auf mich warten. Ich stand in der Schlange und wartete auf ein Autogramm und wurde von anderen Menschen, die in der Schlange standen und auf Autogramme warteten, nach Autogrammen gefragt. Meta.

Als ich an die Reihe kam, tat ich das, was ich immer tue, wenn ich aufgeregt bin. Ich redete. Zu viel, zu schnell, zu laut.

»Mr Franzen, I just wanted to say: I'm a huge fan of yours, I've read all your books and they are: FAN-TAS-TIC. Truly fantastic. Yes, that's the word, fantastic indeed they are. You do you! Good luck in all your future endeavors!«

Er schaute verwirrt, griff sich an die Haare, an die Brille. Ich sah Joni links von mir an der Tür vor Scham im Boden versinken.

»Do you want me to sign a book ... or ...?«

Ich öffnete theatralisch mein Buch. Er unterschrieb mit Widmung und coolen geschwungenen Buchstaben. Bei der Verabschiedung wusste ich nicht mehr so genau, was ich sagen sollte, ich hatte ja schon alles gesagt, was man einem Menschen in zehn Sekunden zumuten kann, also sagte ich, was man im Tennis sagt: »Good luck, man.«

Er erhob sich unschlüssig von seinem Stuhl, reichte mir die Hand, sah aus, als wolle er mich umarmen, und entschied sich im letzten Moment dagegen.

Ich ging und hatte ein Dauergrinsen im Gesicht.

»Wow, das war echt peinlich.« Joni schüttelte den Kopf.

Wir liefen durch den kalten Abend Frankfurts bis zum Parkhaus. Wir fuhren über die Untermainbrücke und ließen die glitzernden Lichter der Stadt, die sich im Main spiegelten, hinter uns und saßen schweigend nebeneinander.

Wir fuhren gerade auf die Autobahn – das Radio dudelte leise vor sich –, als Joni das Gespräch eröffnete: »Andy? Ich wollte eigentlich nix sagen, du warst mir echt peinlich. Aber ich stand da ja 'ne ganze Weile an der Tür herum und hab dich beobachtet: Du sahst so glücklich aus.« Ihre kleine, schiefe Nase zitterte vor Vergnügen. Sie amüsierte sich prächtig. »Und keine Ahnung, wie du das gemacht hast, aber der Typ hat sonst keinem anderen die Hand geschüttelt.« Sie prustete los.

Ich sah sie erst ungläubig von der Seite an, dann konnte

auch ich mich nicht mehr halten. Wir lachten bis zur Ausfahrt Darmstadt-Stadtmitte über mich und Jonathan Franzen. Mindestens ein Jahr lang musste ich Jonis Imitationen meiner selbst beim Autogrammeholen ertragen.

Aber das war mir egal: Best day ever.

AUF TOUR

The only true currency
in this bankrupt world is
what you share with someone else
when you're uncool.
(Lester Bangs)

»Also, verstehe ich das richtig … du bist eigentlich Tennisspielerin im richtigen Leben, aber jetzt unterwegs, um eine
Reportage über eine Rockband auf Tour zu schreiben?«

»Genau richtig.«

Der Typ neben mir im Flugzeug sieht verwirrt aus. Er sieht
verwirrter aus, als ich enthusiastisch klinge. Das will was heißen, denn ich kann mich nicht erinnern, jemals aufgeregter
und enthusiastischer gewesen zu sein. Ich werde eine Band
auf Tour begleiten! Durch New Mexico. Arizona. Kalifornien.
In einem richtigen Tourbus mit Sex, Drugs und Rock'n'Roll.
»Almost Famous« für Anfänger. Und zu allem Überfluss ist
der Name der Band auch noch »Tennis«.

Tennis? Das muss Schicksal sein.

Der Typ sieht nicht überzeugt aus und ich kann es ihm
nicht verübeln. Er hat Meereskunde studiert und wahrscheinlich mit konventionelleren Problemstellungen zu tun.

Das Erste, was ich sehe, als ich das Flugzeug in Albuquerque über einen langen, stickigen Gang verlasse, ist ein Baskin

Robbins an Gate 5. Ich wende mich nach rechts in Richtung Gepäckausgabe und schaue aus den bodentiefen Fenstern über die karge Landschaft New Mexicos. Platz. So viel Platz und so wenige Menschen.

Ich habe gerade eine Woche in New York verbracht und in dem Moment, als ich neumexikanischen Boden betrete, ist es, als spiele der Film meines Lebens auf einmal in Zeitlupe. Ich spreche langsamer, meine Schritte werden größer, mein Atem tiefer. Die Wüstenlandschaft übernimmt die Kontrolle und ersetzt im Nu die Menschenmassen, an die ich mich in New York gewöhnt hatte.

Ich setze mich in ein altes, schwarzes Taxi und der Fahrer lacht über meine Schwärmereien für die Landschaft. Er hat schwarze, herrlich buschige Koteletten und bringt mehr Verständnis für den Zweck meiner Reise auf als der Meereskundetyp. Ich erkläre ihm, dass ich Deutsche bin und wir solche Landschaften zu Hause nicht haben, aber er denkt immer noch, dass ich versuche, lustig zu sein. Er ist in Albuquerque geboren und hier aufgewachsen, »born and raised«, wie er sagt. Er empfiehlt mir, einen Tagestrip nach Santa Fe zu machen, wenn ich dazu komme. Dabei wirft er meinem Hut und Mantel mit Leopardenmuster, den ich bei 28 Grad Celsius trage, einen vielsagenden Seitenblick zu.

Ich sinke ein bisschen tiefer in meinen Sitz. Tagelang habe ich mir den Kopf wegen meiner Klamotten zerbrochen und zergrübelt, um möglichst cool auszusehen, wenn ich mit einer waschechten Rockband auf Tour gehe. Jetzt fühle ich mich verkleidet und werde nervös, wenn ich daran denke, dass ich drauf und dran bin, in eine komplett neue Welt einzutauchen.

Die Reise beginnt für mich mit einer verschlossenen Tür. Ich stehe vor einem weißen, dreckigen Garagentor, das von zwei

Obdachlosen flankiert wird, die versuchen, mir Crack zu verkaufen. Oder von mir kaufen wollen? Ich bin mir nicht sicher, denn sie haben nicht mehr als vier Zähne in zwei Münden und es ist tatsächlich nicht einfach, sie zu verstehen. Ich kann durch das kleine horizontale Fenster in der Tür sich bewegende Schatten von Menschen ausmachen und klopfe und klopfe, aber nichts passiert. Ich fühle mich dumm und verloren, wie ich so vor einer Bar mit Garagentor als Eingang stehe, in einer Stadt, die ich nicht kenne. Den zwei Obdachlosen bin ich langweilig geworden und sie ignorieren mich, was alles irgendwie noch schlimmer macht.

Es dauert eine gute halbe Stunde, bevor mich jemand vor der Tür stehen sieht und reinlässt. Ich murmle »Ich gehöre zur Band« zum ersten, aber sicherlich nicht letzten Mal auf dieser Reise. Ein ungekanntes Hochgefühl lässt meine Nerven für den Bruchteil einer Sekunde erzittern und macht das halbstündige Klopfen und Auf-Betonwände-Starren wieder wett.

Der Manager des Veranstaltungsorts sieht mich gelangweilt an. Alle jemals gesehenen Musikfilme ziehen im Schnelldurchlauf vor meinem inneren Auge vorbei. Er hält bei einer Szene aus »Almost Famous«, in der Lester Bangs, ein abgehalfterter Musikjournalist, genial dargestellt von Philip Seymour Hoffman, eine kurze Rede über Coolness hält. Er spricht am Telefon mit seinem deutlich jüngeren Kollegen William, der auf dem Weg ist, genau das zu machen, was ich gerade mache – zum ersten Mal auf Tour gehen und dann darüber schreiben. Lester Bangs sagt zu William, er solle sich nicht einbilden, cool zu sein, nur weil er mit der Band rumhängt. Er sei nicht cool.

Ich sehe mich von außen vor dem Managertypen mit dem hippen Schnurrbart stehen, der Tag für Tag mit Bands zu tun hat, und jedes Stück Kleidung, das ich an meinem Körper trage, fühlt sich falsch an. Ich fühle mich bloßgestellt, nackt, als hätte Herr Schnurrbart als Erster überhaupt meine trügerische Außenschicht durchschaut.

Die Band ist bereits beim Soundcheck, als ich auftauche. Ich sehe Patrick, den Gitarristen, ein 80er-Jahre-Boris-Becker-Doppelgänger mit Topfhaarschnitt und Tennisschuhen. Die Ähnlichkeit ist so frappierend, dass ich für einen Moment die Echtheit des ganzen Unterfangens bezweifle. Alaina, seine Ehefrau, Sängerin und Lyrikerin der Band, begrüßt mich mit einer herzlichen Umarmung. Sie ist unglaublich klein, wirkt aber sofort größer, als sie die Bühne betritt. Nicht nur weil sie einen beneidenswert riesigen, blonden Afro hat, der ihren Kopf wie ein Heiligenschein ziert. Ihre Ausstrahlung fordert Platz ein. Sie übernimmt sofort die Kontrolle und artikuliert in kurzen, klaren Sätzen, was sie will.

Ich bin beeindruckt. Ich bewundere Patricks ruhige Präsenz neben ihr und seine anscheinend endlose Geduld mit jedem, ein solider Felsen in jeder Art Fahrwasser. Ich bin nicht mal fünf Minuten hier und habe bereits meine journalistische Objektivität über Bord geschmissen. Super.

Ich denke an Hunter S. Thompson, an den ich während dieses Trips ständig denken werde. Thompson und Lester Bangs: zwei unerwünschte, im Teufelsgewand daherkommende Schutzengel auf meinen Schultern.

Ich beobachte den Soundcheck bis ins letzte Detail. Alles ist viel technischer, als ich dachte. Kabel werden arrangiert, durchgeschnitten und wieder zusammengeklebt. Überall auf der Bühne liegt Klebeband herum. Josh, der Mann für den Sound, rennt schwitzend von Bühne zu Mischpult und wieder zurück. Jedes Bandmitglied ist auf sich selbst konzentriert, beliebige Melodien auf seinem jeweiligen Instrument spielend. Alaina wärmt ihre Stimme auf, der Schlagzeuger trommelt, die Bassgitarre brummt, Patrick testet verschiedene Effekte auf seiner elektrischen Gitarre. Eine Kakofonie an Geräuschen, die mich auf dem Tennisplatz in den Wahnsinn treiben würde, aber auf der Bühne niemanden stört. Und plötzlich, aus dem Nichts, kommt alles zusammen. Einzelne Melodien suchen und finden Verwandte, greifen ineinander, kommunizieren, kollaborieren und es kommt betörende Popmusik heraus. Melodisch, harmonisch und herzerwärmend.

Ich denke an mein eigenes Warmspielen vor Matches. Wie ich langsam die einzelnen Teile meines Körpers zum Leben erwecke. Anfangs steif und widerspenstig und dann langsam auftauend, nie ganz sicher, ob es wirklich passiert. Bis ich schließlich den Ball sehe, groß wie einen Fußball, der Schläger zu einer organischen Verlängerung meines Armes wird und ich nur noch das Ploppen des Balles in meinem Ohr wahrnehme. Harmonisch? Ja. Herzerwärmend? Manchmal.

Nach dem Soundcheck lerne ich den Rest der Band kennen. Der Bassspieler Ryan wohnt in Nashville und bildet ein rhythmisches und komödiantisches Duo mit dem Schlagzeuger Stephen, der nebenher auch Tennis' Musikvideos dreht. Sie schaukeln sich gegenseitig hoch durch Witze und Wortspiele und verkürzen sich die langen Stunden des Wartens mit Geplänkel und Geschwätz. Tontechniker Josh ist gewissenhaft und präzise in seinem Metier, besessen von der technischen Seite der Musik, ein Soundnerd der besten Sorte. Ein Jahr zuvor hat ihn ein lokaler Tontechniker in San Francisco in die Hand gebissen, weil sie sich nicht auf einen Sound einigen konnten. Also offensichtlich bereit, Blut zu lassen. Randy, der für das Licht und die Visuals auf der Bühne zuständig ist, ist schweigsam, mit einem seligen Lächeln in den Mundwinkeln, eine stoische Präsenz neben Josh, der am Mischpult wie ein aufgezogener Duracell-Hase wirkt. Alainas Bruder Josiah steht Nacht für Nacht am Merchandise-Stand und verkauft T-Shirts. Er spricht leise und zeichnet immerzu in seinen Zeichenblock.

Wir sind die Truppe. Eine verzerrte Version von »Friends«, wahrscheinlich weniger gut aussehend, weniger lustig, dafür aber immer unterwegs, in zwei Bussen von Konzert zu Konzert, von Veranstaltungsort zu Veranstaltungsort. Aufstehen bei Sonnenaufgang, die Jagd nach dem besten Breakfast Burrito der Stadt, wir essen zu viel, wir essen zu ungesund. Wir sitzen im Bus, wir fahren durch die Wüste, sechs Stunden, sieben Stunden, acht Stunden, ankommen. Städte, Bundesstaaten und Landschaften werden eins, wir laden ein, wir laden aus, Soundcheck, Abendessen, Aufregung, Show. Die SHOW. Die Aufregung nach der Show, Adrenalin in den Ohren, Stimmen zu laut, Bier zu schal, Whiskey für Alaina, Stimmruhe für Alaina, zu wenig Schlaf, zu wenig Hygiene. Wir stehen auf bei Sonnenaufgang. Und alles aufs Neue.

Die erste Show verläuft reibungslos, sofern ich das als Nichtmusikerin beurteilen kann. Ich mag die Diversität der Fans. Neben mir tratschen und lachen zwei Teenager. Ein älteres Ehepaar singt alle Liedtexte auswendig mit und rechts neben mir tanzen zwei Typen mit aufgeblähten Muskeln in die Nacht hinein.

Kurz vor der Show jedoch hat sich der Backstage-Bereich in einen kochenden Kessel verwandelt – als hätte jemand die Zimmertemperatur um zehn Grad erhöht. Ryan und Stephen machten mehr Witze denn je, die Stimmen vor Nervosität erhöht, die Sprachmuster beschleunigt. Stephen klopfte wahllos Rhythmen auf seinen Oberschenkel, wohl die Marotte eines jeden Schlagzeugers. Patrick schien als Einziger ungerührt ob des Stresses, der vor allem Alaina in seinen eisernen Fängen hielt. Ihre Nervosität war die für mich greifbarste, diejenige, mit der ich mich identifizierte. Ihre Nervosität war meine Nervosität. Sie ist die Frontfrau, die Sängerin. Sie balanciert auf einem höheren Abgrund als die anderen, das Risiko zu versagen ist größer. Ich hatte sofort eine starke Anziehung zu ihr gespürt und in diesem Moment gingen unsere Seelen eine seltsame Symbiose ein. Ich befand mich in meiner eigenen Karriere so viele Male in genau diesem Geisteszustand, bei dem du nicht weißt, ob du panische Angst oder euphorische Aufregung verspürst, so ähnlich sind sich die Symptome.

Die Jungs verschmolzen in einer Gruppenumarmung und stürmten dann die Bühne. Alaina wartete einen Moment länger. Sie warf mir einen Blick zu, ich nickte aufmunternd zurück und dann verschwand auch sie hinter dem schwarzen Vorhang.

Von hier unten sieht alles okay aus. Alaina hat ihre Nervosität gut versteckt und ihre Stimme klingt fantastisch. Der Sound ist klar und die Bühne ist perfekt beleuchtet. Auf ihr bewegt sich Patrick wie Ebbe und Flut um die restliche Band. Ein perfekt geöltes, niemals stockendes Räderwerk. Ich habe inzwischen Freunde im Publikum gefunden. Immerhin trage ich einen Backstage-Pass und der macht mich sehr viel cooler als alle Bücher, die ich mich jemals gezwungen habe zu lesen. (Ja, ich meine dich, »Unendlicher Spaß« …)

Die Gespräche im Backstage-Bereich nach der Show klingen eher erleichtert als euphorisch. Es war die erste Show der Band in zwei Monaten und alle waren unsicher, ob die Routinen noch sitzen würden.

Das Ausbleiben von Sex, Drugs und Rock'n'Roll stört mich nicht im Geringsten. Ich bin erschöpft und kann nur erahnen, wie sich die Band fühlen muss. Sex steht nicht auf der Tagesordnung, weil alle in der Band verheiratet sind und außerdem wirklich wahnsinnig wenig auf Hygiene geachtet wird auf so einer Tour. Nicht gerade antörnend. Drogen sind aus dem Spiel, weil ich im echten Leben immer noch eine Tennisspielerin bin und strikten Antidopingregeln unterliege. Die anderen scheinen es auch lieber spießig angehen zu lassen. Ich beginne zu realisieren, dass ein unverantwortlicher Lebensstil auf Tour auf Dauer überhaupt nicht machbar ist, wenn man sich den anstrengenden Zeitplan einmal genauer anguckt.

Wenigstens tragen wir den Rock'n'Roll im Herzen.

Meine erste Nacht verläuft traumlos in einem Kettenhotel in Albuquerque in der Nähe des Flughafens. Als mein Wecker um sechs Uhr morgens klingelt, weiß ich für einen kurzen, irritierenden Moment weder wo noch wer ich bin. Ein paar Tage zuvor war ich eine Tennisspielerin im Urlaub und jetzt bin ich plötzlich eine Autorin auf Tour mit einer Band, auf allen meinen Wegen eine Polaroidkamera in der Hand, die ich den Bandmitgliedern während ihrer verletzlichsten Momente ins Gesicht halte. Auf der Suche nach etwas Echtem, etwas Greifbarem, etwas Schreibbarem.

Ich sitze in einem der beiden bis zum Rand gefüllten Tourbusse. Die Koffer der Bandmitglieder, meine Tasche, die Instrumente und ein Teil der technischen Ausrüstung sind in einem ausgeklügelten System eingeladen und verpackt, damit alles reinpasst. Patrick fährt jeden Tag über sechs Stunden. Alaina sitzt neben ihm und das Hörbuch »Just Kids« von Patti

Smith läuft. Ich mag es, ihre zwischenmenschliche Dynamik zu beobachten. Es ist ein Balanceakt zwischen Arbeitsbeziehung und Ehepaar-Sein. Gespräche über Veranstaltungsorte, verkaufte Tickets, Hotel- und Reiselogistik wechseln sich mit Diskussionen über Filme, Bücher, Musik und Politik ab.

Es ist wie eine Existenz in einer abgeschnittenen alternativen Realität. Die karge Landschaft verstärkt das Gefühl der Abtrennung. Als wir durch die Wüste in all ihrer Weite fahren, kein Ende in Sicht, ist es, als würde die Zeit für uns stehen bleiben, während die Welt sich draußen weiterdreht. Ein neuer Bewusstseinszustand. Eine neue Zeit.

Zeit ist ein seltsames Ding auf Tour. Wir haben so viel davon und gleichzeitig verrinnt sie uns zwischen den Fingern. Wir scheinen ständig auf etwas zu warten und kommen doch zu nichts. Und da alle in dem Bus das Gleiche zur gleichen Zeit erleben, wird es real.

Außerhalb des Busses herrscht das andere Extrem. Eine Art Hyperrealität: Menschenmassen, die dir zujubeln, lichtüberflutete Bühnen und adrenalingetränkte Zeitraffer. Wir bewegen uns zwischen Gefühlen der Entfremdung – tranceähnlich, surreal, einsame Nomaden in einer überfüllten Welt – und dem Gefühl, die einzigen bedeutenden Menschen auf diesem Planeten zu sein – buchstäblich erhöht auf einer Bühne, eine Lebensintensität wie keine andere.

Wir sind in Tucson, Arizona, angekommen. Die Platzierung der Bühne ist so ähnlich wie in Albuquerque – beide Veranstaltungsorte verschmelzen in meinem Kopf zu einem. Ich kann es plötzlich nachvollziehen, dass Künstler auf Konzerttour die Namen der Städte durcheinanderbringen. Der eigentliche Zweck einer Bühne ist es, von Menschen umgeben zu sein. Aber ich sehe nur blaue Wände, kahl und traurig, verlassen. Statt Ruhm und Herrlichkeit strahlen sie Einsamkeit aus.

Dieses Mal helfe ich beim Entladen der Instrumente. Ich fühle mich wohler in dieser neuen Welt, mehr Teil von ihr. Und es sieht aus, als wäre ich in wenigen Augenblicken von der Journalistin zum Roadie befördert worden.

Die zweite Show kommt und geht, ein kurzer Trip von einer Stunde, etwas mehr, wenn man die Zugabe zählt. Das Highlight des Tages geht so schnell an uns vorbei, als hätte jemand die Uhren tagsüber verlangsamt, um sie dann abends während des Konzerts doppelt so schnell laufen zu lassen – in der Hoffnung, die verlorene Zeit wieder aufzuholen.

Eine weitere Nacht in einem anonymen Flughafenhotel. Dieses Mal zwinge ich mich, zu duschen und so einen letzten Rest zivilisierter Menschlichkeit zu wahren.

Tennis ist eine solide Band. Sie vermasseln selten etwas, und wenn, dann bemerkt es keiner. Sie sind Perfektionisten. Besonders Alaina geht an ihre Grenzen, wann immer sie kann. Ein während der gesamten Show in der seitlichen Mundhöhle gehaltenes Hustenbonbon, blau und klebrig, ist für sie Aberglaube und Ritual zugleich. Eine Form von Kontrolle, die sie braucht.

Am nächsten Tag schaffen es Patrick und ich, ein wenig Zeit miteinander zu verbringen. Trotz einer weiteren zermürbenden Sechs-Stunden-Fahrt durch die Wüste, deren Landschaft langsam grüner und buschiger wird, je näher wir San Diego kommen, schnappen Patrick und ich uns Tennisschläger und -bälle und machen uns auf die Suche nach öffentlich zugänglichen Tennisplätzen, um ein paar Bälle zu schlagen. Patrick ist ein guter Spieler und ich kann mit ihm ohne Probleme Bälle durch die Mitte kloppen, ohne mich zurückhalten zu müssen. Es macht Spaß, mich wieder in einer Zone aufzuhalten, in der ich ganz zu Hause bin.

Ich habe keine Tennissachen dabei und spiele in den Tennisschuhen von Patricks Mutter, mit ihrem Schläger und in Jeans, deren Hosenbeine ich abgeschnitten habe, um mich bewegen zu können. Ich sehe aus wie ein Amateur, aber spiele wie ein Profi. Ist es sonst nicht andersrum?

Wir sind der absolute Hit auf den in einem öffentlichen Park liegenden Plätzen: die Reinkarnation Boris Beckers und ein richtiger Profi verbissen kämpfend und schwitzend auf dem Center Court. Der Platzmeister hatte mich erkannt und die zehn Dollar für eine Stunde Spielen lachend abgelehnt. Stattdessen nahm er seine Roger-Federer-Mütze ab, entblößte eine kahle Stelle auf dem Hinterkopf und grinste mit großen Zähnen für ein Selfie mit mir.

Auf dem Weg zurück ins Hotel nimmt Patrick die Gelegenheit wahr, um mir Fragen über die Tenniswelt und die Psychologie von Tennisspielern zu stellen. Er und Alaina haben beide Philosophie studiert und daher die Gabe, jedes oberflächliche Gespräch ziemlich schnell in Theorien über das Leben zu verwandeln.

Wir reden schon bald über Selbstsucht und Egozentrik, die dieser Sport uns abverlangt und mit denen meine Kollegen und ich – je nach Perspektive – gesegnet oder gestraft sind. Patrick sagt, dass auch Musiker sehr große Egos haben. Ich will das nicht recht glauben nach allem, was ich in den letzten Tagen beobachtet habe. »Aber Patrick«, sage ich, »ihr arbeitet viel mehr als Team zusammen. Wir Tennisspieler befehlen nur.« Er antwortet etwas, woran ich heute noch oft denken muss. »Das stimmt schon, Andrea, aber egal, ob Tennisspieler oder Musiker – um etwas so an und für sich Hanebüchenes als Beruf zu wählen, musst du den unbedingten

Glauben daran haben, dass du dahin gehörst: auf die Bühne, auf den Center Court. Du musst bis ins tiefste Innere deines Wesens überzeugt sein, dass du dazu berechtigt bist, dir das zu nehmen, was du willst.«

Das letzte Konzert meiner Reise findet in Los Angeles statt, der Stadt der zerbrochenen Träume. Das Fonda Theatre ist eine wunderschöne alte Konzerthalle. Trotz erster Zeichen des Verfalls strahlt sie mit ihren roten, die Bühne verdeckenden Vorhängen und mit den Emporen an den Seiten einen erhabenen Charme aus. Ein passender Ort für die bisher prestigeträchtigste Show der Tour. Die Gästeliste ist voll mit befreundeten Musikerkollegen und Menschen aus dem Showbusiness. Gerüchte schwirren durch die Luft, dass »Guardians of the Galaxy«-Regisseur James Gunn heute da sein wird, und die Band ist zu Recht nervös. Nach ein paar Tagen auf solch zusammengepresstem Raum habe ich einen starken Sinn für die Nerven der einzelnen Bandmitglieder entwickelt, als wäre ich ein Messgerät für Bewusstseinszustände. Der Soundcheck dauert heute fast doppelt so lang und besonders Josh hat alle Hände voll zu tun. Die Emporen und die Größe des Raumes scheinen Schwierigkeiten für den sonst eher intimen Sound der Band zu bereiten.

Hinter der Bühne ist die Stimmung ausgelassen. Es sind viel mehr Menschen im Backstage-Bereich als bei den vorherigen Shows. Medienleute, Freunde, die Vorband, die auch ihre Freunde mitgebracht hat. Alle wollen Teil von etwas sein in L.A., niemand will etwas verpassen. All das Lachen und Schnattern, das Trommeln auf Oberschenkel und Aufwärmen der Stimmen, das Klirren von Gläsern, die Begrüßungsrufe über Menschenköpfe hinweg: Musiker scheinen Hintergrundgeräusche nicht im Geringsten zu stören. Wir Tennisspieler hätten sie schon längst allesamt rausgeschmissen – oder zumindest passiv-aggressiv angestarrt in der Hoffnung, dass sie es von selbst kapierten.

Es ist das erste Mal, dass ich das Konzert von der Seitenbühne aus schaue, weil es restlos ausverkauft ist. Obwohl der Sound hier nicht so gut ist wie vor der Bühne, verstärkt es das Gefühl, Teil der Band statt Teil des Publikums zu sein. Es geschah natürlich, organisch, ohne dass ich es mitbekommen hätte. Wenn ich daran zurückdenke, wie unwohl ich mich am ersten Abend gefühlt habe, als die Leute meinen Backstage-Pass anstarrten, dann ist es jetzt plötzlich sehr okay, am Rand der Bühne zu stehen. Ich bemerke, wie mein Gesichtsausdruck genau die richtige Mischung annimmt aus teils gelangweilt, weil ich die Show schon so oft gesehen habe, und teils überheblich, weil ich Teil der Band bin. Aber wenn man genau hinsieht, kann man einen Funken Stolz sehen. Die seltsame Art Stolz, die einen befällt, wenn man sich plötzlich in der Mitte eines einst geschlossenen Kreises wiederfindet.

Wenn ich heute zurückblicke, dann sind die Bilder, die mir von diesen Tagen geblieben sind, manchmal beliebig, manchmal rührend, manchmal bizarr. Ich sehe die mexikanische Bäckerei vor mir, in der wir am ersten Morgen eine Stunde auf Breakfast Burritos gewartet haben, während Kinder hinter der Theke spielten und steinalte mexikanische Bauarbeiter haufenweise bunte Panes Dulces auf ihre Tablette hievten. Ich sehe die Sonne über Tucson aufgehen und die Landschaft mit zartem rosafarbenem Licht fluten, um sechs Uhr morgens, der Rest der Welt im Tiefschlaf. Ich sehe mich im Bus sitzen und aus dem Fenster starren, die Wüste fliegt an mir vorbei in all ihrer Pracht und Einsamkeit. Ich sehe Patrick in seinem improvisierten Tennisoutfit, einen Ausdruck ernst-hafter Konzentration auf dem Gesicht, während er versucht meine Tipps für seine Rückhand umzusetzen. Ich sehe Alaina auf der Bühne stehen, eine Rose in ihrer linken Hand, das Mikrofon in der rechten, von Kopf bis Fuß in rosarotes Licht getaucht. Aber vor allem sehe ich Patrick und Alaina in einer Umarmung auf der Bühne, eine spontane Geste während des Soundchecks, gefühlt unbeobachtet – aber dafür war ich da.

ENDLICHER SPASS

Gonna rise up
Burning black holes in dark memories
Gonna rise up
Turning mistakes into gold
(Eddie Vedder)

Ich weiß nicht genau, wie es anfing, und ich weiß auch nicht so genau, wann es anfing. Ich weiß nur, dass es auf einmal da war. Und als es da war, fühlte es sich an, als wäre es schon immer da gewesen. Ich saß in der Umkleide und mein Körper wurde plötzlich zu einem Fremdkörper, der von Weinkrämpfen durchgeschüttelt wurde. Erst vier Tage später hörte es wieder auf. Ich hatte weder geschlafen noch gegessen, weder gelesen noch mich sonst wie beschäftigt. Ich hatte nur geheult, vier Tage und vier Nächte lang, durchgehend.

Wenn ich jetzt an diese Tage im chinesischen Zhuhai zurückdenke, dann sehe ich erste Vorboten. Ich sehe, wie klitzekleine Alltagsentscheidungen zu einem kolossal überraschenden Untergang führen können. Aber damals dachte ich nur: so viel Emotion für so wenig Match? Das Seltsame war, dass ich trotz grandios dramatischer Tränenausbrüche, die denen in japanischen Anime-Filmen glichen, nichts fühlte. Keine Trauer, keine Enttäuschung, keine Wut. Höchstens unendliche Müdigkeit. Weite, wüstenhafte Leere.

Aber fangen wir von vorne an.

Als meine professionelle Tenniskarriere begann, dachte ich, es gibt nur einen Weg: den nach oben. Ich hatte kleinere Verletzungen hier und da, einen Kreuzbandriss und schwierige Zeiten, aber im Kern ging es lange stetig nach oben. Ich war relativ schnell unter den hundert Besten der Welt, danach knackte ich die Top 50, die Top 20 – und eines Tages wachte ich auf und war eine der zehn besten Spielerinnen der Welt. Ich war in einer guten Familie aufgewachsen, die mich liebte, unterstützte und durch die ich bodenständig blieb; ich hatte Freunde aus der Schulzeit, die mich kannten, bevor sie mein Bild in der Zeitung finden konnten, und ich war immer gut in der Schule gewesen. Wenn ich ein Grundverständnis der Welt besaß, dann war es die Überzeugung, dass am Ende – auch wenn es mal holprig wurde, auch wenn man mal feststeckte – alles gut werden würde. Und wie bei einer selbsterfüllenden Prophezeiung wurde es das auch immer.

Bis es irgendwann nicht mehr gut wurde.

Ich frage mich heute oft, ob ich eigentlich glücklich war als Top-10-Spielerin. Mein Ego wurde stetig gefüttert von neuen Sponsorenverträgen, von Lobhudeleien und von Personen, die mich auf einmal anders behandelten, wenn ich in ein Restaurant kam. Es war wie eine Droge, deren Effekt mit der Zeit abnimmt, was dich zu erhöhtem Konsum zwingt, der letztendlich irgendwann zum Kollaps führt. Genauso verhält es sich mit dem Ego. Je mehr es gefüttert wird, desto größer und stärker wird es und desto mehr Futter braucht es, um befriedigt zu werden. Ich war schon immer stolz gewesen, wahrscheinlich ein Erbe meiner serbischen Herkunft – und der Erfolg machte mich noch stolzer, einsamer und eigensinniger. Ich begann, mich über meine Erfolge im Tennis, das Geld auf meiner Bank, die Blicke der Menschen und die Größe der Überschriften in Zeitungen zu definieren. Hatte ich genügend davon, war ich glücklich. Hatte ich es nicht, saß ich tagelang in meinem Hotelzimmer und verstand nicht, warum sich die ganze Welt gegen mich verschworen hatte. Im Nachhinein betrachtet war ich jung, naiv – und dachte, die Welt schulde mir etwas.

Wäre mein Leben ein Märchen oder eine Fabel, dann würde ich meine Rückenverletzung als eine Fügung des Schicksals betrachten, das versuchte, mich zurück auf den rechten Weg zu lenken, indem es mir eine Lektion erteilte, die ich bloß erkennen musste.

Ich hatte bereits monatelang mit Rückenschmerzen gekämpft. Begonnen hatte es als einzelner Stich, rechts an der Stelle direkt über dem Hintern, wo sich auf beiden Seiten zwei kleine knöcherne Erhebungen finden.

Ich ignorierte es geflissentlich. Irgendwann bemerkte ich, wie ich nach ein, zwei Stunden Training oder Match die Koordination über meine Beine verlor – als würden sie nicht mehr zu mir gehören. Die Schmerzen wurden schlimmer. Die Stiche kamen und gingen häufiger. Irgendwann blieben sie.

Ich versuchte durch den Schmerz hindurchzuspielen, wollte kein Weichei sein. Jeder Morgen war ein Moment der Offenbarung: Waren die Schmerzen noch da? Oder hatten sich magische Nebel vom Himmel erbarmt und mich in einer religiösen Wunderheilung zurück in die alte Andrea verwandelt? Doch jeden Morgen musste ich aufs Neue feststellen, dass himmlische Wesen keine Zeit für irdische Unpässlichkeiten haben. So blieb am Ende nur die rein menschliche Art der Heilung in Form eines Arztes.

Eine Woche vor den Australian Open, dem ersten Grand-Slam-Turnier des Jahres, bei dem ich mit einem passablen Ergebnis gute Möglichkeiten auf die Top 5 gehabt hätte, bekam ich in Melbourne die Diagnose: Stressfraktur im Ilio-sakralgelenk, mindestens drei Monate Pause.

Interessanterweise war das erste Gefühl, das sich meiner bemächtigte, Erleichterung. Der Druck all der letzten Jahre, jeden Tag besser werden zu wollen, war für einen kurzen Moment von meinen Schultern gewichen. Es war ein langer, Leben bringender Atemzug nach Jahren in den Untiefen meines Ehrgeizes. Ich war von außen befreit worden – und das Innere wollte ich folgen lassen.

Also tat ich Buße, flog zurück nach Deutschland, absolvierte Reha und Arztbesuche und dachte, ich hätte dazugelernt. Ich höre jetzt mehr auf meinen Körper, sagte ich. Auch Sportler – vor allem Sportler – bräuchten Ruhepausen. Ich hätte mich zu sehr unter Druck gesetzt. Doch während ich all diese Sätze – von einem ernsthaften Gesichtsausdruck begleitet – in Mikrofone diktierte, flammte der Ehrgeiz in meiner Seele aufs Neue auf. Ich begann, Punkte und Turniere zu zählen, und errechnete heimlich, wie viele Punkte mir fehlten, um in die Top 5 aufzusteigen.

Ich hatte zu diesem Zeitpunkt knapp vier Monate pausiert und mein Heimturnier in Stuttgart stand vor der Tür, wo ich mein Comeback feiern wollte. Ich hatte keine Rückenschmerzen mehr und die Stressfraktur war wieder zusammengewachsen. Dennoch kam das Turnier zu früh für mich. Ich war körperlich zwar wieder gesund, aber meine Gemütsverfassung war die gleiche wie vor meiner Verletzung. Ich hatte meine Pause nicht – wie behauptet – als Lernphase genutzt und mir keine Gedanken darüber gemacht, ob es vielleicht an der Zeit war, einige Dinge zu ändern. Ich hatte sie bloß als Zwangsverweis angesehen, wie ein Eishockeyspieler, der zur Strafe zwei Minuten auf die Bank geschickt wird, von wo aus er seine Augen nicht von der Uhr lassen kann und begreift, dass Zeit ein eigenartig subjektives Ding ist; mehr Perspektive als messbare Einheit.

Als ich dann in der Porsche-Arena von Stuttgart im ersten Match umknickte, alle drei Bänder in meinem rechten Sprunggelenk eines nach dem anderen rissen, das Syndesmoseband anriss und der Knöchel an der Innenseite meines Fußes von der Gewalteinwirkung ein solch massives Ödem davontrug, dass diese Schmerzen trotz OP als allerletztes verschwanden, entwich ein Teil meines Lebensgeists in die Nacht hinaus. Das Gefühl, das überwog, war Ungläubigkeit. Ungläubigkeit und der tief empfundene Widerwille gegen die erneut bevorstehende Reha.

Im Großen und Ganzen ist die Reha keine schlimme Zeit, aber zwei Dinge machen sie für mich schwer erträglich: die Langeweile und das ständige Umgebensein von Krankheiten und Leidensgeschichten. Die Langeweile der Übungen, die jeden Tag die gleichen sind, keinen Ball beinhalten (die schlimmste Tortur für alle Ballsportler, die ich kenne) und keine direkte Besserung zeigen. Das Verheilen von Verletzungen ist wie Haaren beim Wachsen zuschauen: Man sieht es nicht, man spürt es nicht, aber man vertraut darauf, dass es passiert.

Auch die Leidensgeschichten waren nur schwer auszuhalten. Egal, ob für Sportler oder für Normalsterbliche: Verletzungen sind im besten Fall nervig, im schlimmsten Fall lebensverändernd. Und bei beiden sind sie für eine gewisse Zeit der Mittelpunkt ihres Lebens. Jeder möchte seinem Nachbarn an der Rückenmaschine erzählen, was ihm oder ihr Schlimmes widerfahren ist, und da man selbst betroffen ist, bringt man jeder einzelnen Erzählung Zuwendung und Empathie entgegen. Erst nach ein paar Wochen merkt man, wie sehr einen die täglichen Gespräche über

Unfälle, Schmerzentwicklung und Narbenverheilung runterziehen.

Ich saß also in einer kleinen Kammer in der Nähe des Stuttgarter Center Courts und wartete auf den Arzt. Alles war grau: der Tisch, auf dem ich saß, die Betonwände – und die Gesichter meines Trainers, meines Vaters und meiner Physiotherapeutin. Sie saßen fassungslos schweigend neben mir und vermieden es, mir in die Augen zu sehen. Mein tröstender Begleiter dieser schlaflosen Nacht waren die verstörenden Untiefen des deutschen Fernsehens, wenn vermeintlich keiner mehr zuschaut.

Es würde alles von vorne beginnen: die Arztbesuche, die Reha, die Zweifel. Vier Monate Fehlen auf der Tour waren schlimm genug gewesen. Waren acht Monate überhaupt machbar? Wie sehr würde sich der Tennissport weiterentwickeln, während ich weg war? Wie sehr würde mein Körper unter einer OP leiden? Ich konnte meine aktuelle Ranglistenposition nicht schützen lassen, da das erst ab sechs Monaten Verletzungspause möglich war und das Match in Stuttgart als gespielt zählte. Das hieß, ich würde ins bodenlose, schwarze Nichts der Weltrangliste fallen und möglicherweise nie wieder hervorkommen.

Die erste Verletzungsphase hatte sich in meinem Kopf in die Entstehungsgeschichte eines wahren Champions gewandelt. Der Teil, in dem Rocky von hämmernden Beats begleitet Hühner jagt, auf Berge sprintet, Bäume sägt und es immer schneit. Die zweite sah ich nicht mehr als Chance auf Besserung, sondern nur noch als hoffnungslose Verdammnis ins Vergessensein, aus der es kein Zurück gab.

Nicht nur mein Fuß war verletzt, mein Ego war es auch. Ich hatte mich daran gewöhnt, bewundert zu werden, und nun sollte ich damit klarkommen, bemitleidet zu werden. Das Mitleid konnte ich ignorieren, aber nicht den Grund dafür. Der hatte weniger mit meiner Verletzung und viel mehr damit zu tun, dass der Glaube an meine Rückkehr aus den Köpfen und den Blicken der Menschen verschwunden war, wenn sie mir im Subtext ihrer Sätze das Beileid für den Tod meiner Tenniskarriere aussprachen.

Als ich kurz vor den US Open auf die Tour zurückkehrte, war ich eine gebrochene Tennisspielerin.

Das darf man jetzt nicht falsch verstehen, ich war kein unglücklicher Mensch. Ich war froh, wieder zurück zu sein. Ich genoss jeden einzelnen Schweißtropfen, der mir am Rücken entlangglitt, und jeden einzelnen Antritt, den ich schmerzfrei absolvierte. Ich nahm meinen Tennisschläger wieder als natürliche Verlängerung meiner Arme und Hände wahr und spürte nichts als Dankbarkeit und Glück.

Aber die Tennisspielerin in mir war gebrochen. Mein Glauben daran, besser sein zu können als alle anderen, war mit dem Teil Lebensgeist in die Stuttgarter Nacht entschwunden, der diese für den Erfolg so unabdingbare Überzeugung beinhaltet hatte. Ich blühte im Training auf und hatte panische Angst vor den Matches. Früher war es umgekehrt gewesen. Ich hatte das Training immer als notwendiges Übel angesehen, mit dem ich mir den Nervenkitzel der Matches verdiente. Jetzt waren die Matches bloß Rechtfertigung eines Lebensstils, den ich, seit ich denken konnte, nicht anders kannte.

Tennis ist ein Abbild des Lebens. Du führst das beste Leben, das du in der Lage bist zu führen, wenn du alle Möglichkeiten, alle Fragen, alle Zweifel, jedes Glück, jedes Leid, jeden Kuss, jede Umarmung in Einklang bringst: in Einklang

mit deinen Überzeugungen, mit deinen moralischen Wertvorstellungen und mit der Identität, die du für dich gewählt
hast. Im Tennis ist es ähnlich. Du bist die beste Tennisspielerin, die du sein kannst, wenn du alle Körperteile, alle Zweifel, jeglichen Glauben, jeden Punkt, jedes Spiel, jede Taktik
in Balance bringst. Die Beine müssen angespannt sein und
arbeiten, der Oberkörper entspannt sein und fließen. Die
Konzentration muss auf den einzelnen Moment gerichtet
sein, der Kampfgeist lebt vom Resultat in der Zukunft. Du
musst die Form eines auf jede Gegnerin abgestimmten in-
dividuellen Spielplans beherrschen, aber gleichzeitig innerhalb der Form frei sein zu improvisieren. Du sollst die Energie des Publikums aufsaugen, aber die Störungen ausblenden.
Yin und Yang. Anspannung und Entspannung. Selbstbeherr-
schung und Freiheit. Kontrolle und Loslassen. Ein komplizierter Organismus, der bereits bei nur einer verschobenen
Stellschraube stocken wird. Bei mir hakten nicht irgend-
welche kleinen Stellschrauben. Bei mir fehlte die allerwich-
tigste komplett: der Glaube, dass am Ende alles gut wird. Die
Menschheit hat Götter erfunden, Religionen begründet und
ganze Fantasiewelten des Drunter und Drüber kreiert, um
sich eigentlich nur einer einzigen Sache zu versichern: Am
Ende wird alles gut.

Ich wurschtelte die restlichen ein, zwei Monate der Saison
vor mich hin. Ich gewann nicht viele Matches und diejenigen,
die ich gewann, gewann ich dank einer wirren Mischung aus
Trotz und Kampfgeist. Als die Saison vorbei war, war ich heil-
froh. Ich hatte knapp acht Monate der Saison verpasst, aber
als sie zu Ende war, war es die anstrengendste meiner Karriere gewesen.

Im Nachhinein weiß ich, dass ich viel zu sehr mit meinem
Ego beschäftigt war, dass ich viel zu sehr auf Punkte und die

Rangliste geschaut hatte, auf das, was ich mir erarbeitet hatte und nun sehenden Auges den Abgrund hinunterpurzeln sah. Ich fühlte mich unfair behandelt und fragte mich, wann genau die gesamte Himmelsschar sich versammelt hatte, um sich gegen mich zu verbünden. Ich drehte mich so sehr um mich selbst, dass ich mich heute wundere, dass mir nicht Tag für Tag schwindlig war. Manchmal fürchte ich, dass der Fluch der Menschheit darin liegt, dass uns die verrücktesten Sachen im Leben passieren, wenn wir zu jung sind, um sie zu verstehen – und wenn wir alt genug sind, zu weise sind für den Klamauk.

Im Januar des folgenden Jahres waren wir zurück in Australien. In genau dem Land, in dem ein Jahr zuvor die ganze Misere begonnen hatte. Ich war Teil des Deutschland-Teams beim Hopman Cup, ein einzigartiger Wettbewerb im Tennis, bei dem jedes Team aus einem Mann und einer Frau besteht und zwei Einzel und ein Mixed-Doppel gespielt werden. Der Hopman Cup fand in Perth statt, der einzigen Großstadt, die ich kenne, deren nächster Nachbarort fünf Stunden Flugzeit entfernt liegt. Jeden Tag um Punkt 14 Uhr kam ein abstruser Wind auf, der immer aus der gleichen Richtung blies, immer in der gleichen Intensität, und nach genau drei Stunden wieder abzog. Die Einheimischen nannten ihn Fremantle. Ich wusste nicht, dass Natur so präzise sein kann.

Tommy Haas und ich bildeten das Team Deutschland. Ich sah ihn das erste Mal kurz vor meinem ersten Match gegen die talentierte Australierin und heutige Nummer eins der Welt Ashleigh Barty. Er war erst ein paar Tage zuvor aus Amerika angereist.

Ich mochte Tommy sehr. Er kam in Matches zwar teilweise patzig und in den Medien distanziert und abgehoben rüber, aber wenn er sich entspannte, war er einer der lustigsten Menschen auf der Tour. Man brauchte immer ein wenig, um die Fassade zu durchbrechen, und am besten schaffte man das, indem man versteckte Witze über ihn machte. Wenn er dich mochte und sah, dass du es nicht ernst meintest, dann grinste er plötzlich übers ganze Gesicht und sah aus wie ein 12-jähriger Lausbub, der einen handfesten Streich plant. Es hätte nur noch gefehlt, dass er die Handflächen aneinander-rieb.

Am meisten freute ich mich auf das Mixed-Doppel mit ihm. Ich stellte mir vor, wie er mich liebevoll anbrüllen würde, wenn ich dumme Fehler machte.

Dazu sollte es aber nicht kommen. In meinem ersten Match in der neuen Saison, keine drei Monate nachdem ich mein Comeback von meiner Fußverletzung gefeiert hatte, riss mein Meniskus im rechten Knie. Ein Stück löste sich und verbarrikadierte sich im Gelenk, sodass ich mein Knie weder richtig beugen noch richtig strecken konnte und bis zur OP in Deutschland wie ein einbeiniger Pirat durch die Gegend humpeln würde.

Es gibt ziemlich hässliche Fotos von mir, wie ich auf der Bank des Platzes sitze und heule, während der Arzt mich be-handelt. Aber ich kann mich ehrlich gesagt nicht mehr rich-tig erinnern, was in dem Moment so alles durch meinen Kopf ging. Von der Diagnose ein Jahr zuvor in Melbourne sehe ich jedes Detail der Situation, jeden Baum am Fenster, jede Falte im Gesicht des Arztes, der mir mitteilt, dass ich eine Stressfraktur habe. Ich erinnere mich an die Gerüche und die Geräusche, ich weiß sogar noch, welches Album ich an diesem Tag rauf und runter hörte. Eddie Vedders Sound-track zu »Into the Wild«:

Such is the way of the world
You can never know
Just where to put all your faith
And how will it grow

Ein Jahr später in Perth nahm ich als einzige Erinnerung mein neues unnützes Wissen über den Fremantle-Wind mit – und die Überzeugung, dass mich selbst die wildesten Pferde dieser Welt nicht zurück in die Reha ziehen würden. Lieber würde ich mit einer Flasche Whiskey in der Hand auf dem Gehsteig in Darmstadt erfrieren.

Was mir trotz dieser (zugegeben etwas übertriebenen) dramatischen Stimmung jedoch nicht ein einziges Mal in den Sinn kam, war, Tennis an den Nagel zu hängen. Dieser Sport war Teil meiner Identität, Teil meiner Familie, Teil unserer Tradition. Er machte mich stärker und seltsamer, störrischer und lustiger, sensibler und offener. Ich liebte ihn wie Henry David Thoreau seine Natur. Hier kam ich hin, um mich selbst zu finden, hier kam ich hin, wenn alles andere missraten war. Und so viele Zweifel und Tränen und Verwünschungen ich Stiefvater Tennis in dieser Zeit auch an den Hals wünschen mochte, ich verlor weder den Willen noch den Glauben daran, ihn eines Tages wieder dazu bringen zu können, mich zurückzulieben.

Reha war keine Option, auf Darmstadts Gehwegen erfrieren war eine schlechte Option, also musste eine dritte her. Und diese dritte Option manifestierte sich aus Luft und Nebel (und Beziehungen) etwa eine Woche nach meiner Operation in der Gestalt Rados. Rado war Bulgare und Physiotherapeut und einer der lustigsten, seltsamsten Menschen, die ich kennengelernt habe. Er hatte mit den Klitschko-Brüdern zusammengearbeitet und irgendjemand hatte mir den Kontakt gegeben mit den Worten: »Wenn du Reha machen willst, die keine Reha ist, dann ruf Rado an.«

Und das tat ich auch. Er war klein und kräftig und eitel. Seine Arme, seine Beine, sein Bauch, sein Rücken – alles war in große, feste Muskelmassen gepackt. Er sah stets finster drein und seine Hände waren riesig. In alter Balkantradition versuchte er bei jeder Gelegenheit, seine Männlichkeit unter Beweis zu stellen. Stets machte er die Übungen selbst vor, viel besser, als ich sie jemals hinbekommen würde – mit oder ohne Knie-OP. Er lief mit mir durch den Wald und redete ununterbrochen, während ich versuchte, den genauen Zeitpunkt meines eigenen Todes festzustellen. Er aß ausschließlich Fleisch und fragte mich mindestens einmal am Tag, wie viele Jahre jünger ich ihn schätzen würde, als er tatsächlich war.

Er war ein Macho der besten, liebenswertesten Art und ich verzieh ihm alles, weil er so verdammt lustig war. Ich wusste immer schon vorher, wann ein Witz kam: Er bekam dann ein spitzbübisches Grinsen im Gesicht, atmete tief ein, gluckste ein wenig, weil er innerlich bereits über seinen eigenen Witz lachte, und haute dann einen politisch fragwürdigen Kracher nach dem nächsten raus. In diesen Momenten, sagte ich ihm immer, siehst du tatsächlich zehn bis 15 Jahre jünger aus, als du bist, Rado. Und er freute sich mehr darüber, als wenn ich ihm eine Kiste reinsten Goldes vor die Tür gestellt hätte.

Ich war an einem Montagmorgen nach Braunschweig zum ersten Kennenlernen gefahren. Ich hatte Klamotten für zwei, drei Tage mitgebracht, denn so lange würde Rado ungefähr brauchen, um meinen Körper kennenzulernen, seine Schwachstellen ausfindig zu machen und einen Plan zu erstellen. Ich blieb einen Monat. Die ersten zehn Tage wusch ich jeden Abend meine Klamotten im Waschbecken meines Hotels mit Seife und Shampoo und bei der allerersten Gelegenheit brauste ich nach Hause, um eine Tasche zu packen.

Ein typischer Tag in Braunschweig begann um 7.30 Uhr mit Frühstück in Rados Praxis. In der gesamten Zeit, die ich mit Rado verbrachte, hat er jede einzelne Mahlzeit für mich bestellt oder gekocht. Morgens gab es immer Papaya und Datteln. Papaya, weil sie viele Antioxidantien enthalten und entzündungshemmend sind, und Datteln, um den Tag bis zum Mittagessen durchzuhalten. Datteln haben viel Zucker und Rado sagte immer: Nomaden durchlaufen die gesamte Wüste mit nichts als Wasser und Datteln, was sie können, können wir schon lange.

Nach dem Frühstück massierte er mich und brachte meinen Körper in Balance, bevor es schließlich ans Training ging. Es war wild. Wir arbeiteten vier bis fünf Stunden am Stück und sprangen von einer Übung zur nächsten. Rado war eine endlose Quelle an Trainingsmethoden, die ich noch nie in meinem Leben gesehen hatte. Er war kein großer Verfechter von mehreren Serien hintereinander, sondern ließ mich eine Übung so lange machen, bis ich nicht mehr konnte, und sprang dann direkt in die nächste über. Es ging alles Schlag auf Schlag und ich hatte kaum Zeit, ordentlich Luft zu holen, geschweige denn für Langeweile.

Das Programm war dann zu Ende, wenn ich anfing, mürrisch zu werden – das Zeichen dafür, dass ich Hunger hatte. Nach dem Mittagessen durfte ich eine halbe Stunde lang Schläfchen halten, dann ging es raus. Anfangs machten wir eine Art Powerwalking, bis ich schließlich wieder joggen konnte, dann rannten wir durch Braunschweigs Parks und Wälder mit Klammer auf der Nase. Die Äthiopier, sagte Rado, trainieren ihre Läufe alle mit Klammer auf der Nase, sodass sie den Sauerstoff nur durch den Mund einatmen können, und wenn der Wettkampf ansteht, nehmen sie die Klammer ab und ihr Gehirn wird von extra Sauerstoff durchflutet.

Mir lief der Rotz aus der Nase, Speichel am Mund hinunter, mein Gesicht war hochrot und ich dachte jede Sekunde, das war's, ich kann nicht mehr, ich muss stehen bleiben, aber irgendwie ging es doch immer noch ein Stückchen weiter. Rado redete währenddessen ununterbrochen und lachte mich aus, wenn mal wieder besonders viel Rotz an meiner Nase hing. Zum Abschluss des Tages gab es erneut Massage und Behandlung und schließlich Abendessen.

Der Monat mit Rado war ein einziges Brummen in meinem Kopf, in meinem System, in meinem Leben. Es war, als hätte jemand ein elektrisches Kabel an mein Hirn und ein weiteres an meine Wirbelsäule angebracht, die beide ständig Strom in meinen Körper pumpten. Ich wurde von neuer Lebensenergie durchflutet, Tag für Tag. Ich wurde stärker, Tag für Tag. Ich wurde selbstbewusster, ich wurde rachsüchtiger.

Rado verstand sich nicht nur als Physiotherapeut, sondern auch als Ratgeber. Täglich sagte er mir, ich solle einen höheren Zweck in meinem Talent finden, eine Absicht, was ich mit ihm erreichen wolle. Ich glaube, er wollte mich zu einer Superheldin machen, die mit ihrem Tennistalent die Welt rettet, aber ich tendierte mehr zum Bösewicht, der seinen Zweck in Vergeltung fand. Mein Comeback würde die ultimative Rache sein an allen, die mich abgeschrieben hatten. Und nicht nur das: Ich wollte das Schicksal selbst zum Duell herausfordern. Es hatte mir das Leben in letzter Zeit so schwer gemacht, aber damit war jetzt Schluss. Ich würde beweisen, dass ich wieder erfolgreich sein konnte, komme, was wolle. Selbst wenn sich die gesamte Fabel- und Bibelwelt,

Dantes Fegefeuer, Goethes Mephisto und das Sams gegen mich verbündeten – ich würde triumphieren.

Rado schleppte mich in Kirchen und ließ mich vor dem Altar stehen, um die heilige Energie aufzusaugen; er schickte mich in Museen, wo ich vor den berühmtesten Bildern stand und versuchte, mich mit deren Energie zu verbinden. Ich sollte Beethoven und Brahms hören, Bach und Mozart und versuchen, die Energie der Musik in mir aufzunehmen. Alles war energetisch geladen, positiv wie negativ. Ich war auf der Mission, mich in eine Lichtgestalt aus Kraft und Willen zu verwandeln, die wie Phönix aus der Asche aufsteigen würde.

Einige Methoden Rados waren sicherlich ungewöhnlich, viele neu und manche schlicht seltsam. Aber was er schaffte, hatte im letzten Jahr keiner hinbekommen: Er schürte erneut das Feuer in mir, er belebte meine Lebensgeister. Ich hatte wieder ein klares Ziel vor Augen, auf das ich hinarbeitete: Ich wollte unter allen Umständen zurück in die Top 10. Das Motiv dahinter, die Rache, war kein gesundes und trug die Wurzel des Verderbens bereits in sich, aber das war nicht Rados Schuld, das war einzig und allein meine eigene.

Und auf einmal ging es wieder aufwärts. Tennis spielt sich zu 80 Prozent im Kopf ab. Einen Euro für jedes Mal, wenn mir jemand diesen Satz an den Kopf warf – und ich rutsche auf goldenen Schlitten diamantene Berge hinunter. Das Leben spielt sich im Kopf ab. Wenn man ein Ziel hat, einen Zweck, für den man Niederlagen und Rückschläge zur Seite wischen muss, für den man stets aufs Neue diszipliniert in den Tag starten will, fühlt man sich energiegeladen und stark. In dieser Perspektive sind Rückschläge ein Teil des steinigen Weges, die man überwinden muss. Ohne Ziel und ohne Zweck sind Rückschläge der Felsen, an dem man scheitert, während man noch darauf hofft, dahinter den Sinn zu finden, wozu man diesen Weg überhaupt eingeschlagen hat. Und so sind, glaube ich, die letzten Zeilen des Gedichts »The Road not taken« von Robert Frost mit das Weiseste, was jemand jemals über das Leben geschrieben hat:

Two roads diverged in a wood, and I –
I took the one less traveled by,
And that has made all the difference.

Am Anfang des Gedichts wird genau beschrieben, dass beide Wege im Wald genau gleich aussehen; am Ende angekommen, überzeugt der Autor sich und den Rest der Welt jedoch davon, dass der Weg, den er wählte, weniger abgenutzt war und dass das all den Unterschied gemacht habe. Die Perspektive kann den Unterschied machen zwischen einem Leben, das in seiner Suche nach dem großen Glück auf Hindernisse stößt, und einem Leben, das ziellos von Unglück ins Leid stolpert. Sie kann der Unterschied sein zwischen »Die ganze Welt hat sich gegen mich verbündet, um mich vom Tennisthron zu stoßen« und »Die Welt macht mir gerade ganz schön zu schaffen, aber ich werde einen Weg finden«. Wir alle werden im Laufe des Lebens mit Leid, Krankheit, Tod, Niederlagen und Rückschlägen konfrontiert. Die Perspektive darauf kann unsere Rettungsleine für das große Hoffen auf Besserung sein und wir sollten niemals aufgeben, nach ihr zu streben.

Ich verlor auf dem Weg zurück in die Top 10 zahlreiche Matches, aber auf einmal nicht mehr die Hoffnung. Und als es für die Menschen um mich herum schwer wurde zu begreifen, warum ich weitermachte, machte ich einfach weiter. Als ich die Zweifel in ihren Augen sah und begriff, dass sie mich für jemanden hielten, der am Rande des Wahnsinns wandelte, machte ich weiter. Als mich keiner mehr auf der Rechnung hatte und die anderen deutschen Mädels anfingen, mir den Rang abzulaufen, machte ich weiter. Und als es fast vorbei, als ich fast nichts mehr zu geben hatte, hielt ich mich an meinem Willen fest, eisenhart, über Jahrzehnte geschmiedet – und plötzlich begann ich wieder zu gewinnen. Das Blatt hatte sich gewendet.

Ich gewann in Charleston und Bad Gastein. Ich gewann in Sofia. Ich war im Halbfinale der French Open, im Finale des Fed Cups, Halbfinale, Viertelfinale, es hörte nicht mehr auf. Die Menschen kamen wieder aus dem Schatten hervor, ich wurde wieder anders behandelt in Restaurants. Ich spielte wieder in den größten Stadien der Welt. Aber es berührte mich nicht mehr. Die Euphorie vom ersten Mal war einem allumfassenden Zynismus gewichen. So funktionierte die Welt also. Ich hielt meinen Kopf gesenkt und während Rio Reiser sich an seiner Liebe festhielt, hielt ich mich an meiner Rache, meiner Vergeltung fest. Der Wurzel meines Verderbens.

Und als ich Anfang 2015 in Antwerpen gewann und am Montag darauf mein Name wieder auf Ranglistenplatz Nummer 9 geführt wurde, war es, als hätte mir jemand den Stecker gezogen. Es war vorbei. Ich hatte es geschafft. Ende des Films. Das obligatorische Auf-die-Knie-Fallen, die Arme ausgestreckt, in den Himmel schauend, Streichquartett spielt im Hintergrund, Standing Ovations von Tausenden von Menschen.

Ich blinzelte. Ich sah mich um, drehte und wendete den Kopf, schaute nach oben, suchte den Vorhang, der fallen sollte, den Abspann: in der Hauptrolle Andrea Petković,

Drehbuch und Regie Andrea Petković – aber es kam nichts. Und ich stellte fest: Das Leben ist kein Film. Es geht einfach immer weiter. Es ignoriert, dass die Liebenden im Kuss gefangen vorm Altar stehen. Es ignoriert, dass der Held oder die Heldin der Geschichte sein Ziel erreicht hat. Es ignoriert, dass der Bösewicht tot ist. Kein Augenmerk für die Unpässlichkeiten der Menschen.

Hier also lag das Problem meines Rachefeldzugs, das Problem vermutlich jedes Rachefeldzugs. Man kann kein Dach mit einem einzigen Balken bauen (zumindest nicht, soweit ich weiß). Als der Balken verschwand, stürzte das Dach ein. Als mein Ziel erreicht war, verpuffte jegliches Rachegefühl, das ich mit mir herumgetragen hatte, und mein Herz wurde milde. Mit dem verpufften Rachegefühl gingen auch mein Willen und meine Motivation den Bach hinunter. Ich hatte nichts mehr, wofür es sich zu kämpfen lohnte. Außerdem ist es verdammt anstrengend, knapp zwei Jahre seines Lebens auf reinem Willen und negativen Gefühlen aufzubauen. Mein Kopf versuchte, daran festzuhalten und mich zu zwingen, aber meine Seele hatte längst losgelassen.

Und so begann ein Wirbel von vermeintlich kleinsten Entscheidungen, die mich immer tiefer und tiefer in einem Loch begruben – bis ich schließlich in China saß und nicht mehr aufhören konnte zu heulen.

Ich war morgens aufgewacht und hatte keine Lust mehr aufs Training gehabt. Ich hatte angefangen, meine Routinen zu vernachlässigen. Ich vergaß zu essen. Wenn ich doch aß, bestellte ich mir etwas aufs Zimmer. Ich ging nicht mehr raus. Ich blieb in meinem Hotelzimmer, ich guckte Fernsehen, aber sah nichts. Ich war ständig müde. Ich ließ mich auf Pfeiffersches Drüsenfieber untersuchen, aber da war nichts. Ich reagierte nicht mehr auf mein Handy. Ich meldete mich nicht mehr bei meinen Freunden. Ich wurde patzig und zettelte Streitereien mit meinem Team an. Ich hörte meinem Trainer nicht mehr zu. Ich suchte Ausreden, um nicht zur Behandlung gehen zu müssen. Ich war immer allein. Es war, als hätte jemand meine gesamte Existenz ausgehöhlt. Meinen Körper ausgeschabt, mein Herz ausgewrungen und meine Seele gekidnappt. Ich hatte keine Vergangenheit und keine Zukunft in mir, nur den endlosen Moment des Jetzt, der keine Linderung brachte.

In dieser Zeit hatte ich einen wiederkehrenden Traum: Ich laufe durch eine Wüste, die mehr der Wüste Kaliforniens gleicht als den klassischen Sanddünen, die wir von Filmen und Märchen kennen. Es ist steinig und struppig, Skorpione kreuzen vor mir den Weg und ich sehe die schneeweißen Windkraftanlagen am Horizont, wie sie sich endlos im Kreis drehen. Im Traum habe ich ein klares Ziel, auf das ich zulaufe, aber auf dem Weg dahin vergesse ich auf einmal, was es war. Ich bleibe stehen und versuche mich zu erinnern wie an ein Wort, das einem auf der Zunge liegt, aber gerade entfallen ist. Ich starre auf die Windmühlen, der Himmel wird dunkler, ein Gewitter scheint aufzukommen und ich werde hektisch. Irgendwann wache ich auf – ohne mich daran erinnert zu haben, was das Ziel gewesen sein mochte.

Als dann nach einem Match in China die Heulkrämpfe einsetzten, war ich fast froh. Damit konnte ich wenigstens arbeiten. Ich interpretierte sie nicht als Resignation, sondern als Aufbäumen gegen die Leere. Ich begann nachzuforschen, was eigentlich mit mir passierte. Ich schaute Filme, las Coming-of-Age-Bücher, suchte nach Interviews, die von Krisen handelten, von Depressionen, vom Erwachsenwerden. Ich begriff, dass meine Zeit als Tennisspielerin sich langsam dem

Ende neigte – und ich nichts anderes kannte außer Ehrgeiz, Willen und Härte. Ich hatte die beste Zeit meiner Jugend aufgegeben. Für was? Dafür, mit Rachegelüsten durchs Leben zu gehen und jeden zur Rechenschaft zu ziehen, der mir irgendwann mal schief über den Weg gelaufen war?

Nein. Das hatte dieser Sport, der mir so viel Glück und Erfolg gebracht hatte, nicht verdient.

Also heulte ich zu Hause noch ein bisschen weiter – und buchte mir dann ein Flugticket nach New York. Der einzige Ort auf der Welt, wo ich Tennis für einen Augenblick vergessen konnte. Ich lief mit meiner besten Freundin Marie tagelang durch die Stadt, saß vor meinen Lieblingsgemälden im MOMA herum, trank Whiskey mit Zitronensaft und Honig am Nachmittag, ließ den Rausch der Stadt über mich gleiten und fing an zu schreiben.

Am Flughafen auf dem Weg zurück nach Deutschland – Marie war kurz aufs Klo gegangen – nahm ich meinen Geldbeutel in die Hand und blickte hinein. Er war schwer und in braunes Leder gebunden. Es waren noch 70 Dollar darin, ein 50-Dollar-Schein und ein 20-Dollar-Schein. Ich dachte kurz, das würde reichen, um zurück in die Stadt zu fahren und für immer zu bleiben. Ich könnte es hier schaffen. If you can make it here, you can make it anywhere. Marie unterbrach meine Gedanken mit einem Schwall von Worten über den Streik der Lufthansa, der gerade herrschte. Ihr Haar hing ihr wild ins Gesicht und ihre Wangen waren gerötet. Sie war wunderschön. Ich erinnerte mich daran, wie wir als Kinder ganze Tage auf dem Tennisplatz in Darmstadt verbracht hatten. Wie wir Matches über zehn Sätze gespielt hatten, ich mit Doppelfeld, Marie mit Einzelfeld. Ich schmeckte das Eis auf meinen Lippen, das wir nach diesen Marathonmatches von meinem Vater spendiert bekamen, und ich spürte die sanfte

Sonne Darmstadts auf meinen nackten Schultern. Und in diesem Moment traf mich die Erleuchtung: Ich könnte Tennis einfach aus Liebe zum Sport spielen. Unabhängig von Punkten und Geld und Rangliste. Ich könnte es einfach spielen, weil ich es liebte und weil es mein ganzes Leben war. Nein, nicht weil es mein ganzes Leben war. Sondern weil es die Essenz meines Lebens war. Das kleine Etwas an Unterschied – eine Bedeutung, ein Sinn –, das uns an höhere Kräfte glauben lässt, weil es wissenschaftlich nicht zu erklären ist, was wir damit machen. Ich war nie gut in Physik gewesen, aber an eine Lektion erinnerte ich mich deutlich. Energie geht nie verloren, sie wird nur transformiert. Und genau das gedachte ich mit meiner komplizierten, leidenschaftlichen Beziehung zu Tennis zu machen – die Energie zu transformieren. In etwas Höheres, Schöneres, Besseres. Möge das Schicksal dabei diesmal auf meiner Seite sein.

Ich hatte Kopfschmerzen. Genau über der linken Augenbraue saß er – als würde mir jemand alle zwei Sekunden eine Metallstange an die Stirn hauen. Das Flugzeug dröhnte und die Hornhaut an meinen Händen wurde spröder und rissiger, obwohl ich sie mir alle paar Minuten eincremte. New York war kompliziert geworden.

Meine Hände juckten vom ständigen Eincremen und Wieder-spröde-Werden, Eincremen und Wieder-spröde-Werden, ein endloser Kampf gegen die trockene Luft im Flugzeug – bis ich mich schließlich wie ein siebenjähriger Junge auf sie setzte und den Stewardessen finstere Blicke zuwarf.

Ich drehte die Musik auf meinen Kopfhörern lauter und schaute aus dem Fenster. Winzige Regentröpfchen hinterließen Schlieren auf den Fenstern, während wir uns über dem Atlantik langsam der Ostküste näherten. Ich folgte ihnen mit meinem Zeigefinger. Das letzte Mal – auf ungefähr dieser Höhe in entgegengesetzter Richtung – hatte ich die Leichtigkeit, die ich stets mit New York verbunden hatte, irgendwo zwischen den Wolken verloren, während ein Sturm das Flugzeug durch die Lüfte schleuderte.

»Was ist der Zweck Ihrer Reise?«

Die Frau am Immigration-Schalter sah aus, als hätte sie die Frage am heutigen Tag mindestens einmal zu häufig gestellt. Ihr schwarzes Haar war zu einem strengen Pferdeschwanz gebunden und ihre Lippen kräuselten sich, wenn sie sprach.

»Ich besuche Freunde«, antwortete ich.

Wir sahen uns an. Für einen Augenblick war das mehr als eine Floskel. Irgendetwas in meinem Ton verriet es ihr. Ihre Ausstrahlung wurde weicher.

»Wie lange gedenken Sie in den Vereinigten Staaten von Amerika zu bleiben?«

»Ein paar Wochen.«

Der Stempel in meinem Reisepass hallte in meinen Ohren, noch während ich zur Gepäckausgabe ging.

Die Luft New Yorks traf mich jedes Mal ins Mark. Es war Ende Februar und die Stadt konnte sich nicht entscheiden, ob sie bereits den Frühling einleiten wollte. Im klirrenden Frost schien die Wintersonne zwischen den Gebäuden hervor und legte alles in ein hellgraues, taubes, traumartiges Licht.

Es war früher Nachmittag. Ich stopfte mir meinen schwarzen Rollkragenpullover samt Unterhemd in die Hose, um meine Nieren zu schützen, und warf mich ins nächstbeste Taxi.

»Where to?«

»East Village, please. 12th Street, between 2nd and 3rd.«

Der Fahrer warf mir einen Blick im Rückspiegel zu und ließ mich dann in Ruhe.

Ich sah die Gebäude von New Jersey an mir vorbeifliegen, kahle schwarze Bäume, gelbe Taxis. Der Bildschirm vor mir zeigte zum wiederholten Mal eine Szene der Jimmy-Fallon-Show, in der Fallon über jeden Satz seines Gegenübers theatralisch lachte.

Ich mochte diese Fahrten in die Stadt. Ein endloser Moment in Zeitlupe, der mir die Trägheit gab, die ich brauchte, um mich auf das Chaos und den Lärm einzulassen, die über mich hereinbrechen würden, sobald wir eine der Brücken überquert oder einen der Tunnel durchfahren hatten. Die Menschen, die Enge, das Hupen, die Sirenen, die Straßen, die Lichter, die Ratten, der Müll – all das waren Teile eines großen Organismus, der wie ein Bulle gegen seinen Matador, gegen die Logik der Menschlichkeit anrannte, hier glücklich sein zu können. Die Hochhäuser standen starrsinnig da und blickten mir entgegen, während sich das Taxi seinen Weg durch den dichten Verkehr der Rushhour bahnte. Ich setzte meine Sonnenbrille auf.

Patty stand bereits auf der Straße, als das Taxi in die 12th Street einbog. Sie trug ihren grauen Mantel und einen braunen Hut, unter dem ihre blonden Haare hervorlugten. Sie sah gut aus, deutlich jünger, als sie war, sportlich, drahtig, energisch. Sie hievte meine Taschen aus dem Kofferraum und schnauzte in breitem australischem Akzent und mit echter New Yorker Grobheit den Fahrer an, er hätte den falschen Weg genommen, ich hätte schon vor einer halben Stunde hier sein können.

Sie schaute mich an. Ich stand etwas hilflos da, denn ich war es gewohnt, meine eigene Tasche zu tragen. Keiner hatte mich auf Frauen vorbereitet, die nicht nur ihre eigene Tasche trugen, sondern auch die ihrer Freunde.

»Brudi!«

Ein deutsches Slang-Wort, das ich Patty beigebracht hatte, als sie mich gefragt hatte, was »buddy« auf Deutsch hieße. Ich fand das wahnsinnig witzig, weil sie keine Ahnung hatte, und jetzt standen wir hier, Jahre später, und es war mein Spitzname geworden. Klassisch ins eigene Fleisch geschnitten.

»Endlich!« Sie lachte übers ganze Gesicht, ließ die Taschen fallen und umarmte mich fest. »Ich sag's dir, ich bin so froh, endlich wieder in New York zu sein. Chicago war absolut unangenehm und überflüssig dazu. Sasha war eine Bitch, natürlich war sie das, wäre ich wahrscheinlich auch an ihrer Stelle. Aber trotzdem – okay, wir haben uns getrennt und alles, oder besser gesagt: *Ich* hab mich getrennt, versteh ich schon – trotzdem: Kann man nicht wie zivilisierte erwachsene Menschen miteinander umgehen? Hier ist dein Scheiß, da ist mein Scheiß, hab ein schönes Leben, ich wünsch dir alles Gute, und tschüss. Aber nein, stattdessen muss sie diese kindischen Streitereien anfangen, die ja am Ende doch nichts ändern. Hey, wie war dein Flug? Ich hab Bier im Kühlschrank. Hast du Lust auf Mary's Fish Camp? Lass uns rüberlaufen, ich hab *so* Bock auf 'ne Lobster Roll mit diesen kleinen Pommes, die es bei Mary gibt. Warte, ich ruf sie kurz an und mach 'ne Reservierung an der Bar.« Ein Schwall von Worten schlug mir entgegen, während wir die Treppen zu ihrer Wohnung im Erdgeschoss hinunterstiegen und ich versuchte dem Themenfluss zu folgen.

Eine halbe Stunde später saß ich frisch geduscht und mit einer Flasche gekühltem IPA-Bier in der Hand auf Pattys Sofa. Meine gewaschenen Haare hinterließen nasse Flecken auf dem Kissen hinter mir. Die ersten Schlucke des Biers entspannten mich. Meine Kopfschmerzen wurden erträglich, beim zweiten Bier waren sie vergessen. Patty erzählte unterdessen ununterbrochen von Carrie, der verheirateten Frau, mit der sie eine Affäre hatte und wegen der sie sich von Sasha getrennt hatte. Sie wiederholte die Geschichten, die sie mir bereits mehrfach am Telefon erzählt hatte, und schaffte es, trotzdem die gleiche Intensität aufzubringen. Ihre großen, blauen Augen leuchteten und alle paar Sätze legte sie ihre

Hand auf meinen Arm – wie um sich zu vergewissern, dass ich noch da war.

Patty hatte Carrie im September letzten Jahres kennengelernt. Eine Freundin aus New York hatte sie per E-Mail in Kontakt gebracht, weil sie dachte, sie würden sich viel zu erzählen haben. Dass Patty zu der Zeit in einer festen Beziehung mit Sasha war und Carrie verheiratet, interessierte diese Freundin wohl nicht.

Es war einer dieser Abende in New York, an dem die Luft sirrte, obwohl sie stand. Vielleicht weil sie stand. Ich hatte einen langen Tag gehabt und einen Kater von letzter Nacht. Als ich auf dem Weg in mein Hotel gerade den höchsten Punkt der Williamsburg Bridge überquerte, fing mein Handy an zu fiepen und zu leuchten. Es war Patty.

»Wir sind in einer Bar bei dir um die Ecke. Komm vorbei.« Die erste Nachricht.

»Wo bist du?« Die zweite.

Eine Minute später: »Brudi, wo bist du, was ist los, warum antwortest du nicht?«

»Ich bin müde, ich will nur schlafen.«

»NEIN!!! Wir sind nur zwei Blocks von dir, sei kein Spielverderber.«

»Ich kann wirklich nicht.«

»EIN BIER! ICH ZAHLE!«

»Wer ist wir?«

»Eine Freundin. Du wirst sie mögen.«

Ich wusste, dass Patty nicht lockerlassen würde. Also duschte ich, zog mir mein kurzes Jeanskleid und meine schwarzen Militärstiefel an und machte mich auf den Weg gen Osten. Auf der Straße vor meinem Hotel in der Lower East Side hockte ein Mädchen in zu kurzem Rock und zu hohen Schuhen auf dem Bürgersteig. Ihr Kopf hing zwischen ihren Beinen und sie erbrach sich. Zwei ihrer Freundinnen hielten ihr die Haare und verzogen die Gesichter. Eine Gruppe Jungs stand daneben. Sie zeigten sich gegenseitig Handyvideos und brachen allenthalben in Lachen aus. Ich unterdrückte einen Würgereiz. Auf der Avenue A blieb ich kurz stehen, um nach oben zu sehen. Der Mond war drei viertel voll und weiß wie Alabaster.

Carrie und Patty saßen nebeneinander in einem Separee. Patty trank Tequila auf Eis, Carrie einen Old Fashioned. Ihre Gesichter berührten sich fast beim Sprechen. In der Bar war es nicht laut genug, um diese Nähe zu rechtfertigen. Als ich mich dazusetzte, fühlte ich mich wie ein Eindringling. Etwas sehr Privates schien vor sich zu gehen, für das ich nur als Zuschauerin herbeigerufen worden war.

Carrie lächelte und wandte sich mir nur halb zu. Ihr Körper zeigte immer noch in Richtung Patty, während sie mich fragte: »Lieblingsfilm?«

»Kevin allein zu Haus?«

Carrie brach in schallendes Lachen aus. »Ich mag sie«, sagte sie zu Patty gewandt, die wegen meiner scheinbar witzigen Antwort stolz grinste.

Ein Kinderfilm, schon lange nicht mehr mein Ding – aber ich hatte Carrie zum Lachen gebracht und war aus dem Schneider. Menschen in New York fragten ständig nach Lieblingsessen, Lieblingsfilmen, Lieblingsbüchern, Lieblingspornos. Es half, das Gegenüber einzuordnen und ganz nebenbei auf seine Schlagfertigkeit zu testen.

Tausende winzig kleine unsichtbare Drähte wurden elektrisch durchflutet, während ich einem Dialogtanz zusah, der nicht für meine Augen bestimmt war. Und ich begriff, warum ich hierherbeordert worden war. Ich war das atmende

Warnsignal, das Patty daran erinnerte, dass sie eine feste Freundin in Chicago hatte, die ich kannte und mochte. Das Gespräch ging wellenförmig vor sich, nahm an Intensität zu und wieder ab: Wenn es heikel wurde, wurde ich einbezogen, wenn es nicht heikel genug war, wieder ausgeschlossen. Die Worte, die gesagt wurden, hatten keinerlei Bedeutung. Für Patty und Carrie existierten lediglich Mund und Augen und Hände, die sich wie zufällig berührten.

»Mein Freund Peter legt heute im Boom Boom Room im Standard Hotel auf und wir stehen auf der Gästeliste. Habt ihr Lust?« Peter war der letzte (einzige) Mensch, den ich gerade sehen wollte, aber noch weniger wollte ich die einzige Zeugin eines Dates sein, das eigentlich keins sein durfte.

»Tanzen! Yeah, auf jeden Fall!« Carrie schaute Patty an. »Ich hab dich noch nie tanzen sehen.«

Wann auch? Ihr kennt euch gerade einmal zwei Tage. Dachte ich mir, sagte aber nichts.

»Okay, ich ruf 'n Uber.« Patty griff nach ihrem Handy.

Das Standard Hotel befand sich einmal quer durch Manhattan auf der West Side. Es war eines dieser Hotels, die im Meatpacking District entstanden waren, als dieser gerade hip wurde. Die Architektur des Hotels war faszinierend, zwischen eklektisch und minimalistisch. Die komplette Fassade bestand aus Glas und man konnte über den Hudson nach Westen sehen. Im Osten breitete sich die Schar sich spiegelnder New Yorker Gebäude aus.

Der Ruf von etwas subtil Sexuellem hing dem Hotel an. Vielleicht war es der Film »Shame« mit Michael Fassbender, dessen Sexszenen hier gedreht worden waren. Oder es war die Glasfassade, die einen voyeuristischen Zugang zu den intimsten Momenten im zwischenmenschlichen Bereich zuließ. In der Bar selbst gab es einen Whirlpool, der nach meinen Informationen nie gereinigt wurde, Unisextoiletten mit schwer zu handhabenden futuristischen Waschbecken – und alles war in rotes Licht getaucht. Als wir die Treppen hinaufstiegen, lief gerade »Creature Comfort« von Arcade Fire. Das DJ-Pult war leer, als wir die Bar betraten.

»Wo ist Peter?«, fragte Patty. Ich wusste es nicht, aber vermutete, dass er zum Rauchen auf die Dachterrasse gegangen war. Während Patty und Carrie Getränke bestellten, lehnte ich mich mit dem Rücken an die Bar und sah mich um. Links von mir war der berüchtigte Whirlpool, der als einziger Ort in diesem Raum hell erleuchtet war und aus dem Dampf aufstieg. Frauen in BHs und Männer ohne T-Shirts tummelten sich darin und bespritzten sich mit Bier, als wäre das Wasser nicht nass genug. Das DJ-Pult stand schräg hinter mir, die Tanzfläche direkt davor und leer. Es war noch zu früh für New York.

Das Publikum war eine wilde Mischung aus zufällig auf dieser Party gelandeten Touristen, die im Lonely Planet die Bar des Standard Hotels bei den verruchten Geheimtipps gefunden hatten, aus extravagant gekleideten schwulen Männern (die Partyveranstalter waren stadtbekannte Homosexuelle), Frauen in sehr knappen Oberteilen und aufgeplusterten Lippen, die ständig ihre Brüste richteten, und zwei, drei Indie-Jungs, die ganz in Schwarz in engen Hosen an der Bar standen, Bier tranken und verächtlich auf den Rest der Menschheit schauten, wenn sie nicht gerade auf der Dachterrasse selbst gedrehte Zigaretten rauchten. Patty und Carrie reihten sich schnell ein in die Kategorie coole Touristinnen, die zufällig hier gelandet waren, und eröffneten in noch adäquatem Abstand zueinander die Tanzfläche.

Ich passte nicht dazu. Weder zu meinen Freundinnen

noch zu dem Rest der Menschen hier. Ich versuchte mich auf mein schal werdendes Bier zu konzentrieren und vermied es, nach Peter Ausschau zu halten, obwohl ich nicht aufhören konnte, an ihn zu denken.

»Peter!«

Patty fiel einem in Schwarz gekleideten Jüngling um den Hals. Er war 30, aber er sah aus wie 18. Seine Blicke wanderten, er war nervös und rastlos. Vielleicht war er auf Kokain. Er umarmte uns flüchtig, stellte sich Carrie vor – und weg war er. Beim Gehen schaute er sich noch einmal kurz nach mir um. Ich schaute weg, aber spürte seinen Blick.

Peter sah aus wie ein junger Gott der griechischen Mythologie. Er hatte feinste, fast weibliche Gesichtszüge, lockiges herbstbraunes Haar, das in untergehendem Licht rötlich schimmerte, und schien trotz seines fragwürdigen Lebensstils nicht zu altern. Sein Jungbrunnen war eine absurde Mischung aus billigem Alkohol, schnellen Frauen und unendlichem Tabakkonsum.

Sein Körper war der eines 18-jährigen Jungen, der ein bisschen spät dran war mit der Pubertät: lang und dünn und ungelenk. Er hatte es geschafft, seinem genderneutralen Aussehen einen männlichen Stolz abzugewinnen, und machte den Rest mit Witz und Charme wett. Ich liebte ihn mit dem Eifer einer hilflosen Reiterin, die ein unberechenbares Pferd zu zügeln versucht. Er war unzuverlässig, störrisch, eigensinnig und lebte in einer Fantasiewelt aus Liedern und Licht. Er konnte kalt sein wie ein Fisch und sich im selben Moment nach nichts als Liebe sehnen. Voller Widersprüche war er in meine Welt gestolpert und machte keine Anstalten, sie jemals wieder zu verlassen. Die Art Mensch, die immer da ist, aber niemals ganz anwesend.

Ich packte Patty und Carrie unter den Achseln, eine links eine rechts, und zog sie hinaus auf die Dachterrasse. Wir beobachteten, wie das letzte rötliche Licht über dem Hudson verschwand, und ich ließ mich auf dem nächstgelegenen weißen Plüschsessel nieder. Ich atmete einmal tief durch. Die Septemberluft hatte sich etwas abgekühlt, dachte ich. Patty hatte ihre Hand auf Carries unteren Rücken gelegt.

Einige Monate und viele Dramen später waren Patty und ich von ihrer Wohnung im East Village aufgebrochen und inzwischen auf dem Weg ins West Village. Die Müdigkeit des Jetlags holte mich ein. Ich verschwand in einem Deli, das 24 Stunden geöffnet hatte, kaufte mir einen großen Becher schwarzen Kaffee, wartete, bis er fast abgekühlt war, und trank ihn dann in einem Zug aus. Patty telefonierte. Meine Hände begannen zu zittern wegen des Koffeins und ich hatte das starke Bedürfnis, so lange zu rennen, bis ich nicht mehr konnte. Wir bogen rechts in die Bleecker Street ein, gingen zwei Straßen weiter und standen schließlich vor Mary's Fish Camp. Ein winzig kleines Fischrestaurant, das wie eine edel designte Bude aussah und kaum mehr Platz als für 20 Leute hatte. Die bekanntesten Restaurantkritiker der Stadt waren hier Stammgäste, vermieden aber geflissentlich, darüber zu schreiben, um sich ihre kleine Oase zu bewahren. Patty war eines Nachts hungrig und betrunken, nach ein paar Drinks in der Lesbenbar um die Ecke, zufällig hier eingekehrt und hatte sich mit Mary, der Besitzerin, angefreundet, die uns jetzt begrüßte. Sie war hager und schüchtern, aber besaß die Autorität einer Person, die sich in ihrer Komfortzone befand. Das gesamte Team bestand aus Frauen und strahlte eine latente Strandatmosphäre aus, als wären wir in Cape Cod und nicht mitten in New York City.

Wir setzten uns an die graue Bar aus Aluminium und Mary ließ frittierte Austern mit Tatarsoße und zwei große Pale Ale kommen. Hungrig griff ich nach der größten Auster. Patty legte ihr Handy auf den Tisch. Sie fing an, alte SMS-Konversationen mit Carrie aufzurufen.

»Hier. Hier hat sie gesagt, dass alles anders gelaufen wäre, wenn ich nicht für einen Monat nach Australien gemusst hätte, guck hier. Und hier fragt sie mich, ob ich den Sommer über noch aushalten kann. Da und da.«

Ihre Finger flogen über das Display, ich konnte kaum folgen.

»Über den Sommer. Was soll das heißen? Vielleicht hat es was mit ihren Finanzen zu tun. Ich weiß, dass sie und ihre komische Frau – echt jetzt, ich würde Carrie so viel besser behandeln! – gemeinsame Aktien besitzen. Vielleicht ist die Laufzeit nach dem Sommer zu Ende.«

Ich kam nicht umhin, Patty für ihren Optimismus zu bewundern. Oder für die Fähigkeit, sich selbst in die Tasche zu lügen, je nachdem, wie man es betrachtete.

»Es ist jetzt genau vier Wochen her, seit wir das letzte Mal miteinander gesprochen haben.«

Ich betrachtete Patty von der Seite, wie sie auf ihrem Handy herumtippte. Sie war in einer anderen Welt versunken. In der Welt des Was-wäre-gewesen-Wenn. In der Welt, in der sie mit Carrie auf weißen Pferden, Händchen haltend, gen Sonnenuntergang reitet. Es hatten sich tiefe senkrechte Furchen neben ihrem Mund gebildet. Sie sah auf einmal sehr alt aus.

Ich nahm einen großen Schluck meines Pale Ale.

Als die Sonne untergegangen war, damals auf der Dachterrasse im Standard Hotel, hatten Patty und Carrie Händchen gehalten. Sie dachten, man sehe sie nicht im Dunkeln. Ihre

Hände berührten sich flüchtig, Finger streichelten Handflächen, griffen nach Daumen, umfassten, ließen los und verkeilten sich schließlich ineinander. Der natürliche Lauf der Dinge an diesem Abend.

Schließlich drehte sich Patty nach mir um und ließ dabei Carries Hand los. Sie versuchte sich in einer Geste der Unschuld, indem sie mir beide Handflächen zeigte. »Tanzen!«, rief sie mir etwas schrill zu, während sich die beiden auf den Weg nach drinnen machten. Sie war betrunken.

Es lief Madonna, als ich die beiden eng umschlungen auf der Tanzfläche wiederfand. Ich wippte leicht im Takt der Musik und fühlte mich wie ein Riese, der mit Argusaugen über den beiden Liebenden, deren Liebe verboten war, wachte. Damit nichts passierte.

Patty sah mich und stürmte auf mich zu. Sie legte ihren Arm um mich und zog mich an sich. »Ich bin ein gutes Mädchen! Es wird nichts passieren, versprochen!« Ihr Atem roch nach Tequila und sie sprach zu laut. Wieder zeigte sie mir ihre Handflächen. Tanzend ließ sie mich stehen, drehte sich im Fortgehen aber noch einmal zu mir um: »Pass ein bisschen auf mich auf, Brudi, ja?«

»Hey, wie fühlst du dich?«

Peter war wie aus dem Nichts neben mir aufgetaucht. Er sah mich an, fordernd, schüchtern, zärtlich, alles zugleich. Wir standen in gutem Abstand zueinander, aber ich hatte ein Gefühl, als wäre er in mir, ein Teil von mir.

Ich mochte diese Nähe nicht. Ich mochte nicht, wie er meine Launen roch, wie er meine wohlgeformte Außenschicht durchbrach wie ein Astronaut die Atmosphäre auf dem Weg zum Mond. Ich rückte noch weiter weg und nahm mir Zeit mit der Antwort.

»Ich glaube, ich muss ein bisschen auf Patty aufpassen heute«, sagte ich schließlich, zuckte mit den Schultern und versuchte, nonchalant zu wirken. Er ignorierte, dass ich ihm nicht auf seine Frage geantwortet hatte. Etwas unbeholfen stand er neben mir, nicht wissend, wie es weitergehen sollte. Wir starrten auf die Tanzfläche und ertrugen stoisch und tapfer die Spannung zwischen uns.

Patty rettete uns. Sie stolperte tanzend auf uns zu, wirbelte um Peter herum, ganz in der Rolle einer heterosexuellen Frau, ließ ihre Hüften ruckartig vor seinen Lenden kreisen und die Hände an seiner schmächtigen Brust hoch- und runtergleiten. Sie öffnete die oberen zwei Knöpfe seines Hemds, griff mit ihrer rechten Hand hinein und legte sie auf die Höhe seines Herzens. Die Haut, die unter dem Hemd hervorlugte, war schneeweiß. Dabei schaute sie ihm tief in die Augen. Ihre Gesichter näherten sich, dann brachen beide in Lachen aus und Patty verschwand wieder in der dunklen Menge auf der Tanzfläche, die wie ein wabernder Koloss im Hintergrund an- und abschwoll.

Peter sah mich an. Er kam näher, ich wich zurück. Er blieb stehen, seine rechte Hand strich sich nicht vorhandene Haarsträhnen aus dem Gesicht und er zog die Augenbrauen zusammen, eine Falte bildete sich auf seiner Stirn. Zögernd machte ich einen Schritt auf ihn zu, ein paradoxer Tanz des Widerwillens. Er ergriff die Chance. Blitzschnell hatte er seinen Arm um mich gelegt und zog mich an sich heran.

Ich legte mein Gesicht in die Kuhle seines Halses, genau an die Stelle, wo sich der Hals zum Schlüsselbein biegt, und sog Peters Geruch ein. Eine Mischung aus Alkohol, Zigaretten und etwas betörend Süßlichem, was seine Essenz sein musste, brannte sich in meine Nervenenden. Ich konnte seine Gänsehaut spüren – und für einen Moment stürzte mein Schutzwall ein und riss Peter mit in den Abgrund. Der Moment schien gleichzeitig ewig zu dauern und im Nu vorbei zu sein.

Ich kam zu mir. Ich löste mich aus der Umarmung, meine Haut glühte. Ich sah die rote Stelle an seinem Hals, wo eben noch mein Gesicht gewesen war, und seine glasigen Augen. »Ich muss mal auf die Toilette«, murmelte ich verlegen, als wäre etwas vorgefallen, das vergessen werden musste.

Die Waschbecken standen mitten im Raum der Unisextoilette und riesenhafte Ungetüme von Spiegeln thronten in schummrigem Licht über ihnen. Der Wasserhahn war ein einzelner, glatter Stab, der aus dem Spiegel herausragte. Ich rüttelte daran, bis das Wasser so kalt war, dass es meiner Haut wehtat. Ich hielt meine Hände unter das Wasser, bis sie rot und rau waren und ich sie nicht mehr spürte. Als ich in den Spiegel schaute, blickte mir ein müdes Gespenst entgegen, mit tiefen Augenringen und einer trockenen Stelle über dem rechten Mundwinkel. Ich band meine Haare zu einem Pferdeschwanz nach hinten, atmete einmal tief durch und bahnte mir meinen Weg zurück auf die Tanzfläche. Peter stand noch an der gleichen Stelle mit einem ebenfalls ganz in Schwarz gekleideten Doppelgänger-Freund. Die Distanz zwischen uns war wieder da.

»Wo ist Patty?« Ich ließ meine Augen über die Menge gleiten. Peter zeigte in Richtung DJ-Pult. Dahinter, in der dunkelsten Ecke der Bar, entdeckte ich zwei Gestalten, erstarrt in einem leidenschaftlichen Kuss. Patty und Carrie. Ich war an meinem Auftrag als Schutzpatron der Liebenden grandios gescheitert.

Und nun saß Patty mit mir in Mary's Fish Camp und wir aßen Brot und klein gehackten Hummer in Mayonnaise. Der Winter neigte sich dem Ende zu und Carrie war wohl zu ihrer Frau zurückgekehrt. Zumindest hatte sie sich seit genau einem Monat nicht mehr bei Patty gemeldet. Da die beiden keine gemeinsamen Freunde hatten, war sie wie vom Erdboden verschluckt.

Ich bezahlte die Rechnung und wir machten uns auf den Weg zurück ins East Village. Patty wurde immer ruhiger, der nervöse Redefluss und der ständige Griff zu ihrem Handy wichen Schweigen und einem tieftraurigen Blick. Ich war zu müde, um sie aufzumuntern, und so liefen wir eine gute Weile schweigend nebeneinanderher. Es war dunkel geworden und Neonlichter und beleuchtete Reklametafeln blinkten uns an jeder Ecke entgegen. Ich übersprang den Müll, der hier und da auf dem Gehweg herumlag, und sah zwei Ratten nach, die im Dunkeln verschwanden.

»Wir gehen jetzt noch einen trinken!« Ich ergriff Pattys Hand mit Inbrunst. Wir standen an der Kreuzung Houston Street und Avenue A.

»Was?« Sie sah mich verstört an. »Du hast Jetlag.«

»Nichts, was Mezcal nicht heilen könnte. Los! Wir sind in New York fucking City! Der besten Stadt der Welt!«

Patty lachte: »Okay, einen Drink, aber ich trinke auf keinen Fall Mezcal, geht's noch?«

»Sei nicht so, sei anders. Komm, Caitlin und ihre Schwester sind auch da.«

Eine Viertelstunde und zwei Mezcal später standen wir in Allie's Bar, energetisch geladen wie eine Solarzelle in der Wüste. Ich sang die amerikanische Nationalhymne mit erfundenem Text, um die spärliche Zahl an Zuschauern zu belustigen, und erzählte lauthals Geschichten, als würde ich bei einer Stand-up-Comedy auftreten. Meine Freundin Caitlin und ihre Schwester Leslie unterstützten mich, indem sie an den richtigen Stellen lachten und an anderen den Kopf schüttelten. Patty spielte Pool mit betrunkenen Männern, die sie unterschätzten, weil sie eine Frau war, und im Verlauf des Abends Haus und Hof verloren. Die Jukebox spielte alte Loretta-Lynn-Songs – und meine Seele, die immer ein wenig länger brauchte für den Weg über den Atlantik, flog irgendwann während Lorettas Duett mit Jack White über Gin Fizz und Liebe durch die Tür herein und verschmolz mit meinem Körper, der länger als üblich hatte warten müssen.

Wir waren hoffnungslos betrunken. Ich fragte mich, ob die Höhe meines Highs kolossal genug war, um einem Tief zu entgehen.

»Ich geh eine rauchen, kommst du mit?« Caitlin hielt eine Schachtel Marlboro Light in der Hand. Ich hatte gerade eine leidenschaftliche Rede über die Liebe gehalten, einem Thema, von dem ich rein gar nichts verstand und über das ich deswegen umso sturer argumentierte.

»Ich geh kurz aufs Klo und komm dann nach.« Ich schnappte mir meine Jacke, nahm noch mal einen großen Schluck Bier und verschwand. Ein kurzes Schwindelgefühl überkam mich, als ich versuchte, die Spülung zu betätigen, ohne unnötig viel der verdreckten Toilette zu berühren – ich sollte es wohl ein wenig langsamer angehen lassen mit dem Trinken in den nächsten Stunden.

Es war inzwischen Mitternacht. Mein Handydisplay leuchtete mir ins Gesicht. Entschlossen verließ ich die Toilette auf der Suche nach frischer Luft und klaren Gedanken, schaute dabei weiterhin auf mein Handy und stieß beim Öffnen der Tür nach draußen mit Peter zusammen.

»Peter? Was machst du hier? Hast du mir geschrieben?« Ich hatte ihm am Flughafen die obligatorische »Ich bin in New York«-Nachricht gesendet.

»Ähm, nein, aber ich dachte mir, dass du hier bist.« Er zögerte. »Und mein guter Freund Bobby feiert hier seinen Abschied heute«, schob er dann hinterher. »Er geht nach Berlin.«

»Ich bin schon ein wenig länger hier, mein Freund, und inzwischen mit allen Insassen dieser Bar bestens bekannt. Und ich kann dir mit an Sicherheit grenzender Wahrscheinlichkeit sagen, dass sich heute kein Bobby unter den Trinkenden in Allie's Bar befindet.«

»Du bist betrunken.« Peter guckte mich vorwurfsvoll an.

»Wie geht's deiner Freundin?«, antwortete ich. Er hatte recht, ich war betrunken. Zu betrunken und zu sehr oben, um taktvoll zu sein.

»Hey, sie ist cool, auf jeden Fall, sie ist cool, du würdest sie mögen«, sagte er und wirkte genervt.

»Da bin ich mir sicher«, sagte ich und hoffte, dass mein gereizter Ton im Lärm der Bar untergehen würde.

Ich sah in seinem Gesicht alles, was er nicht sagen wollte, er sah in meinem alles, was ich nicht sagen wollte; und die Wörter, die gesprochen wurden, verstanden einander nicht. Ich ging nach draußen, Peter an die Bar.

Caitlin – die gleiche Caitlin, die mir als Gründerin des »racquet magazine« regelmäßig ins Gewissen redete – stand unter dem spärlichen Licht einer Straßenlampe und rauchte. Ihr Haar hing ihr ins Gesicht, ihr blauer Wintermantel hatte einen weißen Fleck auf der linken Schulter. Sie erzählte von ihrem vierjährigen Sohn Henry, sie philosophierte über Tennis, sie sprach über George Saunders. Ich sah sie an und nickte, einverstanden mit allem, was sie sagte, froh darüber, nicht selbst reden zu müssen, einmal nicht unterhalten zu müssen. Junge Menschen in abgewetzten Klamotten und mit Ringen an allen Fingern, Mädchen mit kurzen Haaren, Jungs mit langen Haaren, Künstler mit Flecken auf der schwarzen Jeans, Musiker mit leerem Blick und Models mit schwarzen Augenringen liefen vorbei, blieben stehen und schnorrten Zigaretten. Fragten nach Kokain mit Worten, fragten nach Nähe mit den Augen. New York machte einsam. Ich beobachtete, wie das Licht der Straßenlampe die Farbe von Caitlins Haaren änderte, je nachdem, wie sie ihren Kopf neigte.

»Es ist Carrie!« Patty war auf einmal in der Tür aufgetaucht und brüllte uns an. Sie hielt ihr Handy in die Höhe wie eine Trophäe. »Es ist Carrie, verdammt noch mal! Was soll ich machen?« Ihr Handy leuchtete und vibrierte.

Ich sah Caitlin an, die nur fragend die Schultern zuckte.

»Was. Zum. Teufel. Soll. Ich. Tun?« Patty betonte jedes einzelne Wort, als wäre es ein für sich stehender Satz.

»Nimm ab!«

»Ja, geh dran!«

»Mach schon!«

Patty drückte hektisch auf das Display, räusperte sich und sagte in einer mir fremden Stimme: »Hallo.« Sie verschwand in der Dunkelheit, das Telefon ans Ohr gepresst.

Als sie nach zwanzig Minuten wieder auftauchte, war ihr Gesicht gerötet vor Aufregung und ihre Augen leuchteten. »Carrie ist im Standard. Ich fahr rüber.«

»Ähm, wie bitte? Was machst du?«

»Ich fahr rüber. Ich muss sie sehen.«

»Patty. Glaubst du, dass das eine gute Idee ist?«

»Ich weiß es nicht, aber ich muss das jetzt tun.«

Ich sah in ihrem Gesicht, dass sie ehrlich dachte, sie hätte keine andere Wahl; als legte sich das Damoklesschwert des Schicksals über sie. Sie gab mir den Schlüssel zu ihrer Wohnung, sagte, sie wisse nicht, ob sie heute Nacht nach Hause komme, und weg war sie. Als sie ins Taxi stieg, lief »Seasons in the Sun« von Terry Jacks im Hintergrund.

Ich verabschiedete mich von Caitlin, winkte Peter durchs Fenster zu, der mir einen leeren Blick zuwarf, und lief die zwölf Blocks zu Pattys Wohnung zurück. Unterwegs hielt ich in einem Deli und kaufte Wasser, Mandeln in dunkler Schokolade und tiefgefrorene Gemüseteigtaschen.

In der Wohnung angekommen, puhlte ich die zwölf Gemüseteigtaschen aus ihrer Plastikverpackung, legte sie auf einen Teller und stopfte ihn für ein paar Minuten in die Mikrowelle.

Ich aß stehend in der Küche. Die Teigtaschen waren labberig und schmeckten abgestanden und schal. Ich dachte über Patty und Carrie nach, wie sie zueinandergefunden hatten und wie sie auseinandergegangen waren. Ich dachte über die Energie zwischen Menschen nach, die nie verschwindet, sich aber immer wieder transformiert. Von Affäre zu Liebe zu Freundschaft und wieder zurück. Ich dachte an Caitlin und ihren Sohn Henry und daran, dass alles doch meistens ziemlich okay war. Ich dachte an mein Tennis. Und ich dachte an Peter. Ich fragte mich, wohin mich dieser Weg führen würde.

Als ich fertig gedacht hatte, spielte ich einen Song von den Rolling Stones in schlechter Qualität auf meinem Handy ab. Mick Jagger sang wieder und wieder, dass *sie* einem Regenbogen gleicht. Ich wusste nicht genau, ob das gut oder schlecht war.

Am nächsten Morgen erwachte ich früh und mit Kopfschmerzen, die mich daran erinnerten, dass ich es gestern Abend für eine gute Idee gehalten hatte, Mezcal zu trinken. Patty war in der Nacht nicht nach Hause gekommen. Ich machte mir einen grünen Tee, duschte und verschickte SMS an alle meine Freunde in New York, um zu hören, wer mit mir den Tag mit Nichtstun und In-Cafés-Herumsitzen verschwenden wollte. Nach und nach trudelten die Absagen ein: Ich muss arbeiten. Ich muss auf den Sohn meiner Schwester aufpassen. Ich bin krank. Ich habe einen Kater. Die, die nicht antworteten, schliefen wahrscheinlich noch und das war Antwort genug.

Ich trank meinen grünen Tee aus, der bereits kalt war, und empfand auf einmal das starke Bedürfnis, nach draußen zu gehen und loszulaufen. Ohne Ziel, ohne Zweck und Plan. Ich warf mir eine Jacke über und ging vor die Tür. Es war windig und grau. Ich zog die Jacke enger zusammen und lief los Richtung Südwesten. Manchmal blieb ich stehen, um mir einen Kaffee zu kaufen oder einen Muffin mit Blaubeeren, manchmal ging ich in Läden hinein, die mich nicht wirklich interessierten. Dunkle Läden, die esoterische Bücher über Numerologie und den Mond, Räucherstäbchen, Hexenutensilien und Schildkrötenpenisse verkauften. Die Menschen, die mir auf dem Weg entgegenkamen, hatten sich Mützen und Jacken ins Gesicht gezogen, sie liefen zügig und schauten auf den Boden vor sich. Die meisten hatten Kopfhörer auf und waren in ihrer eigenen Welt gefangen. Niemand schaute den anderen an.

Die Architektur fing an sich zu verändern. Die Gebäude wurden größer und prachtvoller, Pagen standen davor und Männer in Anzügen bahnten sich ihre Wege durch Gruppen von Touristen, die alle paar Meter stehen blieben und auf ihre Handys schauten. Ich lief weiter. Ich besuchte Museen und Cafés, las George Saunders und schaute durch Fenster hindurch nach draußen. Ich machte halt in einem alt aussehenden Diner und bestellte Cheeseburger und Milkshakes. Neben mir saß eine steinalte Frau mit großen Perlenohrringen und aß Tomatensuppe. Ich bezahlte die Rechnung und machte mich wieder auf den Weg.

Der Wind hatte an Stärke zugenommen. Meine Jacke war zu kurz für diese Art Wetter, die Kälte kroch in mich und Frost legte sich über meine Organe. Ich starrte auf den Boden und irrte weiter ziellos durch New York, als sich auf einmal die Schatten der Gebäude vor mir lichteten. Ich hob den Blick und sah einen Park auf der gegenüberliegenden Straßenseite. Rechts davon lag ein pyramidenhaftes Gebäude, das »Museum of Jewish Heritage«, und hinter Museum und Park traf der East River auf den Hudson River. Ich überquerte die Straße und lief durch den Park schnurstracks auf das Wasser zu. Der Wind peitschte mir winzig kleine Tropfen ins Gesicht.

Ich stand an der Reling. Meine Hände glitten über das kalte, glatte Metall und strichen das Wasser zur Seite. Ich konnte die Freiheitsstatue von hier aus gut sehen. Sie war kleiner, als man sie sich vorstellt, nicht so prachtvoll wie bedeutungsvoll, und der Anblick machte mich nostalgisch, melancholisch, traurig. Die Statue war grau, das Wasser war grau, der Himmel war grau. Und doch war beruhigend, dass sie da war, ein Monument der Geschichte, das für alle Zeiten gleich armselig aussehen würde, wenn man davorstand, und gleich majestätisch in der Erinnerung. Ich griff nach einer Plastiktüte, die durch den Park geblasen wurde, funktionierte sie zur Sitzunterlage um, setzte mich auf eine Bank und starrte weiterhin hinüber auf Ellis Island, das Wasser und die Freiheitsstatue.

Ich hatte in New York mein seelisches Äquivalent in einer Stadt gefunden. Sie war laut und voller Energie, sie war allein nicht zu meistern. Sie war einsam und machte einsam, sie erwartete Individualismus, aber weckte die Sehnsucht nach Familie und Nähe. Sie war ein einziger großer Widerspruch in sich selbst, der sich niemals vereinen lassen würde. Der

Wind blies, der Himmel wurde immer schwärzer, die Freiheitsstatue verschwand in dunklen Schatten und es legte sich eine niederschlagende Müdigkeit über mich. Meine Augenlider wurden schwerer und schwerer und trotz Kälte und Nässe und Nebel schwebte ich auf einmal in einem Zustand, der zwischen Wachtraum und Schlaf hin- und herwanderte.

Ich befand mich in einem Zug von New York nach Washington D.C. Mir gegenüber saß ein junger Mann mit schneeweißer Haut, der schlief. Draußen flogen die Bäume der Ostküste vorbei. Seine Haut war so glatt, wie sie nur in einem Traum sein kann. Sein Kopf lehnte an der Kopfstütze, er saß in einem perfekten 90-Grad-Winkel da, beide Hände auf den Lehnen neben ihm. Die Haut auf seinen Händen war so weiß und zart, dass man die blauen Äderchen darunter klar erkennen konnte. Er war ein Fremder und ich liebte ihn. Ich liebte seine Unschuld, seine Zartheit, die Blässe seines Gesichts, die Weichheit seiner Züge. Eine tiefe Entspannung bemächtigte sich meines Gemüts, ich wurde ganz ruhig, ich lächelte. Ich streckte meine Hand aus, um nach ihm zu greifen – doch bevor ich ihn anfassen konnte, hörte ich eine laute Stimme in meinem Kopf.

»Ma'am. Ma'am! Sie können hier nicht schlafen.«

Ich schlug die Augen auf. Ein Polizeioffizier stand vor mir und schaute skeptisch. Es war inzwischen dunkel geworden im Park.

»Gehen Sie nach Hause.«

Ich stand auf. »Okay«, sagte ich. »Danke.«

Und dann lief ich zurück durch den Park, durch den Financial District, durch Chinatown, über die Houston Street, weiter der Bowery Street folgend – bis ich in der 12th Street war zwischen 2. und 3. Avenue. Und dann war ich zu Hause. Vorerst.

DANK

Ich danke meinen Eltern für ihren Mut im Gehen und ihr Durchhaltevermögen im Bleiben, aber vor allem für ihre endlose Liebe für mich und meine Schwester. Ich bin stolz auf euch.

Ich danke meiner Schwester. Der einzige Mensch, dem ich alles geben würde und mehr.

Ich danke Jesse für seine Liebe und dafür, dass er denkt, ich sei Hemingway. Es könnte daran liegen, dass er kein Deutsch spricht.

Ich danke allen Personen, die in diesem Buch auftauchen, für die Inspiration und bitte um Verzeihung, falls mich meine Erinnerung betrogen haben sollte.

Ich danke meiner Agentin Barbara Wenner für ihren skeptischen Gesichtsausdruck, wenn ich übers Ziel hinausschieße, und ihre endlose Geduld für mich und meine hanebüchenen Ideen.

Ich danke meiner Lektorin Stephanie Kratz für ihre wundervolle Arbeit und meinem Verlag KiWi, der mir von Anfang an das Gefühl gab, an mich als Autorin zu glauben, was ein angenehmer Unterschied zum Anfang meiner Tenniskarriere war.

Ich danke meinen Gegnerinnen und Freundinnen, allesamt starke Frauen, die mich jahrelang herausforderten, antrieben und zwangen, besser zu werden.

Ich danke meinem Sport, ohne den ich nicht da wäre, wo ich bin. Du und ich, wir zwei haben es wahrlich geschafft – wer hätte das damals je gedacht?

Ich widme dieses Buch meinen beiden Heimaten. Dem Land, in dem ich aufgewachsen bin – Deutschland. Und dem Land, das, als ich es verließ, noch Jugoslawien hieß.

INHALT

Aus Verantwortung für die Umwelt hat sich der
Verlag Kiepenheuer & Witsch zu einer nachhaltigen
Buchproduktion verpflichtet. Der bewusste Umgang mit unseren
Ressourcen, der Schutz unseres Klimas und der Natur gehören
zu unseren obersten Unternehmenszielen.

Gemeinsam mit unseren Partnern und Lieferanten
setzen wir uns für eine klimaneutrale Buchproduktion
ein, die den Erwerb von Klimazertifikaten zur
Kompensation des CO_2-Ausstoßes einschließt.

Weitere Informationen finden Sie unter:
www.klimaneutralerverlag.de

MIX
Papier aus verantwor-
tungsvollen Quellen
FSC® C083411

FSC
www.fsc.org

Verlag Kiepenheuer & Witsch, FSC® N001512

1. Auflage 2020

© 2020, Verlag Kiepenheuer & Witsch, Köln
Alle Rechte vorbehalten
Covergestaltung: Barbara Thoben, Köln
Gesetzt aus der Minion Pro
Satz: Buch-Werkstatt GmbH, Bad Aibling
Druck und Bindung: CPI books GmbH, Leck
ISBN 978-3-462-05405-7